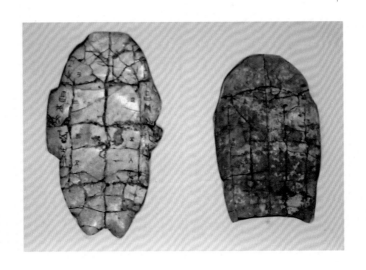

商王武丁时期的卜甲

商王武丁时期的虹刻辞牛骨

商王帝乙或帝辛时期的刻"干支表"牛骨

商代后母戊鼎，商王祖庚或祖甲为祭祀其母戊所制

西周"颂"青铜壶，盛酒器

西周盠青铜方彝及器内铭文

商王武丁时期的玉戈

商代玉凤

夏商时期的礼器玉钺

西周原始瓷壶

西周成王时期的康侯青铜爵

商代陶纺轮

商后期粘有平纹绢残迹的青铜片

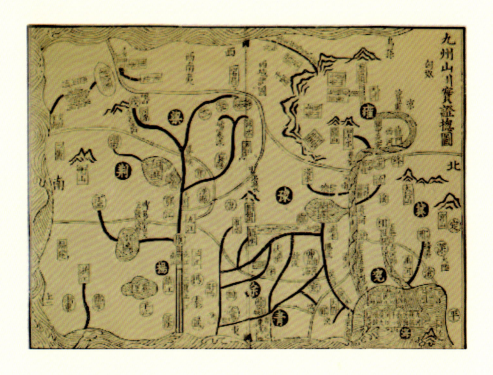

《禹贡九州图》，出自南宋程大昌编撰的《禹贡山川地理图》

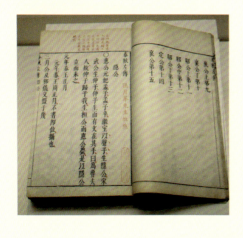

《左传》，明刊本

《楚辞》，明刊本

《夏禹王像》，宋马麟绘

《周武王像》，宋马麟绘

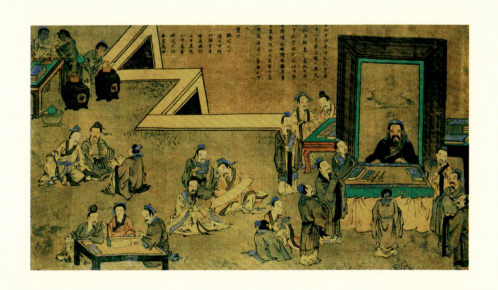

《孔子讲学图》

《至圣孔子像》　　　　　　　　《老子骑牛图》，明张路绘

《梦蝶图》，元刘贯道绘

后稷像

周公像

孟子像

荀子像

左：春秋时期"吴王光"青铜剑
中：春秋时期"吴王夫差"青铜剑
右：春秋时期楚国青铜剑

春秋战国时期的青铜戈

春秋晚期的侯马盟书玉片，晋国世
卿赵鞅同卿大夫间举行盟誓的约信
文书

春秋时期楚国错金"鄂君启"青铜
节，楚王发给受封于湖北鄂城的鄂
君启的经商通行证

《晋文公复国图》局部，宋代李唐绘

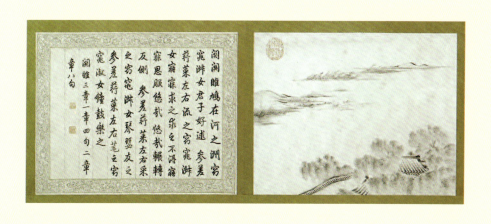

《御笔诗经图》，乾隆帝御笔写本

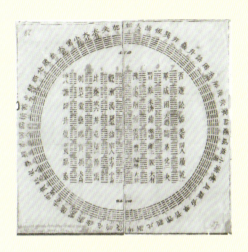

手持戟、把女仆当椅凳坐的桀，
山东嘉祥武梁祠拓片，汉刻

《周易》演练出六十四卦的易卦图

废井田，开阡陌，汉画像砖

商代货贝

西周原始布币

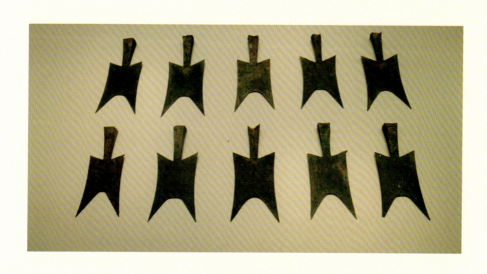

春秋时期晋国青铜空首布

春秋时期晋国空首布陶范

战国时期楚国的卢金

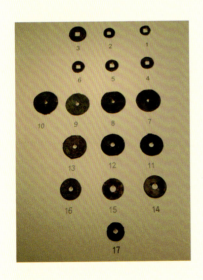

战国时期秦国和魏国的铜铸币圜钱

战国时代的刀钱、布钱与方孔钱

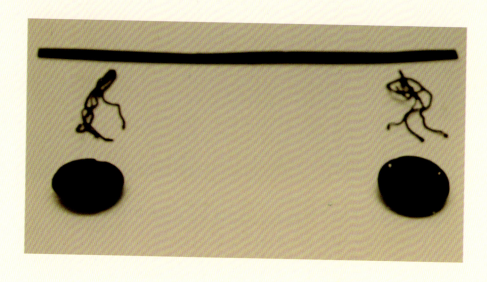

战国时期楚国的天秤，称量黄金货币的衡器

战国时期楚国的"王"字青铜衡，此衡杆是提系杆秤的雏形

战国时期齐国"易都邑圣徒盐之鉨"青铜玺印

白寿彝
史学二十讲

傳說與真實
上古时代

夏商周春秋战国

白至德 编著

红旗出版社

图书在版编目（CIP）数据

传说与真实：上古时代：夏商周春秋战国 / 白至德编著 .
— 北京：红旗出版社，2017.7
（白寿彝史学二十讲）
ISBN 978-7-5051-4124-7

Ⅰ.①传… Ⅱ.①白… Ⅲ.①中国历史—三代时期
- 春秋战国时代—通俗读物Ⅳ.① K220.9

中国版本图书馆 CIP 数据核字（2017）第 060265 号

书　　　名	传说与真实·上古时代·夏商周春秋战国		
编　　　著	白至德		
出 品 人	高海浩	责任编辑	赵智熙
总 监 制	李仁国	封面设计	王　鑫
出版发行	红旗出版社	地　　　址	北京市沙滩北街 2 号
邮政编码	100727	编 辑 部	010-57274504
E-mail	hongqi1608@126.com		
发 行 部	010-57270296		
印　　　刷	北京雁林吉兆印刷有限公司		
开　　　本	787 毫米 ×1092 毫米　1/16		
字　　　数	242 千字	印张	19
版　　　次	2017 年 10 月北京第 1 版		2017 年 10 月北京第 1 次印刷
ISBN 978-7-5051-4124-7		定价	45.00 元

欢迎品牌畅销图书项目合作 联系电话：010-57274627
凡购本书，如有缺页、倒页、脱页，本社发行部负责调换。

目 录

前　言　　　　　　　　　　　　　　　　　　　　　　　　/ 壹

上古时代　　　　　　　　　　　　　　　　　　　　　　　/001

第一讲　中国史学的童年时期

第二讲　从远古的传说到国史的出现

1. 甲骨、金文的记载　　　　　　　　　　　　　　　/007
2. 《尚书》和《诗经》　　　　　　　　　　　　　　/009
3. 商周记载的特点和表述形式　　　　　　　　　　　/011
4. 鄂君启节和侯马盟书　　　　　　　　　　　　　　/013
5. 宗周晚期以后的时代特点和国史的出现　　　　　　/014
6. "世卿的家史",为国史之外的家史　　　　　　　/016

第三讲　《春秋》经传和私人撰述

1. 《春秋经》　　　　　　　　　　　　　　　　　　/019
2. 《公羊传》《左传》《榖梁传》及《国语》　　　　/020

第四讲　战国时期的多种撰述

1. 《竹书纪年》《世本》《山海经》　　　　　　　　/023

2. 《尧典》《禹贡》及礼书 /024

3. 《战国策》 /027

4. 其他相关撰述 /028

第五讲 都城遗址的调查与发掘

1. 殷墟 /031

2. 郑州商城 /032

3. 偃师尸乡沟商城 /033

4. 偃师二里头 /033

5. 周原 /034

6. 丰、镐城都 /034

7. 洛邑（王城）与城周王都 /035

8. 曲阜鲁故城 /035

9. 临淄齐故城 /036

10. 燕国都城 /037

11. 晋国都城 /037

12. 秦国都城 /038

13. 楚国都城 /039

第六讲 夏的传说与夏史的探索

1. 夏的传说、记录和氏族神——禹 /041

2. 夏为华夏族三大主源之一 /047

3. 夏的"家天下" /049

第七讲 最早有文字记载的商殷

1. 文字和历法是历史记载的重要条件 /052

2. 商王朝的兴亡 /054

3. 殷的传说、记录和氏族神——契 /057

　　4．最早的文字记载　　　　　　　　　　　　/059

　　5．第一个奴隶制社会　　　　　　　　　　　/061

　　6．商之暴君　　　　　　　　　　　　　　　/063

　　7．商代的社会经济　　　　　　　　　　　　/066

第八讲　周系统和自觉地记录了历史

　　1．历史记载向系统、自觉的记录发展　　　　/069

　　2．周原既既　　　　　　　　　　　　　　　/072

　　3．周的传说、记录和氏族神——后稷　　　　/076

　　4．武王建周　　　　　　　　　　　　　　　/078

　　5．周公东征　　　　　　　　　　　　　　　/080

　　6．周奴隶制经济的发展　　　　　　　　　　/083

第九讲　氏族神和原始史影及变化

　　1．氏族神　　　　　　　　　　　　　　　　/086

　　2．原始史影　　　　　　　　　　　　　　　/087

　　3．氏族神身份的变化　　　　　　　　　　　/089

第十讲　民族的大认同和大统一

　　1．融合与一体　　　　　　　　　　　　　　/095

　　2．争霸与和合　　　　　　　　　　　　　　/103

　　3．兼并与大同　　　　　　　　　　　　　　/106

　　4．华夷与五方　　　　　　　　　　　　　　/110

第十一讲　东周初年和春秋时期

　　1．大国的争霸　　　　　　　　　　　　　　/113

　　2．七雄的争斗　　　　　　　　　　　　　　/129

3. 变法为强大 /131

4. 兼并欲统一 /142

5. 魏、齐争霸与"会徐州相王" /144

6. 合纵连横中楚、齐的削弱 /147

7. 割据结束与秦的统一 /151

8. 向封建制的过渡 /153

第十二讲 学派的出现与百家争鸣

1. "知其不可而为之"的儒家 /158

2. 显学之称的墨家 /167

3. 道家的《老子》 /170

4. 法家学派 /174

5. 儒家大师 /176

6. 阴阳五行学派 /180

7. 自然观（唯物与无神） /183

8. 时代在进步的认识论 /185

9. 楚辞 /189

第十三讲 春秋战国的文官武将

1. 政治家、思想家 /191

2. 著名的军事家 /197

3. 著名的政治家 /202

4. 改革军事的专家 /208

第十四讲 农业及技术的创获

1. 农具的发展变化 /214

2. 物候历和二十四节气 /215

3. 西周的灌溉 /216

4. 战国时期肥料的使用　　　　　　/217

5. 西周的选种与春秋战国的播种　　/217

6. 田间管理之重要环节　　　　　　/218

7. 五谷的传统地位　　　　　　　　/219

第十五讲　古代数学的重大成就

1. 远古和上古之数学的萌发　　　　/223

2. 甲骨文卜辞中的文字记数法　　　/224

3. 算筹和筹算之创举性发明　　　　/224

4. 规与矩及勾股定理　　　　　　　/226

5. 实践中扩展的数学知识　　　　　/226

6. 数学思想的深化与理论研究的尝试　/227

7. 深入制度化的数学教育　　　　　/228

第十六讲　中国传统医学的萌芽

1. 传统医学的起源　　　　　　　　/230

2. 传统医学与巫术　　　　　　　　/231

3. 早期的药物知识和用药剂型　　　/232

4. 医学分科及医疗经验之积累　　　/233

5. 预防医学与养生　　　　　　　　/235

6. 卫生与医事的管理　　　　　　　/236

7. 最享盛名的扁鹊　　　　　　　　/236

第十七讲　先秦时代之交通

1. 先秦交通与民族混合运动　　　　/238

2. 先秦交通区域之发展　　　　　　/239

3. 先秦的都会　　　　　　　　　　/245

4. 先秦的道路沟渠和馆邮　　　　　/249

5.先秦的交通工具 /253

6.战国晚期之关于交通的传说想象和理想 /256

第十八讲 手工业、商业和货币

1.商殷时期的官工商业和贝币 /262

2.西周时期的官工商业及贝币与金（铜）币 /264

3.春秋时期官私工商业的发展与金属货币的出现 /265

4."素封"的出现，
战国时期工商业的发达和金属铸币的流通 /268

第十九讲 先秦妇女的神奇传颂

1.创世女神 /273

2.商、周族的老祖母 /274

3.周文王的母亲和周武王的母亲 /274

4.比《离骚》早三百几十年的《载驰》 /275

5.孟子的母亲 /276

第二十讲 商周时期的中国在世界的地位

1.世界最古老的文明和夏商周时期的中国 /278

2.西周文明与同时期的世界 /282

3.春秋战国时期的中国和当时的世界 /283

前　言

父亲白寿彝指出：

马克思和恩格斯随时分析研究当代学术研究的新成果，同时亲自作了许多历史的比较研究。我们从马克思的《资本主义生产以前各形态》《摩尔根〈古代社会〉一书摘要》《科瓦列夫斯基〈公社土地占有制，及其解体的原因、进程和结果〉一书摘要》，恩格斯的《家庭、私有制和国家的起源》等书中可以看出，伟大的导师在这方面做了大量的工作。也正是在比较的研究中，马克思主义经典作家为我们阐明了世界历史发展的基本规律，使史学发展成为科学。

《白寿彝史学二十讲》拟定编写 11 册，这是一套普及中国史学知识的丛书，也是为了纪念父亲白寿彝一百周年诞辰（1909—2009 年）而作。

父亲白寿彝（以下简称白寿彝）的史学成就是多方面的，其中以中国史学史、中国通史、中国民族史最为突出。同时，他在中国伊斯兰教史、中国交通史等方面的研究，也有着重要的成果。他对于历史理论的重视，贯穿于他的许多论著之中，这使他的著作具有鲜明的理论色彩，不仅受到学术界的关注，而且产生了广泛的社会影响。

1999 年，白寿彝九十诞辰，中国史学会写来了贺信，信中写道：

尊敬的白寿老：

值此先生九十华诞之际，中国史学会向您致以衷心的祝贺！祝您寿似巍巍南山松，长寿再长寿；学如浩浩长江水，开拓再开拓！

春秋九十载，学术生涯70年，先生学术的追求，是创新的意识，批判继承祖国文学遗产，成自得之学；先生学术求索的理念，是通古今之变，关注祖国历史的兴衰，思考民族的未来。先生在民族史、民族理论、文学理论，在中国史学史、中国通史、中外交通史以及历史教育等各个领域，都取得了骄人的成就。您自觉地以马克思主义理论为指导，研究中国历史、中国史学，丰富了对中国民族历史的认识，深化了对中国历史民族特点的理解。近20多年来，您以超凡的毅力，克服种种困难，带领我国数百位专家和学者完成了皇皇巨著《中国通史》，为中国当代史学事业又做出新的重大贡献，为后人留下了一笔丰厚的精神财富。

50年来，您为新中国的历史教育事业做出了杰出的贡献，提出历史教育与历史教学的改革，并且付诸实践，培养了一大批优秀的史学工作者。春风化雨，桃李满园，现在他们中很多人已成为我国史学队伍中的中坚力量。每当人们看到史林中万木参天、花繁枝茂的景象时，就会想到这中间有您的辛勤劳动，不能不由衷地感谢您。

先生于1949年参加了郭沫若先生主持的新中国史学会，是中国史学会的创始人之一。1980年，中国史学会恢复活动，您又担任了第二届理事会主席团成员，对学会的工作热情关怀，悉心指导，在学会工作中倾注了您不少的心血，使我们深受鼓舞，为我们树立了榜样，我们决心追随您之后，努力工作，为我国史学的发展竭尽全力。

先生之学博大精深，先生之德育化后辈。

这封贺信足以说明白寿彝在我国历史科学与理论建设方面所付出的辛劳。

谈及"白寿彝史学"，白寿彝主编有《史学概论》一书。《史学概论》就历史观、历史文献、史书的编著、史书的体例、历史文学、史学与相关学科的关系、中国近代史学、中国马克思主义史学和当前的任务等重要问题，作了系统的论述，都是学科建设中的重要问题，被史学界认为是同类著作中最有特色的论著之一。

在20世纪50年代，白寿彝与同志们在一起谈天，提起史学概论来，都认为应该在马克思主义基本原理指导下，写这么一本书；同时也认为，在高等学校历史系应该开设这门课程。至于这本书应该怎么写，这门课程应该讲些什么，大家一时想不出办法来。一年一年过去了，对这个问题一直没有认真讨论过。后来，白寿彝在北京师范大学历史系开了这门课程，主要讲的是历史唯物主义。但白寿彝并不认为这种讲法是对的。因为他觉得，如果只讲历史唯物主义，这门课就应该叫历史唯物主义，不应该叫史学概论。他为这个课程内容问题，多年来一直感到不安。

1982年，因为《史学史研究》季刊的需要，白寿彝每一季度撰写一篇文章，总题目是《谈史学遗产答客问》。在酝酿这四篇文章的过程中，白寿彝逐渐产生了写史学概论的思想。这就是要在马克思主义基本原则的指导下，论述中国史学遗产几个重要方面的成就和马克思主义传入中国后史学的发展，及当前史学工作的重要任务。他想在这本书里，提出一些问题，请同志们讨论。也希望它能成为教本，多少给同学们一些帮助。

1994年2月，《白寿彝史学论集》（上下两集）出版了，他在其中的"题记"中写道：

这是我60多年来所写历史、历史学、历史教育等文章的选集，所收文章写的最早是在1929年，最近的是在1993年。这些文章原来是跟民族宗教的文章编在一起的，当时称作《困学存稿》，并请周林同志题了字。1992年8月，民族宗教的文章以《白寿彝民族宗教论集》的名义单行出版了，剩下更多的文章，编成这部《史学论集》。

本书所谓史学，主要是指史学史。像民族史那样，这是一门新兴的学科，更确切地说，是一门在树立中的学科。史学史的任务是阐述史学发展的过程及其规律，阐述史学在发展中所反映的时代特点以及史学的各种成果在社会上的影响。对于中国史学史来说，是要我们对本国史学作出系统的自我批评和自我总结。这是一个艰巨的任务，没有长期细致的工作，是做不好的。我在40年代初因学校要开设这门课程，我开始试写讲稿，讲稿写到清末。60年代初，我另起炉灶，重新写史学史讲稿，写到刘知几，因进行社会主义教育运动开展起来，没有能继续写下去。这一次的讲稿，在北京师范大学排印了，题作《中国史学史教本》。1983年6月，我开始写史学史的第三个稿本，在1984年12月完成了第一卷，题名《中国史学史》，由上海人民出版社出版。经过十年动乱，第一个稿本已不知弄到哪里了。第二个稿本虽只印了500本，但毕竟是印出来了，因而得以保存下来，并在相当范围内得以流传。现在的第三个稿本，虽在不少地方已与《教本》大不相同，但《教本》仍有可以参考的地方，还有不少章节是第三稿还没有写到的。因此，我把《教本》也收入本书。本书所收关于史学史的专论，在现行的《中国史学史》第一卷以至将来的有关各卷，都不会容纳得下，也都放在这里，请同志们指正。

上面所讲到的《中国史学史》，在白寿彝去世后的 2006 年 12 月出齐了 6 卷本，此为白寿彝主编。

白寿彝曾经说道：

本书论述中国史学发展的历史，上起传说时代，下至中华人民共和国的成立，将分册陆续印行……

白寿彝九十华诞之际，由他总主编的《中国通史》，12 卷 22 册全部出齐。他说：

我国的一些著名史学家，如郭沫若、范文澜，生前曾主持出版几种中国通史著作，但都没出齐。到现在，我们还没有一部大型中国通史。从（20世纪）50 年代起，我在教学过程中以及出国做学术访问时，都迫切感到，从国内外需求看，有必要编写一部大型的中国通史。1972 年，总理周恩来提出了编写中国通史的任务，这就更坚定了编写通史的决心……

20 多个年头过去了，我们终于写出了自己的通史，终于可以宣布，我们有了新中国的历史书了……

我们要写一部完整的中国历史，不仅让中国人看，也要让外国人看。让人们了解中华民族在世界上的地位和作用，是中国史学家刻不容缓的责任。我们要对子孙后代负责！

史学家的责任，是把理论和实际二者融化在一起，按照历史真实的面貌，发展规律，写一部完整的中国史。

白寿彝总主编的《中国通史》，以唯物史观为指导，结合中国历史进程的实际，在深入研究的基础上，创造性地提出了关于中国历史发展的一些十分重要的理论认识。这些认识贯穿于全书之中，而在《导论》卷（即白寿彝主编的第一卷）作了系统的和充分的阐述。《导论》包含九章，阐述了以下问题：统一的多民族的历史；历史发展的地理条件；人的因素，科学技术和社会生产力；生产关系和阶级关系；国家和法；社会意识形态；历史理论和历史文献；史书体裁和历史文学；中国与世界。对这些理论问题，《导论》卷是以唯物史观的基本原则为指导，从中国历史和中国史学的发展中总结出来并加以阐述的。《导论》卷注重讲理论而不脱离史实，举史实而提升到理论。诸如：

——关于中国历史上的统一问题。《导论》指出：统一的多民族国家是逐渐形成起来的。提出了统一的四个类型的论点，即单一民族内部的统一，区域性多民族的统一，全国性多民族的统一和社会主义的全国性多民族的统一；

——关于历史分期问题。《导论》指出：分期问题的讨论不要局限于中原，要努力在全国范围内考察，应当从社会发展的不平衡的状态上掌握一个时期的整体性。提出了封建社会可以分为四个时期的见解，而分期的标准，应当考察生产力的发展、地主阶级身份的变化、农民阶级身份的变化、少数民族地区和广大边区的发展变化、中外关系的变化等综合考察的标准；

——关于地理条件与历史发展问题。《导论》提出了中国地理条件的特点及其与中国历史发展的关系的理论认识，即：地理条件的复杂性和经济发展的不平衡性，地理条件之局部的独立性和整体的统一性及其与历史上政治统治的关系，地理条件与民族、民族关系，地理条件的变化及其对社会的影响；

——关于生产者、科学技术和社会生产力问题。《导论》突出了直接生产者在社会生产力发展中的作用，提出了中国历史上的直接生产者在不同时代的不同特点；把科学技术作为生产力的一个方面看待，把科学技术和生产力问题作为中国历史之基本理论看待；

——关于生产关系、阶级结构问题。《导论》提出了封建社会中多种生产关系的并存、封建社会阶级结构的等级以及地主阶级在封建社会的社会矛盾之中居于主要的矛盾方面的论点，并把世家地主、门阀地主、品官地主、官绅地主视为封建社会中地主阶级变化的四个阶段；

——关于国家职能问题。《导论》全面阐述了国家职能，即国家不仅具有统治职能，还具有社会职能；认为简单地把剥削阶级掌权的国家看成是一无所取的，是不符合历史情况的；

——关于中国与世界问题。《导论》阐述了中国历史发展之连续性的两个主要方面，一是中国作为一个政治实体在其发展过程中未曾为外来因素所中断，二是中国文明在文化发展上也未曾有断裂现象；同时阐述了中国史在世界史中的重要性。以上几个方面，都程度不同地显示了本书在理论上的创新，显示出对中国历史的深刻理解。

白寿彝在总主编《中国通史》之前，还主编了《中国通史纲要》(2册本)，它确是多卷本《中国通史》的纲要、总构思、总架构。《中国通史纲要》先行，更有利于多卷本《中国通史》的最终著成。白寿彝主编的《中国通史纲要》和他总主编的多卷本《中国通史》，虽然在内容上悬殊，在表述上也风格各异，但是在"通"字上下功夫，则是一致的。

白寿彝指出：

我们在努力学习运用马克思主义基本理论的基础上，探索中国历史发展的进程及其特点。我们究竟能在多大程度上做到这一点，这有待于读者的论定。

1999年4月26日，在"祝贺白寿彝教授九十华诞暨《中国通史》全部出版"大会上，党和国家领导人发来贺信（电），与会全体同志受到极大鼓舞和鞭策，他们认为从来就没有像现在这样，江泽民、李鹏、李瑞环、李岚清、许嘉璐、王兆国等党和国家的领导同志，还有陈至立、胡绳等有关中央部委的领导同志，如此集中地对白寿彝的工作成就表示祝贺，确实罕见。

江泽民同志在贺信（1999年4月25日）中指出：

白寿彝同志：

您主编的二十二卷本《中国通史》的出版，是我国史学界的一大喜事。您在耄耋之年，仍笔耕不辍，勤于研究，可谓老骥伏枥，壮心未已。对您和您的同事们在史学研究上取得的重要成就，我表示衷心的祝贺！

以史为鉴，可以知兴替。中华民族历来重视治史。世界几大古代文明，只有中华文明没有中断地延续下来，这同我们这个民族始终注重治史有着直接的关系。几千年来，中华文明得以不断传承和光大，一个重要原因就是我们的先人懂得从总结历史中不断开拓前进。我国的历史，浩淼博大，蕴含着丰富的治国安邦的历史经验，也记载了先人们在追求社会进步中遭遇的种种曲折和苦痛。对这个历史宝库，我们应该运用历史唯物主义的观点不断加以发掘，在前人研究的基础上不断作出新的总结。这对我们推进今天祖国的建设事业，更好地迈向未来，具有重要的意义。

中华民族的历史，是全民族的共同财富。全党全社会都应该重视对中国历史的学习，特别是要在青少年中普及中国历史的基本知识，以使他们学习掌握中华民族的优秀传统，牢固树立爱国主义精神和正确的人生观、价值观，激励他们为中华民族的伟大复兴而奉献力量。我一直强调，党和国家的各级领导干部要注重学习中国历史，高级干部尤其要带头这样做。领导干部应该读一读中国通史。这对于大家弄清楚我国历史的基本脉络和中华民族的发展历程，增强民族自尊心、自信心和奋发图强的精神，增强唯物史观，丰富治国经验，都是很有好处的。同时，我们也要学习和借鉴外国历史。历史知识丰富了，能够"寂然凝虑，思接千载"，眼界和胸襟就可以大为开阔，精神境界就可以大为提高。我提倡领导干部"讲学习、讲政治、讲正气"，而讲政治、讲正气，也是要以丰富的历史知识作基础的。

我相信，这套《中国通史》，一定会有益于推动全党全社会进一步形成学习历史的浓厚风气。

有关党和国家领导同志，以及白寿彝有关中国史学的重要论述，正是指导我们编著好《白寿彝史学二十讲》系列丛书之指导、之根本。

史学是通过史料研究历史发展过程本身的学科。我们研究史学，有必要正确认识和对待史学发展的过程。中国是一个统一的多民族的国家。中国的历史是中华人民共和国境内各民族共同创造的历史，也包含着曾经在这块广大国土上生存、繁衍而现在已经消失的民族的历史。中国历史上的每一个民族都不是孤立发展的。每一个民族都为祖国历史的创造出过力，又与祖国的命运、前途共存。

《白寿彝史学二十讲》系列丛书的主要内容包括：远古时代、上古时代、中古时代·秦汉时期、中古时代·三国两晋南北朝时期、中古时代·隋唐时期、中古时代·五代辽宋夏金时期、中古时代·元时期、中古时代·明时期、中古时代·清时期、近代前编（1840—1919年）、近代后编（1919—1949年）等，有关中国各历史时代的相关史学的讲述。在《白寿彝史学二十讲》系列丛书中，因为每个历史时代只有二十讲，所以我们也只能讲述白寿彝在每个历史时代所涉及的一些史学研究的部分内容，并且还要兼顾当今广大读者们感兴趣的一些史学问题，就不可能对中国各历史时代的相关史学作全面的分析。《白寿彝史学二十讲》系列丛书应该突出科学性、普及性、趣味性，靠近大众，尽力让广大的读者们了解白寿彝的史学观点之精髓，史学研究之深广，并有助于使广大的读者们在学习中国史学时有所帮助，也为不同层次的读者们的需要提供一些参考，方便我们读史学，不断拥有更多的史学知识。我们相信，只要我们用心去触摸史学，就可以感悟到历史的真谛，彰往而知来。

《白寿彝史学二十讲》系列丛书的出版，应该感谢白寿彝，以及他的挚友、同仁、学子和弟子们的热情、广泛的支持和帮助。

《白寿彝史学二十讲》是普及史学科学的读物，因此我们对于材料的来源以及适当地吸收别人的成果，都没有注明。我们还要特别指出的是，在书中采用了楷体字（白寿彝讲史学的文字部分）和一般宋体字（编者插入的文字部分），这主要是为了使读者更好地了解白寿彝所讲的史学内容，并使内容顺畅一致，方便读者的阅读。

我们现在已经跨入了崭新的21世纪，中华民族奋进的步伐，越迈越大，越迈越快，这个崭新的21世纪是属于我们的。让我们用力去触摸史学，就可以深刻地感悟到历史的真谛。我们只有重视历史的功能和作用，通过加强历史教育，弘扬和培育我们自己的民族精神，彰往知来，才能最终实现我们中华民族的伟大振兴。

让我们共同努力吧！

白至德

2009年9月19日　林萃书屋

上古时代

　　这里论述了我国自有文字记载以来，一直到战国末年的历史。从历史发展顺序上看，这约略相当于一般历史著述中所说的奴隶制时代。但在这个时代，奴隶制并不是唯一的社会形态。我们用"上古时代"的提法，可能更妥当些。

　　这里叙述的是夏商周到春秋战国的历史，是中华民族早期的形成发展史，也是论述的从单一民族到地区性多民族统一的过程。

　　我们今天的考古学者在极大的程度上概括了远古时代考古学的研究成果，认真地从考古学文化入手，理清了中国史前民族、文化及社会的发展脉络。这在以往的史学撰述中是没有前例的。这在考古学工作上，也是一项创举。

　　但是，我们研究中国上古时代，是需要正确地、详细地占有史料的。今天我们要研究夏商周时期、东周初年和春秋战国时期的历史，除了考古资料、古文字学等资料外，还需要依靠文献资料而取得。我们在研究我国有文字记载以来的历史，应该如此。

　　按传统的说法，夏从禹开始，到桀灭亡，共有14世，17王，经历了400多年，这约相当于公元前21世纪或稍早一些，直到公元前18世纪。但按古老的传说来看，夏王朝的建立者不是禹，而是他的儿子启。

　　周时期，是我们所见最早的有文字记载的历史时期。商王朝传17代，31王，670年，这大约是公元前18世纪末到公元前11世纪。周，有西周、东周，这里是指西周。周传11代，12王，290多年。这大约是公元前11

世纪中叶到公元前 771 年。在这 900 年左右的时间里，历史记载由零星的记录向系统的记录发展，由不自觉的记录向自觉的记录发展。

文字和历法，是历史记载的重要条件。有了文字，才有记载历史的工具。有了历法，才能具体表达历史进程的时间顺序。这两个重要条件，在商代都已经有了。

公元前 770 年，平王东迁，东周开始。公元前 256 年，东周亡。东周共经历了 25 个王，514 年。周东迁后 49 年，即公元前 722 年起，史家习惯上称作春秋时期。公元前 403 年到公元前 221 年，习惯上称作战国时期。春秋时期，是指《春秋》一书中所记的历史年代，即从公元前 722 年到公元前 481 年。战国时期，一说是从公元前 475 年算起，一说是从公元前 476 年算起，又一说是从公元前 403 年算起，今用第三说。春秋时期和战国时期之间，有 76 年，即公元前 480 年到公元前 404 年。今把这些年代，附春秋时期之内。

周的东迁是政治上的重大变局。此后，变化越来越大，诸侯各国之间的兼并越来越有所发展。在春秋时期，有的大国曾吞并了 30 多个小国，有的大国甚至吞并了四五十个小国。相传西周时期有 1800 国，到春秋时期兼并为 100 多个，在政局上起作用的有十几个。到战国时期，只有七个大国十几个小国，最后是秦的统一。东周初年和春秋战国时期，是中国历史上一个大动荡的时期。

第一讲　中国史学的童年时期

在1949年中华人民共和国建立以前，中国史学史可以分为七个时期。先秦时期是中国史学史的创始时期，多年以来，我习惯于称它是童年时期。

甲骨文出现以后，更晚是金石文字出现以后，再晚是竹帛作为书写工具以后，同时更因为社会生活也越来越复杂以后，历史的记载逐渐多起来了，记录的形式也逐渐完备起来了，历史的记录也逐渐成为有意识的工作，历史观点也逐渐有了发展并出现了不同的争议。

自甲骨文出现以至春秋晚年，历史记述的对象都以王公贵族为主体，殷商的王，是生时为王，死后为神。殷商的始祖，是氏族神，也是至上神。周人接过殷人的信仰，同时又都对它们加以改造。周人认为，他们的始祖也是至上神，但他们的氏族神是至上神的儿子，并且认为殷人的氏族神也是至上神的儿子。这就是说，至上神和氏族神在殷人那里是一元的，在周人这里是二元的。至上神在周人这里法力更高些，它的神权超出于一个氏族之外了。在周人的这种信仰中，实际上，神的威信反而有一定程度的架空，而人的积极因素却相应地增加了。宗周晚年，由于饥馑和变乱，传统的信仰受到了怀疑，神的威信动摇了。春秋时期，天道、人道之间有了问题，人事就越来越被重视。战国时期，有了更为急剧的社会变化，没有传统身份的才智之士有了较多的施展才能的机会。因而，战国时期的历史记述就有了较为广泛的内容，而冲破了贵族历史的局限。在历史观点上神意与人事的斗争、变与不变的争议，都远比过去突出。

如果说远古的传说属于中国史学先秦时期的第一阶段，殷商宗周则可说属于第二阶段。这时有了甲骨文、金文、《尚书》中的一些篇章，这都属于官文书性质。还有《诗经》里的一些属于《雅》《颂》的诗篇，这也多属于官方的制作。宗周晚期以至春秋年间，王朝及侯国有了国史，这可说是第三阶段。但这时期历史记载的原文几乎没有传下来。春秋末年以至战国年代，是先秦时期的最后一个阶段。这个阶段是从孔子开始的。

孔子生当奴隶制社会向封建社会过渡的年代。他的思想和事业都反映了社会制度交替时新旧交替的矛盾。他开创了私人讲学的局面，使学术从官府垄断的状况下得到解放，使无传统身份的人也有机会接触这些从不能接触到的东西，这是孔子在学术传习和教育制度上的革新。但他所用以教育年轻一代的是《诗》《书》、礼、乐，这仍然是旧有的传统知识。在政治上，他以学者的身份周游列国，过问人家的政治，这也是一件新鲜的事情。但他所宣传的是"祖述尧舜，宪章文武"，仍然是古圣先王的那一套，这是一个方面。在另一方面，他在政治思想上，不断谴责当时的"天下无道"，而希望一个"天下有道"的社会，而这个"天下有道"的社会，在口头上是孔子理想的社会，实质上又不是他所标榜的古圣先王之道。在史学领域里，孔子作《春秋》。从我们所见到的一些材料来看，这书所依据的材料和编写体例是因袭史官所职掌的官史，而把鲁隐公以后的242年的史事编成一部史书，并如后人所谓"寓褒贬，别善恶"者，以一字之微，表示史事的曲折。这可能都是前所未有的。特别值得重视的，是孔子开始了私人作史，并以所著史书传授后学。这是中国史学史上的一件大事。

《春秋》之后，有《左传》《国语》《公羊传》《穀梁传》。这些书基本上都是讲述春秋时期史事的。《春秋》所记，只是简单的事目，并没有写出史事的具体过程。有了这几种书，春秋时期的史事传下来的，就具体得多了。《左传》《公羊传》《穀梁传》，长期称为"春秋三传"，列为经学书。而讲史学史的学者，很少提到《公羊传》和《穀梁传》。其实，经书如《尚书》《诗经》本身就是史料。"春秋三传"更是记载史事发展过程的史书。《左传》作于战国时期，目前学术界已没有多大的争论。《公》《穀》二传，一般认为写于汉初。但这二书，从其内容来看，是解释《春秋》的口头讲辞，写定的时候可能在汉初，也会混有汉人的东西，但基本内容当是孔子弟子口耳相传下来的，可归入战国时期史书的行列。《春秋》和"春秋三传"是春秋末年以及战国时期的主要史书。

《春秋》及"春秋三传"都是编年体史书，其中也有纪事本末体和传记体的形式。此外，还有《竹书纪年》，也是编年体。有《世本》，类似后来的书志。有《山海经》，可说是中国最古老的地理志和风俗志。《尚书》中的《尧典》《禹贡》以及《仪礼》《周礼》《战国策》等，都各有自己的体裁。

在文字表述上，战国时期的史书，如《左传》写辞令，写战争，《国语》写论议，《战国策》写世态人情，《禹贡》写山川，《仪礼》写仪节委曲，以及《公羊传》《穀梁传》的文辞辨析，都各具特色。

从历史的往事上吸取教训，增长智慧；从一定范围的历史事例中总结经验，推断是非，这些都是宗周以来的政治家，特别是战国时期的学人、策士的实践活动。

那么，上面所谈及的史学史又是什么呢？史学史，讲白了就是研究历史的历史学，就是指史学发展的客观过程，就是以中国史学为研究对象的极为重要的一门较新的学科。按照我们的理解，就是对于中国史学发展的过程及其规律的研究及论述。按照这样的任务，所涉论述的范围，包括中国史学本身的发展，中国史学在发展中跟其他学科的关系，中国史学在发展中所反映的时代特点，以及中国史学的各种成果在社会上的影响。我们如今在这里讲史学，是为了解和研究史学，这必然要涉及史学史的范畴。中国史学史是开创性研究史学的十分重要的学科之一。

综观先秦时期史学发展的特点，一是由远古传说之极为迟缓的进展，经过殷周、春秋、战国而步履逐渐加快；二是文字记载由简单的片断逐步形成正式史书，其中包括有文采的作品；三是在编年史发展的同时逐渐出现了多种的史书体裁；四是历史观点上由神权的看法发展为人为的看法，并形成两种看法的斗争，实质上即有神论和无神论的斗争，同时在历史观点上还有变与不变的斗争。所有这些，说明史学的一些主要方面都已经有了，但基本上都还处于早期状态，还没有达到成长的阶段。如《春秋》及"春秋三传"是先秦时期最主要的史书，但都还是按年编次，连首尾起讫的原因都还不显著，这说明它们对于史书应具的规模还是不够的。后来，秦汉取代了战国，它们建立了空前的皇朝，中国史学也在曲折的道路上进入新的历史时期。

第二讲 从远古的传说到国史的出现

中国史学的历史，可以从远古的传说说起。所谓远古，是指有文字记载以前的遥远的时期。在这时期，虽还不可能有史学，但追本溯源，还是要从这里说起。先秦、汉初旧籍中所保存的远古流传下来的传说，尽管是零碎的、是难免为后人所加过工的，但也保存了后人无法虚构的一些内容，从而多少可以看出远古的人们传述历史的一些踪迹……

这些传说，不管在具体事件上的真实性如何，但在总的方面却反映了社会生活的重要内容。在已经进行农业生产但还没有显著的阶级分化的氏族社会里，治水、耕稼和防御是极重要而又极困难的大事情，因而在这些方面取得成就的人物就被群众当作神人般的英雄来颂扬。对英雄的颂扬是先民传述历史的最古老的形式。世界上有不少民族，都曾有过类似的情况。在中国史学上，这种颂扬的方式在阶级社会里还被继承下来。

我国文字不知创始在什么时候。现在见到的最古的文字是在殷墟发现的甲骨文，这是殷商后期的东西。宗周时期也有甲骨文，近年在周原有大批发掘。甲骨文和宗周的金文以及《尚书》里的一部分文章，都是殷周两代王侯贵族遗留下来的官文书。还有《诗经》里的《雅》《颂》，收有宗周祭祀宴享的诗篇。以上这些文字记载出现的时代，已处在奴隶制社会时代。这些记载，在一定程度上反映了当时的社会情况，特别是关于奴隶主统治集团王侯贵族的生活。

甲骨文是刻在龟甲兽骨上的王家的卜辞。殷商甲骨文所代表的年代是从盘庚迁殷以后，一直到殷商晚年……金文是刻在青铜器上的铭辞。从殷商晚年到战国之末，都有铭刻出现，而以宗周的铭刻占有重要的地位，其中百字上下至差不多500字的铭文占了相当的分量。

宗周金文多为王臣颂扬当时功烈庆赏之作。因此征伐、俘获、锡臣仆、锡土田、锡车马旗服彝器、锡金贝等史事的记载，金文写得详细具体。

1. 甲骨、金文的记载

我国目前考古发现的最早的成文资料，始于商朝。商朝的文字资料，有陶文、玉石文、金文和甲骨文几种。其中以甲骨文最为重要，而且所占数量最为繁多。

殷人信鬼神，事事先占卜。占卜后便记下其中的内容，刻在甲骨上；或用朱书或墨书，写在甲骨上；或先写后刻；或不写，直接刻字；或镶嵌松绿石，这就是所谓卜辞。甲骨文绝大多数的，都为卜辞，也有与占卜有关的一些记事。

研究这种甲骨文字及其所记载的内容，进而对商代的社会历史各方面进行研究，这是我们的目的。

甲骨文出土在河南安阳殷墟以及附近地区，其中以小屯村出土为最多。在附近的侯家庄、大司空村、铁路苗圃、后岗、四盘磨、高楼庄等地也出土过几片乃至几十片。

甲骨文是商代后半期，也就是盘庚迁殷至纣辛亡国，8 世，12 王，273 年间（约公元前 1395—前 1122 年）所谓殷代的遗物。甲骨文还可以细分为不同的时期。

我国的文字发展到商代的甲骨文，已经是十分进步的了。从文字结构来看，甲骨文最基本的方法仍然是象形。但这种象形已经定型化，如马、牛、羊等许多字已和今天的写法差不多了。又已行款化，在直书上具有一定格式。而且文字象形，非常艺术化。又出现大量合体形声字，如凤，从凡声；酒，从酉声；水名如洹，亦从亘声。假借字亦普遍出现，如数字百、千、万，方位字东、南、西、北，都是假借。"又"字本象手形，借为又、有、祐、侑。可以看出甲骨文已经使用了后人所谓的"六书"的原则，但更多的还是象形、会意、形声、假借四种造字方法。虽然甲骨文基本上还是象形文字，但已不再是图画，而是将事物简化成一种固定的文字了。目前，已发现单字约 5000 个，其中能认识且能厘定的大约

1000多字。甲骨文的篇幅非常简约，在一版龟骨上往往占卜多次，最多的在半块龟背甲上可以卜163次。原则上每个卜兆各为一条卜辞，或一组兆刻一辞。有的卜辞省到只一二字。尽管如此，仍有长文卜辞，可达50多字，60多字，甚至90多字，记事卜辞中还有100多字的长文。

甲骨文虽占卜所用，但内容丰富，不只是简单地记载吉凶而已，其内容涉及社会生活的许多方面。无论商代社会的经济基础和上层建筑，如关于商代的农业、畜牧、田猎、货币、交通、先公先王、诸妇诸子、家族宗法、平民奴隶、方国地理、刑罚牢狱、征伐战争、天文历法、祭祀宗教、医药卫生等。特别是关于商代历史上的一些关键性的问题。像国家起源、社会形态、阶级关系、土地制度等，都可以从甲骨文里找到有关资料，从各方面进行深入的研究。

甲骨文是我国目前发现的时代最早的成文资料，数量繁多，内容丰富。从文字学来看，它比许慎的《说文解字》早了1500多年；从古史学来看，甲骨文发现之前，有关商代的记载只有《尚书·商书》五篇和《诗经·商颂》五首，就连2000年前的孔子都叹称商代文献不足。甲骨文材料正好弥补了这一缺陷。还有流传到今天的古典文献，像《尚书》《诗经》《楚辞》《山海经》和《史记·殷本纪》等书，到底哪些靠得住哪些靠不住，也必须研究甲骨文才能得到印证。甲骨学结合古典文献、考古学、民族学，经过详细地占有资料，加以科学分析，用以恢复商代的社会面貌，研究商代的历史，才能得出正确的结论。

80多年来，殷墟出土的甲骨文材料总共约15万片。

除殷墟之外，自20世纪50年代起，相继在陕西扶风齐家、西安沣西、岐山凤雏，山西洪赵坊堆村及北京昌平等地发掘出西周时期的甲骨，其中以凤雏出土最多。

金文是殷商晚年到战国之末，铸刻在青铜器上的铭辞。考古发现表明，早在公元前3000—前2300年间，我国已经产生了青铜器。商周时代则是中国青铜器的高度发展阶段，具有格外鲜明的时代特征，一定程度上反映了商周社会文化各方面的特点。青铜器铭文不仅是研究商周历史的重要史料，也是研究我国文字发展的重要资料。

商代晚期青铜器的器壁较厚，种类也多，体形高大，出现方形器，如著名的司母戊大鼎（一称后母戊鼎）。花纹多层细缛精致，线条秀丽。

铸有铭文，从1—2字到10多字不等，多为族徽或其他图形文字，笔画刚劲，一般不作波磔体。西周早期的青铜器，食器数量增加，花纹多为饕餮纹、夔纹，铭文字数增多，达数十字，甚至上百字或几百字，笔道肥厚，波磔明显。西周中晚期及至东周的青铜器，器形轻简，有成组器物，如列鼎、编钟等。花纹也变得日趋简单，长篇铭文常见，已不常用肥笔，且书法娴熟、行款排列较齐、文字欹落重复现象产生。东周时期的青铜器的铭文多样，但长篇记事铭文减少，一般只记督造者、铸工及器名，且为刻制而成，出现鸟篆等艺术字体，各国文字亦结构各异。

商代的金文字体与甲骨文相近，至周末逐渐与小篆接近，字数也和甲骨文差不多，认识的只不过一两千字。

金文的内容多属与祀典、赐命、征伐、契约等有关的纪事，却具有很高的史料价值。我们可以依据一些铜器的铭文来确定其年代隶属于哪一个王世。其次，从金文的记载中了解到商周时期的重大事件，涉及社会、政治、经济、军事、法律和文化等方面的发展。

金文颂扬功烈庆赏，多有永垂子孙后世之意。铭刻结尾常见"其子子孙孙永宝用"等语。这当然是首先希望器物永垂后世，同时也必然希望器物的历史即铭刻所述内容永垂后世。这可说，金文作为历史记载是有意识的，这跟甲骨文是不同的。

2. 《尚书》和《诗经》

秦代以前的经传诸子中，凡引《尚书》，都称《书》，至汉初始有《尚书》之称。"尚者，上也。言此上代以来之书"，也言"上古之书"。后世因它为群经之一，故又称为《书经》。

相传古时《尚书》凡3000余篇，孔子以《诗》《书》教弟子，《尚书》也曾经孔子编次。据史传所载，秦亡后，山东伏生（或伏胜）取出其藏于壁中的《尚书》28篇。汉文帝时，伏生在齐传授学生，此28篇也就始传于世。传说伏生年老，就由他的女儿代传，所以记录下来的错误颇多。伏生传的《尚书》，隶书写成，故名今文《尚书》。

《汉书·艺文志》："武帝末，鲁共王坏孔子宅，欲以广其宫，而得古文《尚书》及《礼记》《论语》《孝经》凡数十篇，皆古字也。"其中的《尚书》较伏生所传的多 16 篇（其中的《九共》分为 9 篇，所以亦云多出 24 篇），称为《古文尚书》。当时，朝廷不看好这个古文本，到了光武帝时，即失去《武成》一篇；到了西晋永嘉年间，其余的 15 篇，也全亡佚。

东晋元帝时，豫章内史梅赜（或梅颐）献上《古文尚书》58 篇。这 58 篇，就是伪撰之 25 篇加上《今文尚书》（28 篇）析为 33 篇，并书序共 59 篇。

唐代颁布《五经正义》为取士标准，《书》取伪孔安国《传》，于是该书愈益盛行。到了宋代吴棫作《书稗传》，始疑这 25 篇及孔安国《传》为伪。朱熹《语录》中也颇有疑辞。

明代梅鷟作《尚书考异》，始明斥其为伪作，但论证还不确切。清初阎若璩作《古文尚书疏证》八卷，列举 128 证，以明此 25 篇为伪书，于是遂成定谳。丁晏作《尚书余论》，更证明这是晋之王肃所伪作。到了现在，这伪《古文尚书》及伪孔安国《尚书传》的公案，总算是经学史上已经解决的问题。

清代的《十三经注疏》本《尚书》，是《今文尚书》和《古文尚书》的合编本。其中属于《今文尚书》的有《尧典》（包括《舜典》，但无《舜典》篇首的 28 字）、《皋陶谟》（包括《益稷篇》）、《禹贡》《甘誓》（以上为虞夏书）、《汤誓》《盘庚》（包括上、中、下三篇）、《高宗肜日》《西伯戡黎》《微子》（以上为商书）、《牧誓》《洪范》《金縢》《大诰》《康诰》《酒诰》《梓材》《召诰》《洛诰》《多士》《无逸》《君奭》《多方》《立政》《顾命》（包括《康王之诰篇》）、《费誓》《吕刑》《文侯之命》《秦誓》（以上为周书）共 28 篇，注疏本分为 33 篇。每篇的写成年代各不相同，记录了涉及原始社会末期、奴隶社会中商周王朝的历史，范围相当广泛，不仅反映了当时的历史事件和人物言论，而且也反映了古代社会制度、阶级矛盾和阶级斗争方面的情况，以及古代天文和地理等等，具有珍贵的史料价值。

《诗经》现存 305 篇，分为《风》《雅》《颂》三大类。《风》为 15 国风：《周南》11 篇，《召南》14 篇，《邶风》19 篇，《鄘风》10 篇，《卫风》10 篇，《王风》10 篇，《郑风》21 篇，《齐风》11 篇，《魏风》7 篇，《唐风》12 篇，《秦风》10 篇，《陈风》10 篇，《桧风》4 篇，《曹风》4 篇，《豳风》7 篇，共计 160 篇；《雅》分为《大雅》31 篇，《小雅》74 篇，共计 105 篇；《颂》分为《周颂》31 篇，《鲁颂》4 篇，《商颂》5 篇，共计 40 篇。

《诗经》大致创作时间是从西周到春秋，也有说成书于克商以前的先周时期，后种说法极少。《诗经》中反映地域，以《国风》考证，《秦》《王》《豳》，约当今的陕西省和河南、甘肃两省的一部分；《唐》，约当今的山西省；《魏》，约当今的山西、河南两省的接境处；《邶》《鄘》《卫》《郑》《陈》《桧》，约当今的河北省的西南部和河南省；《齐》《曹》和《颂》中之《鲁》，约当今的山东省；《周南》《召南》中的《汝坟》《汉广》《江有汜》诸篇，约当今的河南省的南部和湖北省的北部。《诗》中诸诗，是反映古代中原地区的作品，其地域以黄河流域为主，最南也在长江以北。《国风》是列国的民歌，占《诗经》的一半以上。由于采自民间的最多，人民生活的描绘也多，表现出了人民的思想感情，再加上文笔流畅，语言明快，节奏感强，篇章紧凑，铿锵有声，其文学价值极高。

《雅》，是周族地区的乐歌，反映了当时社会的发展过程、农业生产情况、江南流域的开拓和统治者穷兵黩武、横征暴敛，人民备受剥削的生活，其中亦有由于周室衰微，奴隶主贵族哀叹日暮途穷之作，史料价值颇高。

《颂》，是宗庙祭祀的乐歌，歌颂奴隶主贵族的宗功祖德，粉饰太平，语言简古，佶屈聱牙，思想和内容都较僵化，与《尚书》和铜器铭文类似，但富于史料价值。

今文《诗》，汉初即有三派，所设博士中分成三家：《鲁诗》，为鲁人申培所传；《齐诗》，为齐人辕固生所传；《韩诗》，为燕人韩婴所传。另外一部未立于学官的古文《诗》称《毛诗》，在民间私相传授。后来，三家诗全亡佚，《毛诗》反而独得流传至今。现在收存于《十三经》中的《毛诗》，就是古文诗《毛传》本。

3. 商周记载的特点和表述形式

总起来说，殷商和宗周的文字记载基本上是以王朝贵族的活动为中心的。这跟远古传说的根本区别，在于后者颂扬为群众服务的公仆而这里颂扬的却是凌驾于社会之上的群众的统治者，并且在颂扬以外，还有讽刺。对于统治者的颂扬和讽刺，有时反映阶级间的矛盾，有时反映统治阶级内部的矛盾。

在表述形式上，甲骨文、金文、《商书》《周书》和《雅》《颂》已表现为历史记载的萌芽状态。甲骨文有了形式略具的简单记事。如：

壬子卜，贞王田于㘱，往来亡灾。丝御。获鹿十一。

这条记事，有时间（壬子）、地点（㘱）、人物（王）和活动（田、御、获鹿）。后来发展起来的记事，也还是以这四者为主要的项目。甲骨文对时间写得不够清楚。有的只记了日而没有记年月。有的记了月日、事，末尾记上了月份，紧接着再记某年，如下二例：

癸未，王卜……在四月，王隹二祀。

癸卯，王卜……在九月，王隹五祀。

但这样的例子不多。

金文的表述形式比较多。有以记事为主的，可以《宗周钟》《曶鼎》《散氏盘》为代表。有以记言为主的，可以《大盂鼎》《大克鼎》《毛公鼎》为代表。但无论记言或记事，都不一定记一时之言、一时之事，也不是连贯的几句话或几条事出现在一篇铭文里。

金文里有不少是不记时间的。但完全记着年月日的，要比甲骨文多些。有的写法类似甲骨文而又不完全相同。如《大盂鼎》在开端写"隹九月，王在宗周令盂"，而在结尾写"隹王廿又三祀"；《小盂鼎》在开端写"隹八月既望，辰在甲申"，而在结尾写"隹王廿又五祀"。这是先写月、写日，最后写年。又一种写法是一开头就写出年月日来，如《颂鼎》"隹三年五月既死霸甲戌，王在周康邵宫"。在后来的历史记载中，第二种写法得到了流行。

《商书》和《周书》各篇的文体略类金文，而以记言为主。所记言词，有时能表达发言人的神情，似较金文为胜。记言各篇，在开端多有一小节记事。在《召诰》的开端，记事之词较详。它是按月日的先后记史事的进展的。

《金縢》和《顾命》是《周书》中仅有的以记事为主的两篇，也是《尚书》全书中比较完整的记事文字。《金縢》环绕着金縢藏书、启书的情节，叙述周公的忠贞、遭谗以至终于得到谅解的整个故事的发展过程。前后六年，有始有终。《顾命》从成王病重开始，接着写成王的遗命。此后，写成王崩后奉迎康王的礼仪，接着写康王和卿士进入朝堂、君臣相见及康王之诰。《顾命》善于利用时间的顺序、空间的方位，把易于陷入繁琐混乱的细节写得清清楚楚，并且还能写出一种静穆庄严的气氛。从文字的形式说，这两篇在《周书》中是代表发展的阶段的。

《逸周书·世俘解》是一篇记事的文字，但全篇文字前后不一定连贯，是用几段文字拼凑在一起的。《尚书》中，也往往遇到这种情形。

对于时间的明确记载，《尚书》是很贫乏的。全书中只有《洛诰》在篇末记了具体的时间，是以日月年为次的。《召诰》记了两个月份和许多甲子，却偏偏没有把年代记上。《逸周书·世俘解》记了月份，并详细地记了甲子，也是没有记上年代。

把《雅》《颂》作为一般的历史记载去要求，它们有更多的缺点。第一是完全不记年月日第二是很少记地点。第三，明显说到人物的也并不普遍。第四，一般说得笼统而夸张。但它们是宗周一代史诗的总汇。史诗的体裁在后来没有得到发展，《雅》《颂》对于后来流行的某些历史体裁却有创始的意义。像前面提到过的《生民》《公刘》等诗，实际上歌咏了一些英雄人物一生的事迹，这在体例上是上继远古传说的遗风，下开历史传记的端绪。像《崧高》《韩弈》《江汉》等篇专咏一事，这跟《尚书》中的《金縢》《顾命》《逸周书·世俘解》一样，都有纪事本末的创意。至于更多篇章歌咏先王、形容成功，这也可以说是历史论赞的远祖。

殷商和宗周的文字记载，记载的彼此之间是孤立的，没有表明相互间的关系。作为历史记载来看，只能表示它们是萌芽状态的东西。它们在体裁上对后来有影响，但在当时并不见得重要。

4. 鄂君启节和侯马盟书

鄂君启节和侯马盟书是甲骨文、金文和《尚书》以外的官文书。

侯马盟书，是20世纪60年代、70年代在山西侯马陆续发现的。盟书用朱书写在石简上。简作圭形，字数达220左右。内容是战国时期赵敬侯跟赵武公之子赵朔争夺君位，赵朔败逃，他的党羽被驱逐的故事。从盟书中，可见当时的盟誓制度和赵国贵族中氏族关系的重要地位。盟书中仅有盟辞，没有记载年月日及事件的过程。

鄂君启节，1957年在安徽寿县发现，是用铜铸成的，铭文用金丝错嵌。

共发现四枚。三枚各有铭文九行，每行18字，铭文完全相同。另一枚也是九行，每行16字。铭文分别记载鄂君于一年之内可到达的地方，可使用的车马或船只的数量。专家认为，铜节应为十枚，五枚为一套。甲套只发现一枚，缺四枚。乙套发现三枚，缺两枚。节的性质，属于当时的通行证。其中记车马者，是陆路通行证；记船只者，是水路通行证。

侯马盟书和鄂君启节，都是珍贵的历史文物。它们的文字记载也都是珍贵的历史文献。从内容上看，它们都是典制史方面的资料。但在表述形式上，都没有关于时间的记载，在历史记载应有的条件上是不完备的。

5. 宗周晚期以后的时代特点和国史的出现

宗周时期大规模建侯封国活动，有助于推动有关地区生产的前进。宗周晚年以后，王朝和列国的社会经济有了继续发展，奴隶制社会在逐渐向封建社会过渡。周厉王以专制而招致流放，宣王时南征北讨，平王末年秦晋齐楚兴起，春秋战国时期强吞弱、大役小，都无不有其社会经济上的背景。周室威信的低落、各国政权的下移，各国之间战争和互相往还的频繁，成为突出的历史特点。就在这样的历史条件下，历史记载不再是基本上限于王朝，而是出现于许多国家了，不再是局限于官文书和诗篇的形式，而是逐渐发展为按年代先后连续记载的编年的国史形式了；而且不仅国史出现了，私人撰述也出现了。

从《史记》所保存的材料来看，除鲁的纪年较早外，燕自惠侯以下、蔡自武侯以下、陈自幽公以下、卫自釐侯以下、宋自釐公以下、晋自靖侯以下、楚自熊勇以下，才开始有了纪年，而略与厉王相前后。周王朝在武王时虽已一度有了纪年，但也是从厉王出奔后，各王纪年才都有了。纪年可能先以历牒谱之类的形式表达出来，不一定是跟编年史同时出现的。如秦自秦侯时已有纪年，这也是当厉王时期，然此后一百余年，到文公十三年"初有史以纪事"。有魏史之称的《竹书纪年》，以晋为魏所从出，"特记晋国"，而记事也只"起自殇叔"，去晋之有纪年也已74年了。

《墨子·明鬼》为证己说，列举各书。于宗周晚年以后之事，引周、齐、宋、燕之春秋，而以所引宣王杀杜伯一事为最早。在此以前，不是引某国春秋，而是引《商书》和《大雅》。《国语》记周事，以穆王征犬戎一事为最早，然记事同时又记年者却始于宣王。这两事似可提供一些迹象，说明编年体国史的出现在周宣王或其前不久的时期。

《春秋经》所开始的年代，即鲁隐公元年（周平王四十九年），可作为编年体国史确立的标志。这是有历史记载以来的新的阶段性的发展。《孟子·离娄下》说："王者之迹熄而诗亡，诗亡然后春秋作。"这是可以联系这种新发展去理解的。

周王朝和列国的国史没有一部流传下来。在《左传》的记载中，透露出有关当时国史的一些消息。如说："君举必书。书而不法，后嗣何观？""鲁之于晋也，职贡不乏，玩好时至，公卿大夫相继于朝，史不绝书。府无虚月。"这是记本国之事。如说："夫诸侯之会，其德刑礼义无国不记。记奸之位，君盟替矣。作而不记，非圣德也。"这是记本国所参与会盟事。又如说："孔达缢而死，卫人以说于晋而免。遂告于诸侯曰：寡君有不令之臣达，构我敝邑于大国。既伏其罪矣，敢告。""卫宁惠子疾，召悼子曰：吾得罪于君，悔而无及也。名藏在诸侯之策，曰：孙林父、宁殖出其君。"这是记别国见告之事。从这些记载中，可见当时国史资料的来源及其范围基本上仍不出贵族的活动。

春秋时期国史的形式，至少有三种。一种是只记某时有某事发生。如《左传》襄公二十五年记齐太史书："崔杼弑其君。"这一形式可以说是自甲骨文记事的形式发展而来，后来的《春秋经》《竹书纪年》都继承这一形式。第二种形式是写出史事的过程。如《韩非子·奸劫弑臣》引崔杼事，详记崔杼杀齐庄公的原因和当时的情况。这种写法，就不同于齐太史对同一事的写法了，这是一例。又如《左传》记王朝之乱，从昭公二十二年到二十六年，详细地按年月日的顺序一一去记。这不一定是《左传》创造出来的，而可能是根据周王朝的国史写的。这也是写史事的过程，而跟《韩非子》所引用史事的写法不同，这又是一例。第三种形式是记言，或以记言为主，或记事又记言。这种形式，在《左传》和《国语》中是大量存在的。这跟第二种形式，都对后来的编年史体裁起了开创的作用。

《孟子·离娄下》说："晋之《乘》、楚之《梼杌》、鲁之《春秋》，其实一也。"这是列国史中最著名的三部国史。后来《春秋经》《左传》特详于三国史事，是有其历史的原因的。

6. "世卿的家史"，为国史之外的家史

春秋时期，国史之外，还有世卿的家史。这在当时也是官史，而不同于后来私家之史。

《左传》记有晋国蔡墨，或称史墨，又作史黯。《国语·晋语九》韦昭注："史黯，晋大夫史墨，时为（赵）简子史。"这是春秋晚期的事情。《史记·赵世家》记赵盾时有赵史援，这是春秋中期的事情。《韩诗外传》卷七："赵简子有臣曰周舍，立于门下三日三夜。简子使问之，曰：子欲见寡人何事？周舍对曰：愿为谔谔之臣，墨笔操牍，从君之过，而日有记也，月有成也，岁有效也。"

这实际上就是把国史的"君举必书"用之于世卿的家史，记事的方法也是按年月日为次的编年体。家史之出现，也许跟世卿的得势有关，但还没有材料可以证明这一点。

春秋时期的家史也没有一部流传下来。《左传》昭公三十一年、三十二年记史墨跟赵简子的问答两条，《国语·晋语九》记史黯跟赵简子的问答两条，纯系私人间的谈论，这或者就是史墨（史黯）所记赵氏家史中语。《左传》多记郑国名卿子产、齐国名卿晏婴、晋国名卿叔向的论议和行事，而记子产者尤多，不知是否取自他们的家史。

第三讲 《春秋》经传和私人撰述

春秋晚年，孔子开创了私人讲学和私人撰述之局。这是当时阶级结构的变化和政权的下移在学术活动上相应的反映。

孔子有浓厚的历史兴趣。他说："述而不作，信而好古。""我非生而知之者，好古敏以求之者也。"他以《诗》《书》、礼、乐教弟子，其中有相当多的历史文献。

孔子依据鲁国史，修成了《春秋》。按《汉书·艺文志》所著录，可称为《春秋经》。以《春秋经》校鲁史佚文，其中有袭用旧史者，有修改旧史者，有删繁就简者，有削而不采者。司马迁说《春秋经》"论史记旧闻"，"约其辞文，去其烦重"，是可信的。

《春秋经》涉及各国之事，而以鲁国为主。上起鲁隐公元年，下至哀公十四年，共242年的史事，每年都有史事记载。这是以前所没有过的。

《春秋经》为后来的编年史做出了略具雏形的开端，还不能够建成编年史的体制。它标志私人撰述的出现，这是中国史学史上的一件大事。有利于此后历史撰述的发展。

《春秋》成书后，学者们因师承的不同而有不同的解说。这些解说流传下来的，有《公羊传》《穀梁传》。这两部书虽是解说，但包含了大量的史事，所以它们也是史书。

《公羊传》有很显明的大一统思想。它在全书的第一条就明白提出大一统的重要性。同时，却又反对诸侯专封。

《公羊传》和《穀梁传》有相当重要的史料价值。第一，《春秋经》只是一大片事目，二传关于这些事目的详细内容，基本上都说到了。二传和《左传》之间、二传之间所记史事互有异同，都是研究春秋时期重要的资料。第二，《春秋》有所谓"为尊者讳，为亲者讳，为贤者讳"，二传把《春秋》所讳的事情都一一加以说明。第三，二传对于历史的记载抱有很认真的态度。

在表述方面，二传对《春秋经》所使用的词汇、表述的形式，都有细致的说明。二传在词汇的选用和表述的形式上，每一个字，都要求得很严格，要求准确和凝练。它们对于《春秋》在这方面可能是求之过深，但它们所体现的这种准确、凝练的文风，是中国史学史上的好传统。《公羊传》在文风上有独特的风格。《穀梁传》也有类似的文风。二传所写的这些历史人物，都是两千几百年前的古人，却好像在我们面前讲话。笔锋是那样的简朴、清新，没有装点，使人有一种亲切之感。文中有些语句，再三重复，并不使人感到多余。这种文风，在后来的史书中是很少见的。两部书在先秦史学的发展中是有它们的地位的。

《国语》和《左传》一向被认为是《春秋》的辅助读物。《左传》和《公羊传》《穀梁传》被称为《春秋三传》，《国语》被称为《春秋外传》。其实，《国语》和《左传》都不是为《春秋经》而作，它们都不能说是《春秋经》的传。但它们记述的内容，基本上都是春秋时期的历史。而且它们是《春秋经》以后的关于春秋史的重要的私人撰述。《国语》和《左传》可初步定为战国早期的作品。《国语》的作者，相传为左丘明，但不可信。《国语》在编纂形式和材料丰富上，都比《春秋经》前进一步。《左传》记载春秋时期的史事。相传《左传》也是左丘明作。从内容看来，它的作者不会是孔子所称道的左丘明，也不会跟《国语》作者是一个人。《左传》把纪事本末体和传记体运用于编年史之中，作为编年体的补充，这是很重要的创举。对于后来编年史的体裁是有影响的。《左传》以善于写战争见称。它善于写战争的性质，敌对双方的特点，从而生动地写出战争的全貌。有时通过细节的描写，不加任何阐明，就表达出双方胜败的原因。

《国语》基本上是历史资料的汇编，但它注意了历史现象发展的顺序，并指出了历史发展的趋向，这比《尚书》有很大的进步。

1. 《春秋经》

《春秋》，相传是孔子根据鲁史修成的。"《春秋》古经十二篇，经十一卷"，以鲁国为主，涉及各国之事；分年纪事，上起鲁隐公元年（公元前722年），下止鲁哀公十四年（公元前481年），计凡12公，242年。《春秋》是编年体，年有四时，不能偏举四字为书名，取"春""秋"，已包含"夏""冬"。当时，不论周王室或诸侯国，均有史官负责记载周王室或本国的历史，但其书名并不一样，如晋叫"乘"，楚名"梼杌"，秦称为"记"，周、鲁、燕、齐则称为"春秋"。《春秋》原是普通名词，到孔子据鲁史而修，《春秋》才成了《春秋经》的专有名词。

但在春秋时期，鲁国已不能尽遵周礼，所以孔子有"鲁一变，至于道"的说法，他也不是全盘照搬周礼，而是有所斟酌损益的。编写历史与周礼联系起来，则是《春秋经》对旧贵族奴隶主传统文化的依恋，是它保守的一面。《春秋经》对于人事，不仅注意所谓善恶，还认真记载其得失成败。书中所记水、旱、雪、霜、地震等等，都是作为与人事有关的自然现象来处理的。它偶尔记述一些诸如"六鹢退飞过宋都"之类的奇异现象，只是"纪异而说不书"。在春秋时期，朝聘、会盟、征伐、城筑等，本来多与宗教活动有联系，但《春秋经》却从中游离开，只是从人事的角度去记载，把历史与神话和宗教分离，这是进步的一面。《礼记·解经》说："属辞比事（指善于设辞举例，判断是非），《春秋》教也"，"属辞比事而不乱，则深于春秋者也"，这是《春秋经》的编撰方法。同是记载战争，有伐、侵、战、围、救、取、执、溃、败等不同写法；同是记载杀人，有杀、弑、尽杀、诱杀、歼等不同的写法。《春秋经》把头绪纷乱的史实，"以事系日，以日系月，以月系时，以时系年"，即把史实按时间顺序排列起来，并有所取舍详略。这样表达出了较多的历史情况，这就是《春秋经》在历史编纂学上的贡献，开辟了后来的编年史体例。《春秋经》总计约18000字，分条记事，不相连属，文句简约，多则47字，少则1字，并没有写出所记事件的原委。后人为了理解经义，随后就出现了《左氏传》《公羊传》《穀梁传》《邹氏传》和《夹氏传》五家。后来，《邹氏传》和《夹氏传》佚失；《左氏传》改为《春秋左氏传》，简称《左传》。《春秋经》的经文，现在都分别载于《左传》《公羊传》和《穀梁传》的各传之前，已没有单行刊本，但在古代，《春秋经》与三传，实为各自刊行，而且今古文本也不相同。《汉书·艺文志》中所谓的"古经十二篇"，就是古文本的《春秋经》，也就是《左氏传》所根据的古文经。所谓的"经十一卷"，就是今文本的《春秋经》，也就是《公羊传》及《穀梁传》所根据的今文经。《春秋古经》与《左氏传》的配合，大概始于晋之杜预。杜预《春秋经传集解序》所说"分《经》之年与《传》之年相附，比其义类，各随而解之"，可为证据。至于今文的《春秋经》与《公羊传》《穀梁传》的配合，则不详始于何人。《左氏传》的经文，与《公羊传》和《穀梁传》经文的主要不同：《公羊传》和《穀梁传》的经终于哀公十四年的"西狩获麟"；《左氏传》的经终于哀公十六年的"孔丘卒"。这种不同，表示了《公羊传》《穀梁传》对于《春秋经》的看法不一样。

2. 《公羊传》《左传》《穀梁传》及《国语》

《公羊传》的作者旧题为战国时代齐人公羊高，初仅口头流传，至汉景帝时，公羊高的玄孙公羊寿及其弟子胡母生将其写定成书。《穀梁传》旧题为战国时鲁人穀梁亦撰，最初也是口传，至西汉时，传其学的人才把它写定成书，体裁近似《公羊传》。《公羊传》和《穀梁传》从不同的角度说明了《春秋》书法，即所谓"微言大义"，对当时的统治极为有利，故均立于学官，但因其对史实的增补不多，因而史料价值不大。相传《左传》为左丘明作，但从其内容看来，它的作者不会是孔子所称道的左丘明。顾炎武说"左氏之书，成之者非一人，录之者非一世"，颇可取。《左传》成书，大体可以定在战国时期，但并不排斥后人有所增补。现在我们看到的《左传》，是经杜预改编过的。《左传》一书，18 万言，上起鲁隐公元年，下迄鲁悼公四年，前后共计 259 年，比《春秋经》多了 17 年，而所记史事与《春秋经》有所出入，有在《春秋经》有而《左传》中没有的，有在《春秋经》无而《左传》中有的。《左传》不仅记载了鲁国的历史，而且还系统地叙述了当时几个主要诸侯国的历史。它的突出特点是：书内展开了社会矛盾的记载，长于记述战争，特别善于描写大国争霸战争，更善于描写历史人物。同时，书中记载不限于政治，也涉及社会其他各个方面，具有较高的史料价值，也就被司马迁纳入了《史记》。《左传》不但是我国古代的一部出色的编年体史书，也是一部优秀的文学名著。

《国语》主要记载了春秋时期的历史事实，也有部分记载了西周时期的史实。《国语》和《左传》是春秋时期的主要史料，但这两书的关系，历来有两种说法。一说，这两部书都是左丘明作的。左丘明为了给《春秋》作传，搜集了许多史料，后来，一部分用上了，这一部分就成为《左传》。没有用上的一部分就单独成书，名为《国语》，所以也称《春秋外传》。另一种说法是，《左传》并非左丘明作，《春秋》原来的传是《公羊传》和《穀梁传》，本来没有《左传》，只有《国语》，它是春秋时期各国历史的一个总集。到汉末，古文经学家刘歆为抵抗《公羊传》，便把《国语》割裂开来，分出一部分，与《春秋》联系起来，托名于左丘明，称为《左氏传》，其余的部分还叫《国语》。司马迁说："左丘失明，厥有《国语》。"也就是说，《国语》是左丘明原来著作的名称，《左传》可能是从《国语》中分出来的。《国语》的出现，可能在战国早期。

春秋三传和《国语》，都是战国时期的产物。战国时期可以说是先秦时代历史著述比较发展的时期。

第四讲　战国时期的多种撰述

战国时期，除了春秋三传，还有多种历史撰述。其中，有《竹书纪年》《世本》《山海经》，有《尧典》《禹贡》、礼书，有《战国策》。还有跟历史有关的图像和地图。

《竹书纪年》，是西晋初年出土的一部史书。

《世本》，顾名思义，应该是主要记世系的书。

在战国晚期，整个形势趋向统一，已逐渐明白。在这个历史转折的阶段上，史家酝酿着对以往历史的总结，这就成为《纪年》和《世本》这两书产生的一种社会原因。但历史的发展在这时竟然还没有走完一个阶段，通史的写作仅是在未成熟的酝酿中有了开始，它们还不能完成通史写作的任务。

《山海经》是一部记载山川、道里、物产、风俗、帝王世系、历史人物、奇禽异兽、神话、传说的书。《山海经》跟《竹书纪年》和《世本》在具体的内容上，各有自己特殊的领域。但在资料上博取古今，在思想上要求统一的倾向，却是一致的，这反映了战国时期的历史特点。

《尧典》和《禹贡》，是《尚书》里的两篇。今文《尚书》和古文《尚书》都有这两篇。《尧典》的今文本，是把尧舜的事迹合在一篇里。《尧典》的古文本，是把舜的事迹划出来，别称《舜典》，并在所谓《舜典》的开端，多出了 28 个字。现在我们所说的《尧典》，是指今文本。《尧典》和《禹贡》表达的是辽阔的地域，统一的气氛，基本上摆脱了神话色彩，这是战国时期历史撰述的特点。

《尧典》记尧舜时期，是按时间顺序写的。

《禹贡》，传统说法认为是禹的作品。这显然是在传说基础上的附会。

礼书，反映儒家理想中的社会秩序及其有关的细节。尽管其中有儒家对于周礼的加工，仍然有丰富的社会史的内容，至少在典志书的发展上，也是有一定地位的。

《仪礼》和《周官》是战国时期在这方面的主要撰述。《仪礼》17篇，分别记述冠、昏、乡射、朝聘、觐见、丧、祭的礼。这些礼都关系到古代社会贵族生活中的重大活动。《周官》，一般称为"周官"或"周礼"。《周官》《尧典》和《禹贡》，都在儒家思想影响或支配下反映趋向一统的思想，这是它们所共有的特点。

《战国策》，是写战国时期说客辩士的权谋和军政大事的书。

1. 《竹书纪年》《世本》《山海经》

《纪年》是太康二年（281年），在汲县的战国魏襄王墓中发现的一部魏国编年体史书，因原书写在竹简上，又称作《竹书纪年》。此书，上起黄帝，继述夏、商、西周、春秋时晋国和战国时魏国的史事，到魏襄王（公元前299年）为止。此书宋时佚失，清代朱右曾辑有《汲冢纪年存真》，王国维据以编成《古本竹书纪年辑校》，范祥雍对此作了《古本竹书纪年辑校订补》，可以纠正《史记》记述战国史事年代上的错误。

据《汉书·艺文志》载："《世本》，十五篇。"班固自注云："古史官记黄帝以来，迄春秋时诸侯大夫。"可见，《世本》是先秦史官为当时奴隶主贵族修编的宗谱，也叫"世"或"世系"。书中有《帝系》《王侯世》《卿大夫世》《氏族》《作篇》《居篇》和《谥法》等篇。司马迁的《史记》、韦昭的《国语》注、杜预的《左传春秋经传集解》、司马贞的《史记索隐》、张守节的《史记正义》，以至于郑樵的《通志》也都曾参考或引用《世本》作为佐证，可见此书史料价值较高。不过，《世本》现存佚文，只是些零散记事，彼此不相连属，不易看出原来的面貌。《世本》于宋代佚失，清代有各种辑本。1959年商务印书馆印成《世本八种》，其中以雷学淇、茆泮林两种辑本较佳。《竹书纪年》和《世本》有一个共同特点，即综合了远古的传说和文字的记载，自黄帝直至作者的时代，写出了通史性质的史书。在战国历史转折时期，史家酝酿着对以往历史的总结，《竹书纪年》和《世本》的出现就是当时历史条件下的产物。

《山海经》，古代地理著作，撰者不详。古本原有 34 篇，由于历代校订、删并，至今仅存 18 篇。各篇著作时代亦无定论，近代学者多数认为非出一人之手，亦非一个时代所撰成。其中的 14 篇是战国时期作品，《海内经》四篇则为西汉初年的作品。《山海经》的主要内容为民间传说中的地理知识，包括山川、道里、民族、物产、药物、祭祀、巫医等，保存了不少远古的神话传说。对于古代历史、地理、文化、中外交通、民俗和神话的研究均有参考价值。其中的矿物记录，为世界上最早的有关文献。

2. 《尧典》《禹贡》及礼书

《尧典》记载了唐尧的功德、言行，是研究上古帝王唐尧的重要资料。相传中的尧和舜，是原始社会后期的传世首领。尧名放勋，属陶唐氏，又称唐尧；舜名重华，属有虞氏，又称虞舜。典是书名，《说文》解为五帝之书。《尧典》是记叙尧舜英雄事迹的书，也名《帝典》。《尧典》是《尚书》的第一篇。《尧典》的开篇就说"曰若稽古"，意思是考查古时传说，已经清楚地表明了它不是当时的记录，而是后代史官对于历史的追记。学者有考证，《尧典》的写作年代最早不早于殷末周初，最晚不晚于秦汉。在这近千年的时间里，我们可以看出《尧典》文本的流传时期。在流传之中，后人不断笔墨润色，或附益或删改，使得《尧典》的文字常有不同阶段的时代色彩。

《禹贡》是我国第一篇区域地理著作。它是《尚书·夏书》中的一篇，简称《禹贡》，作者不详。《禹贡》的成书年代历来多有争论，目前多数学者同意是战国时代的著作，约成书于公元前 5 世纪—前 3 世纪。《禹贡》全书 1193 字，以自然地理实体（山脉、河流等）为标志，将全国划分为 9 个区（即"九州"），并对每区（州）的疆域、山脉、河流、植被、土壤、物产、贡赋、少数民族、交通等自然和人文地理现象，作了简要的描述。

《禹贡》全书共分 5 部分：

（1）九州，叙述上古时期洪水横流，不辨区域，大禹治水以后则划分为冀、兖、青、徐、扬、荆、豫、梁、雍九州，并扼要地描述了各州的地理概况；

（2）导山，分九州山脉为四列，叙述主要山脉的名称，分布特点及治理情形，并说明导山的目的是为了治水；

（3）导水，叙述 9 条主要河流和水系的名称、源流、分布特征以及疏导的情形；

（4）水功，总括九州水土经过治理以后，河川皆与四海相通，再无壅塞溃决之患；

（5）五服，叙述在国力所及范围，以京都为中心，由近及远，分为甸、侯、绥、要、荒五服。从此，九州安定。

《禹贡》突破了早期著作中传播的许多神秘观念，朴实地记录了全国范围内各种地理现象，为我国早期区域地理研究的典范，为《汉书·地理志》《水经注》《元和郡县图志》《太平寰宇记》，以及唐、宋以来许多地理著作所引，也是我们研究我国历史地理的重要参考文献。历代注释、考证《禹贡》的著作甚多，以清代胡渭的《禹贡锥指》和近人顾颉刚的《〈禹贡〉注释》最为重要。

《周礼》《仪礼》《礼记》，总称"三礼"，自东汉之末就已这样称呼了。自郑玄注"三礼"之后，《周礼》得崇，郑学得崇，就此居"三礼"之首的便是《周礼》了。十三经中，所以将《周礼》列于《仪礼》之前，也是此由。

《周礼》大约出于战国时期，本名《周官》，也称《周官经》，后称《周官礼》，又尊为《礼经》。《周礼》凡六篇：共分《天官·冢宰》《地官·司徒》《春官·宗伯》《夏官·司马》《秋官·司寇》《冬官·司空》；但《冬官》一篇，汉初河间献王得到时，业已亡佚，当时补以《考工记》，称为《冬官·考工记》。《考工记》记载了先秦时期的一些手工业制造过程中的操作规程。

《周礼》并非礼书，《大戴礼记》引用过它，司马迁、匡衡也引用过。《周礼》综述了从西周到春秋时期的王室和各诸侯国中出现的官制，也有战国时期的社会经济制度、政法制度、学术思想和儒家王者大一统的思想等内容。《周礼》可以与其他有关的周代文献资料相互印证，更好地反映中国古代社会的情状，大有其用，也为古文学派最重要的书籍，也是历来经学家争论最为激烈的文献之一。

关于《周礼》的出现，就有五说：一为汉武帝时发现；二为汉河间献王所得；三为河间献王时李氏所得；四为与《古文尚书》等同时发现于孔壁；五为与《逸礼》同为孔安国所献。清代孙诒让《周礼正义》以为四、五两说虚妄，不足凭信；一、二、三说也参差不同，所以《周礼》一书，曾经引起宋学派和今文学派的怀疑，这是有原因的。

《仪礼》是十三经中"三礼"的第二部书。《史记·儒林传》说："诸学者多言礼，而鲁高堂生最本。《礼》固自孔子，时而其经不具。及至秦焚书，书散亡益多，于今独有《士礼》，高堂生能言之。"其中《士礼》，就是《仪礼》。《礼记》在百三十篇之记中，《周官经》别附于后。可见，西汉时人，仅认《仪礼》为《礼经》，在"三礼"中所处位置最高。《仪礼》凡17篇，大体分为冠昏（《士冠礼》《士昏礼》）、丧祭（《士丧礼》《既夕礼》《士虞礼》《特牲馈食礼》《少牢馈食礼》《有司彻》和《丧服》），朝聘（《聘礼》《公食大夫礼》《觐礼》）和射乡（《士相见礼》《乡饮酒礼》《乡射礼》《燕礼》和《大射仪》）之礼。从上可知我国古代的亲族关系、宗教思想、内政外交情形以及当时的宫室、车马、衣服、饮食等制度，为当时社会生活中所用，为士大夫必须熟知的，故而颇具史料价值。

《仪礼》的作者以及完缺的问题，到现在仍争论未决。古文学派，以《仪礼》和《周礼》为周公所作；今文学派，以《仪礼》为孔子所定。然而今古文学家也有两种不同的看法：今文学家主张17篇已包括一切的《仪礼》，故此完整，经典之作；古文学家主张《逸礼》39篇为可信，故以现存《仪礼》17篇为秦火的残烬。今文学家根本否认《逸礼》的发现，认为这是古文学家伪造的谰言。古文《逸礼》39篇并没有流传下来，其亡佚的时间也无可考证。

《礼记》是孔门弟子讨论礼的理论和行礼的文字材料，属于《礼经》的一部分。《礼经》的传授，西汉讲《仪礼》，东汉兼讲《周礼》；三国以后才始讲《礼记》，其取得经典之地位，也是较晚的事了。《礼记》也称《小戴记》，为西汉《礼》，今文学家戴圣编纂，凡49篇。《礼记》的成书虽然较晚，言辞间有附会，意义时有抵牾，但是其中所述多存礼家旧籍，读之，既可知孔门的经义，又可考知古代的典章制度，实为一部宝贵的史料典籍。在原始社会里，人们的意志和感情服从于集体，到了氏族社会末期的父权时代，后来所说的"礼"就已经初步形成了。国家形成后，这种原始的"礼"并没有烟消云散，反而把那些不平等原则法定化、神圣化，奴隶主贵族又把它与其他传统习惯一起加以改变和发展，逐渐形成了《礼记》《仪礼》书中所说的"礼"，作为他们统治人民的制度和手段。

3. 《战国策》

《战国策》，作者不详，是一部战国时期各国游说之士的策谋和言论的汇编，也有一些关于历史人物的史事记录。书名原不统一，初有《国策》《国事》《短长》《事语》《长书》和《修书》等各种不同的名称和本子。西汉末年，刘向校订群书，去掉重复，互相补充，编定33篇，始定名为《战国策》。今本《战国策》分为《东周策》《西周策》各一篇，《秦策》五篇，《齐策》六篇，《楚策》四篇，《赵策》四篇，《魏策》四篇，《韩策》三篇，《燕策》三篇，《宋策》《卫策》合一和《中山策》一篇。所记继春秋之后，论楚汉之起，包括245年间的史事，从中可以看出战国史上的重大事件。其书体例，与《国语》相同，是一种国别史，是研究战国史的重要资料。

1973年12月，长沙马王堆汉墓出土了大批帛书，其中一部与《战国策》性质相同，没有书名，后根据内容，定名为《战国纵横家书》。全书共27章，325行，11000多字。其中有11章的内容，见于《战国策》和《史记》，文字大体相同；另外的16章，即相当于全书60％左右的文字，是久已失传的佚书，为《战国策》所无，也不见于《史记》。全书分三部分，第一部分14章（只有两章著录过），是苏秦的书信和谈话，提供了有关他从事合纵活动的可信史料，由此可以辨别《战国策》有关史料的真伪，并纠正《史记·苏秦列传》的错误，为进一步研究战国史提供了珍贵的史料。

4. 其他相关撰述

（1）《易经》

《易经》，原称《易》或《周易》。《汉书·艺文志》著录"《易经》十二篇"。颜师古注云："上下经及《十翼》，故十二篇。"现在所存的《易经》正是如此。《易经》，从西汉末年直到现在，没有大的改变。《易经》12篇，主要分为经与传两部分。经的部分包括卦、爻两种符号和"卦辞""爻辞"两种说明文字，共64卦，384爻。每卦都有个卦的形象、卦的名称，卦名之后有说明本卦性质的"卦辞"。卦有六爻，爻分阳爻、阴爻，有"爻辞"说明这一爻在本卦中的性质，就可以知道卦中内容的吉凶。但是，就其整个组织和某些"爻辞"的含义看来，其中也有一些哲学思想和历史事实。传的部分包括《彖辞上》《彖辞下》《象辞上》《象辞下》《系辞上》《系辞下》《文言》《说卦》《序卦》和《杂卦》，就是所谓的"十翼"。《十翼》中的其他篇与《系辞》性质基本相同，所以都可以称为《易传》。传是对于经所做的各种解释，翼有辅助的意思。《十翼》就是解释《易经》的十篇著作的总称。

《易经》中的经，大概成书于商周之际。其爻辞也涵盖了一些不晚于西周初年的历史故事。经，由于大体上是西周初年的作品，所以也称为《周易》。至于《易传》是孔子作的传统说法，殆难成立。我们知道，孔子没有什么自己的著作，而《易传》也不是出自一时一人之手，它大概是从战国到汉初的有关解释《易经》的著作选辑。《汉书·艺文志》著录《易传》，"《周氏》二篇、《服氏》二篇"；《汉书·儒林传》载："雒阳周王孙、丁宽、齐服生，皆著《易传》数篇。"所谓《十翼》大概就是这一类著作。当然，孔子对于《易经》是非常重视的，又很有研究，这种说法倒是事实。因为《史记·孔子世家》说他"韦编三绝"，《论语·述而》又说："加我数年，五十以学《易》，可以无大过矣。"关于《易经》和《易传》的时代及作者，有些较为一致的说法，在孔颖达的《周易正义》卷一中有较为详尽的述说。

晋朝初年，在汲郡的战国魏王墓里发现的"竹书"中，有一部《周易》。据说，这部《周易》有上下篇，与世上当时流行的本子相同，但其中没有《彖》《象》《文言》和《系辞》（《春秋经传集解·后序》）。可见，战国时的《易经》本身只有上下篇。早期的《易经》，其经和《十翼》是分开的，直到东汉末年，才把《彖》《象》纂入经中，现在我们所见的《易经》，每一卦的"卦辞"后面都接有"彖曰"和"象曰"，每一爻的"爻辞"后面都跟有"象曰"，这就是把《彖》《象》和经合了起来。其《文言》，也附在《乾卦》和《坤卦》的后面。其余的篇章，因带通论的性质，所以没有和"卦辞""爻辞"放在一起。

《易经》的注解，比《尚书》的注解还要多，有汉学和宋学的注解，所谓"汉《易》"和"宋《易》"。汉《易》注重"象数"，偏重自然现象；宋《易》注重"义理"，偏重社会现象，这是两种思想体系在《易》的具体体现，其有关部分倒能反映出一些注释者所处时代的哲学、历史史料。

近人研究《易经》，剥了后人加于"卦辞""爻辞"的神秘外衣，露出它的本来面目。原来的"卦辞""爻辞"，有些是古人生活经验的总结，有些是古代历史故事的传述，其中也有某些内容具有朴素的哲学意义，具有史料价值。如闻一多的《周易义证类纂》、顾颉刚的《周易卦、爻辞中的故事》、李镜池的《周易校释》。高亨的《周易古经今注》是解释全经的，可为《易经》读本，等等。

（2）《考信录》

清代崔述撰。书中凡《考信录提要》二卷、《补上古考信录》二卷、《唐虞考信录》四卷、《夏考信录》二卷、《商考信录》二卷、《丰镐考信录》八卷、《洙泗考信录》四卷、《丰镐考信别录》三卷、《洙泗考信余录》三卷、《孟子事实录》二卷、《考信附录》二卷、《考古续说》二卷，合计 36 卷。

（3）云梦秦简

1975 年 12 月，在湖北省云梦县睡虎地发掘了 12 座战国末至秦代的墓葬，其中 11 号墓出土了 1555 支（另残片 80 片）秦代的竹简。这批竹简，经过整理，内容计有 10 种，即《编年纪》《语书》《秦律十八种》《效律》《秦律杂抄》《法律答问》《封珍式》《为吏之道》《日书》甲种和《日书》乙种。在这 10 种中，《语书》《效律》《封珍式》和《日书》乙种的书题见于原简外，其余六种题目均系云梦秦简整理小组根据简文内容所定。简文中有许多证据说明，这批竹简反映的是战国末年到秦始皇时期的资料。

（4）《水经注》

《水经注》，北魏郦道元撰，40 卷。原书在宋代已经佚失五卷，今本仍作 40 卷，是经后人割裂改编而成。此书名曰"注释《水经》"，实则以《水经》为纲，作了 20 倍于源书的补充与发展，自成一部巨著。书中记载大小水道 1000 多条，一一穷源竟委，详细记述了所经地区山陵、原隰、城邑、关津的地理情况、建置沿革和有关历史事件、人物，甚至神话传说，无不繁征博引，是 6 世纪前最为全面而又系统的综合性地理书籍。书中引用书籍多至 437 种，其中多处引用《竹书纪年》等书，说明某些地点有关战国历史情况，都是研究当时历史的资料。

（5）《穆天子传》

《穆天子传》，晋代从战国魏王墓中发现竹书《周易》《纪年》《琐语》和《周王游行》，以今文改写后，《周王游行》改称《穆天子传》，作者不详。旧题晋郭璞注，六卷，计 8000 余字。书中的前五卷记周穆王西游的故事，后一卷记盛姬之死及其葬仪。《穆天子传》与《竹书纪年》有相合处，其中保存了古代东西方民族彼此友好交往的史料，仍为研究古史的参考资料。

在战国时期，历史图像和地图已被使用，但在历史撰述和历史知识传播上的作用，还不显著。一般地说，用图像表示事物比文字表示要早。但图像，无论是原始的或发展的，都很难单一地用以表述历史的发展过程，往往需用文字说明，才能表述得更清楚。从另一方面说，图像也可以补文字的不足。有了图像，表述可以更生动些。战国时期某些人对地图的重视，其中包含对自然形势、城邑建设的重视。自然形势是历史研究应参考的资料，城邑建设属于历史范围，也是治史者应该研究的。在战国时期，史学本身还没有成长起来，地图对史学研究的作用尚不显著。两汉以后，地图在史学上的应用才逐渐有了发展。

第五讲　都城遗址的调查与发掘

人类过去的社会已经过去，而且无法使之重现。我们的史学研究必须凭借史料，亦即人类社会历史在发展过程中遗留下来的痕迹。史料包括史迹遗存与文字记录或历史文献两类，它们各有特点，难以互相代替，但可以互相补充。

史迹遗存，大体上可分为三种：一是遗址，指古代人的活动遗迹，如居址、村落、作坊、游牧民族活动遗迹，等等；二是墓葬；三是遗物，即历史文物。所有这些，都为研究人类社会历史的一些方面提供更多的历史资料。

我国历史悠久，国土广大，史迹遗存丰富。它可以补充文字记载的不足，可以纠正文献的谬误，还能增强人们对历史的实感性，对于没有文字记载的历史时期更是仅有的重要资料。

1. 殷墟

殷墟是商代后期的王都所在地，以河南安阳市西北 2.5 公里的小屯村为中心，包括洹水两岸的后岗、高楼庄、花园庄、四盘磨、孝民屯、侯家庄、武官村、大小司空村等十多个村庄，总面积约 24 平方公里。19 世纪末叶，小屯村农民挖出了甲骨，上面有文字，即商代王室占卜后的刻辞——甲骨文。殷墟遗址的发掘从 1928 年始到 1937 年暂停，一共 15 次发掘。1949 年以后，殷墟的发掘继续，直到如今没有间断。殷墟的发掘，在我国考古工作中开始最早，延续的时间最长，规模最大，收获也最为丰富。

发掘判明，小屯村是当时的王宫所在地。到目前为止，已发掘出 70 多处房基，其中有大型宫殿和宗庙基址，也有小型居住址，都排列有序。在房基附近，发现有大小深浅不一的 700 多个窖穴，其中有的做贮藏粮食、器具、甲骨等之用，有的则作为居穴。在小屯村也发现了墓葬，比较集中分布在宗庙基址周围，多为人祭坑。另外，在遗址的东边曾发现属于王室贵族的中型墓，有名的妇好墓就在这里。洹水北岸的侯家庄和武官村一带是王陵区。这里共发现了 13 座大墓和 1000 余座小墓、排葬坑。大墓多半是王陵，小墓和排葬坑应该是附属大墓的陪葬墓和人祭坑。

在小屯村的附近村里，都发现了古代居民的遗址和墓地，在它东南的苗圃北地和小屯村西北的北辛庄，分别发现了规模较大的铸铜和制骨作坊遗址。殷墟发掘以来，所获实物资料极为丰富，其中所得刻字甲骨将近 30000 片，铜礼器总数已达 500—600 件，铜兵器、铜工具等更数以千计，其他玉、石、骨、角、牙、蚌、陶等各类遗物已无法做出精确统计。这些都是研究商代历史最为珍贵的实物资料。

《古本竹书纪年》记载："自盘庚徙殷，至纣之灭，七（二）百七十三年更不徙都。"现在从殷墟的考古发现中基本上得以证实。

2. 郑州商城

郑州商代遗址，在郑州市东南郊二里岗。1952 年开始发掘，至今一直进行着。

遗址以郑州商城为中心，总面积约 25 平方公里。

郑州商城遗址，其年代属于商代前期，是早期五都之一，殷墟遗址只在商代后期，由于郑州商城遗址的发现及其年代的确定，使得这方面扩大了范围，在时间上提早了一个阶段。

郑州商城是我国现已发现的早期诸城址中规模最大的一座，面积约 300 万平方米。这个城址提供的有关城墙的结构、宫殿的建造和布局、城内外居民遗址、墓地和手工业作坊等的分布等方面的大量资料，为我们提供了研究我国早期城市和国家形成与发展的丰富的考古资料，其在学术上的重要意义不言而喻。刻字甲骨和其他文字资料目前还极少发现，但发现了大批的铜器、玉石器、骨蚌器和陶器等文化遗物，这些都是研究商代前期的社会、经济和文化等方面的重要实物资料。

3. 偃师尸乡沟商城

偃师尸乡沟商城遗址是继郑州商城之后在河南省发现的另一座商代前期大型城址，因其紧靠今偃师县城，并有一条东西横贯城内的低凹地带，当地居民相传称为尸乡沟，故名。城址绝大部分深埋于地下，1983年春经钻探发现，随即开始发掘，迄今工作仍在进行之中。

商城建于偃师县西南洛河北岸稍稍隆起的高地上，地面北宽南窄，面积约190万平方米，已发现7座城门，若干条大道和3处建筑群基址。位于城南居中的一处建筑群最大，近似方形，边长约200米，设有围墙，具有宫城性质。宫城内有多处大型建筑物，已发掘其中偏东北的一处。这是一座以正殿为主体，东、西、南三面有庑的封闭式宫殿建筑，附近并有石砌排水沟设施。在宫城以南的塔庄村曾出土过商代二里岗期铜礼器多件。关于此城的年代和性质，从目前发现的材料推测，该城的年代不会超出二里岗期，但也无最终确定。

4. 偃师二里头

二里头遗址位于河南偃师县境内洛水南岸，西距"洛阳北魏故城"郭城东南角约二里（约1000米）的二里头村。遗址以二里头村一疙垱头村为中心分布地区，包括洛水以南的四角楼村、北许村和喂羊庄之间的范围在内，总面积约4平方公里。1959年考古调查发现后，同年开始发掘，迄今发掘工作未曾间断。在遗址的中心部位现已发掘出两座宫殿遗址，其规模和结构略似商代前期的。考古学者据此推断：二里头遗址应该是一大都会。至于为何代、何王所都，目前有两种意见：一种认为这是商代成汤所都西亳；另一种则以为是夏都之一。若与郑州商城和偃师尸乡沟商城联系起来考虑，则后一种意见应该是比较合理的。这样，二里头遗址的发现就为探索夏文化提供了极其重要的线索。

二里头遗址的文化特征和年代都介于河南龙山文化与郑州二里岗商代前期文化之间，其文化性质尚未最后确定，在考古学上通常称为二里头文化。

5. 周原

"周原"，是周人早期活动的根据地，在今天的陕西西部，包括武功、眉县、扶风、岐山、凤翔、宝鸡等地的一部分台地（"原"），范围约200平方公里，中心地区紧靠岐山的南麓，或曰岐邑，当今扶风县西北的黄堆和岐山县东北的京当二乡之间，面积约7—8平方公里，正是周原遗址地。这里大概就是亶父迁居之处。西周初年，又曾是周、召二公食采之邑。

早在西汉时期，周原就出土了西周铜器。到了清代，不少有名的铜器，例如大丰簋、大小孟鼎、毛公鼎等都相继在周原出土。在20世纪，周原更屡有西周窖藏铜器成批出土，总数已达约500—600器。这一切为研究西周历史提供了极为重要的直接史料。

1976—1977年，在岐山凤雏和扶风召陈、云唐、庄白等地发现了大型的宫殿基址、内涵丰富的骨器作坊遗址和贮藏大量青铜器的窖穴。最重要的是在凤雏宫殿基址的窖穴中，发现了近300片刻字的甲骨，有的记载祭祀商王的情况，有的记下楚、蜀、巢等地名，这为了解周人早年与商王朝以及其他方国的关系，提供了重要的直接史料。

6. 丰、镐城都

丰、镐是周王的两个城都，在今陕西西安市的西郊。现在沣河犹存，丰、镐二京当在它的两岸。

20世纪30—40年代，考古工作者就曾在沣水两岸作过调查与发掘。现已基本上查明，丰、镐的位置大体可以确定在沣河的中游地区。沣河西岸，在客省庄、张家坡、西王村和冯村之间，总面积约 6 平方公里的范围内，普遍地发现了先周和西周的居址、墓地，有的地方还发现了铜器、陶器、骨器等作坊遗址。在张家坡的东面还曾发现几处已经被破坏的房屋基址，有的还有下水的陶管道。附近有两个窖藏坑，出土了 70—80 件铜器。从这些发现来看，这里很可能是丰邑的中心地区。沣河东岸，在斗门镇以北，直至洛水村，面积约 4 平方公里的范围内，分布有密集的西周遗址。

7. 洛邑（王城）与城周王都

洛邑（王城）与城周，是西周的东都和东周的王都，在今天的河南洛阳市及其东的远郊区。

19 世纪以来，洛阳古墓多被盗掘，两周铜器屡有出土，"臣辰""矢令"诸器和金村古墓器群即其著者。30 多年来，多次进行发掘，其重点在寻找王城。20 世纪 50 年代初，先在涧河东岸，即今洛阳火车站西南发现了汉河南县城。

据《诗·王风谱》《左传》杜预注和《续汉书·郡国志》记载：汉河南县即周王城。以此为线索，终于在汉河南县城的外围又找到一座春秋时期的古城。从这座古城的年代、方位和规模等来看，应该就是东周王城。在此城的南部，发现了大型建筑残迹，估计当为东周的宫殿宗庙之类。另外在穿过此城的今中州路一带又发现了一批小墓，其时代从西周一直延续到战国晚年。这些发现对于进一步研究王城的建置情况是有一定意义的。20 世纪 70 年代，在瀍水西岸的北窑村一带发现了西周时期的房基、墓地以及祭祀坑等；同时，这里还有一处规模不小的铸铜作坊遗址。这些发现，为寻找西周早期的洛邑提出了新的线索。

8. 曲阜鲁故城

西周初年，武王"封弟周公旦于曲阜，曰鲁"，出自《史记·周本纪》。武王"封周公旦于少昊之虚曲阜，是为鲁公。周公不就封，留佐武王"，出自《鲁周公世家》。《左传》定公四年杜预注："少皞虚，曲阜也，在鲁城内。"这些可以说明鲁国之始封地，在今山东曲阜，为鲁国故城。

1949 年以后，曲阜曾几次出土周代铜器，并有西周遗址和墓葬发现。1977—1978 年，曲阜开始了大规模钻探和重点试掘，现在对于鲁故城的年代和建置情况已经初步有了结果。鲁故城规模很大，城垣周长近 12 公里，现已探出 11 座城门，城内还有宫城，并有大型宫殿基址的分布。据地层推断，故城始建时期，至少可以追溯到西周晚期，甚至到东周时期。在城内又发掘了西周至战国中期的墓葬百余座，有鲁国所铸的墓随葬物——铭文铜器，可以证实为鲁国故城。

9. 临淄齐故城

齐国故城，在如今的山东临淄县城，以及附近。从公元前 9 世纪中叶，齐献公由薄姑迁都到临淄。经过了春秋战国时期，直至公元前 221 年，秦始皇灭齐为止。临淄作为姜齐与田齐的国都，近 630 年之久。这在《史记·齐太公世家》中曾记载。

1949 年以前，考古者曾在临淄采集到封泥和瓦当之类遗物。20 世纪 60 年代及 70 年代，考古工作者连续勘察和发掘了齐故城。据判断，现在保存的故城主要属于东周时期和秦汉时期，一直沿用到魏晋以后，才逐渐荒废了。

齐故城可为 2 城，其小城套筑在大城之内的西南隅，总面积 30 余平方公里。现已勘探出小城城门 5 座、大城城门 6 座，还有 10 条道路和 2 处排水系统。在城址内还发现了冶铜和铸铁遗址，各 2 处，冶铁遗址 6 处，以及制骨器作坊遗址等。大城内还发现了 2 处墓地。一处墓地在东北部，可为西周晚期至春秋时期齐国的公墓，殉马竟达 200 余匹；另一处墓地，在南部，曾发掘一座春秋末年的墓葬，有 9 个殉葬人。从城内文化层的堆积和墓葬的时代来看，齐故城遗址的年代，最早大约为西周后期，与齐献公时代相当。至于西周前期的齐国遗址，即齐国始封地"营丘"，目前尚在探寻之中，还无结果。

10. 燕国都城

燕国建立约 900 年，曾经几次迁都。关于燕国早期的国都，据文献所载和考证，多谓在今北京市及附近，但具体地点在哪里，到目前还一直不清楚。

清代末年，据说在北京南郊，或说在卢沟桥一带，曾出土"匽厌"，即"燕侯"的铜器。20 世纪 60 年代以来，以此为线索，在北京与拒马河之间，进行了考古普查，发现了一批西周遗址，其中尤以房山琉璃河遗址规模最大，内容最为丰富，引起广泛的注意。经过多次发掘判明，琉璃河遗址分布范围约 4 平方公里，主要包括董家林城址和黄土坡墓地，以及刘李店等一般居民区。城址的详细情况还有待继续勘查。

黄土坡墓地，现已发掘出一批西周墓葬和车马坑，并出土了不少珍贵铜器等物。在珍贵的铜器中，有带"燕侯"铭文的铜器，文载"太保"活动的一些情况。此"太保"可为召公奭，此"燕侯"应为召公之子，大有可能是燕国的第一代诸侯。据《太平寰宇记》载：汉良乡县即燕之中都。今董家林城址距汉良乡城址仅数里，此地区为燕都，应该是没有问题的了。

11. 晋国都城

晋国创立于西周初年，自战国开始，分为魏、赵、韩三国，此谓"三晋"。历年来，曾对山西夏县的安邑魏故城、河北邯郸市的赵王城和河南新郑市的郑韩故城做过考察与试掘，并积累了不少的资料。

从 1956 年起，在山西侯马，开始了大规模的晋国遗址发掘工作。现已在侯马市发现了 6 座城址，其中"牛村""台神""平望""马庄""呈王" 5 座古城，大体均属春秋战国时代，另一"白店古城"的年代，可能还要稍早一些。在这些古城的附近，发现了铜器、货币、骨器、陶器、石器等手工业作坊区和祭祀、盟誓遗址，有的还用人祭。另外，在古城区外围的上马、柳泉和平望发现3处墓地。在侯马盟书的载辞中出现了"子赵孟"的名称，此"赵孟"是赵鞅，就是赵简子。这样就给盟誓遗址的年代提供了物证。

《左传》成公六年记载：晋景公曾采纳了韩献子的意见，迁都汾浍之间的新田，即新绛。如今的侯马遗址，正处汾浍相汇处，并且年代主要也在春秋中晚期至战国初年。因此，晋国晚期国都新田，应该就是在这个地方。

近年来，在侯马遗址东北25公里处，即翼城、曲沃两县交界处的天马、曲村一带，正在发掘另一处范围约9平方公里的晋国遗址。据初步推断，遗址的年代主要属于西周早期至春秋初期，正好与侯马遗址相应，为探寻晋国始封地和早期都城遗址提供了关键性的线索。

12. 秦国都城

秦国初立在西方，都城曾屡经迁徙。在陕西境内，经过考古调查和发掘的秦国都城遗址，主要在雍城、栎阳和咸阳，共3处。

雍城，是春秋早期至战国早期秦国的都城。"德公元年，初居雍城大郑宫。"（见《史记·秦本记》）《括地志》说大郑宫城即"岐州雍县南七里故雍城"，今雍水以北，凤翔县城南数里，即都城所在地。这里现已发现古城一座，总面积约9平方公里。在此地区的姚家岗和马家庄，都发现了大型宫殿基址，其年代可早到春秋时期。在此二址之间，发现了汉代"年宫"和"棫"字瓦当，秦"蕲年宫"和"棫阳宫"的旧址也应在此地。另外，在城内的高庄和八旗屯，都分布有秦墓群，南指挥村则是秦公的陵园所在。因此，秦故都雍城遗址，基本上已被考证确实。

栎阳遗址，在如今的临潼县（现西安临潼区）武屯镇东350米，20世纪60年代曾在此做过初步勘察。遗址范围约4平方公里，现已探出夯土城墙500余米、6个城门、3条街道和7处建筑基址，其年代可到战国时期。据《秦本纪》所载：献公二年城栎阳，至孝公十二年迁咸阳。秦于此立都已有34年（公元前383—前350年），这与考古材料大体相符。

咸阳是秦国最后的国都，也是秦统一中国后的首都。据文献记载：孝公始都之咸阳在渭北，至秦始皇时，乃渐次向渭南扩展。20 世纪 50 年代以来，考古工作者在渭北和渭南做过多次调查与发掘，重点是在渭北今咸阳市东北 15 公里的窑店一带，在这里，发现了范围约 24 平方公里的秦国遗址，并有夯土墙和大型宫殿基址的存在，估计此为秦都咸阳的中心地区。

13. 楚国都城

楚国始立在南方，很早就同中原的周王朝发生了联系。西周初年，楚的祖先熊绎曾受到周成王的分封，居丹阳。春秋时期，楚文王乃迁都郢；楚昭王又徙都鄀。战国末年，楚考烈王最后徙都寿春。

楚迁都寿春之前，曾迁都陈，如今的河南淮阳县境；又曾迁于钜阳，或云在今安徽的太和县东。楚都淮阳的时间短暂，通过最近的考古发掘，大体得到了一些证实。

寿春，当今的安徽寿县。20 世纪 30 年代，在寿县朱家集发现了规模宏大的楚王墓，出土了成套的楚王室铜器等。近年来，又在寿县城内外进行普查和试掘，找到了有关楚都的一些线索。

关于楚国早期都城丹阳的地望，历来众说不同，虽各有文献根据，但皆缺乏足够的考古材料证明，尚无定论。楚都的考古工作，多年以来，比较集中在湖北江陵县纪南城遗址。此遗址位于县城北 5 公里，地面上尚保存了规模宏大的夯土城垣，周长 15506 米，城内总面积约 16 平方公里。现存的城垣，大约兴建于春秋晚期，城内东南部小城可能更早。城内保存有多处夯土台基，有的具宫殿基址规模，附近并发现制陶、铸造手工业作坊遗址，并已发现水井 400 余口，说明当时居民密集的情况。城外四周分布有楚墓地 10 处之多，已发掘的楚墓在 1000 座以上，其中最早者为春秋早期。

《汉书·地理志》南郡江陵县自注云："故楚郢都，楚文王自丹阳徙此。后九世平王城之。后十世秦拔我郢，徒（东）[陈]。"杜预注《左传》桓公二年曰："楚国今南郡江陵县北纪南城也。"今从纪南城址的规模、地望与年代来看，其为楚国的郢都应该不会有什么疑问了。

　　夏商周时代已处于有文字记载的历史时代，这时的文化遗迹和文化遗物应采用历史学上的命名进行历史学的研究，但是目前有些重大学术问题还没有获得历史学的最后解决，因而在一定程度上只能在考古学范围内作为某种考古学文化进行探讨。

第六讲　夏的传说与夏史的探索

中国历史上的夏代，在周人较早的文献和商代后裔追述他们祖先事迹的篇章中都有明确的记载。战国和秦汉时代的诸子和其他著作中往往也有关于夏史的论述。西汉时期的司马迁在他的《史记》中有一篇《夏本纪》，比较具体、系统地记述了夏代的史实，剔其以后世的制度附会者外，大致当亦可信。根据文献记载，夏代处于原始社会向奴隶社会转变的时期，这是我国古代史上的一个重要转折点。

夏史的探索，是史学界亟待解决的一个重要课题。从目前来看，只有抓住了夏文化（专指夏王朝时期夏民族的文化。早于夏代的夏族文化，只能叫"先夏文化"）这个中心的环节，将其探索明白，才能全面地弄清夏代的历史。探索夏文化的工作，目前还在进行之中。现在看来，二里头文化已经成了探索夏文化的重点，也就是探索夏史的重点，随着新资料的不断发现和讨论的进一步深入，这个课题必将获得圆满的解答。

1. 夏的传说、记录和氏族神——禹

殷周时期，这里指的是盘庚迁殷以后、宗周覆灭以前，按照一般说法，约当公元前 14 世纪末叶至公元前 8 世纪中叶。这时，黄河中下游许多地区都已处在奴隶制社会，但当时的传说和记录很少传述这样性质的社会历史，而主要是在传述氏族的历史，其中更多的是氏族的神话和历史故事。在氏族的神话中，氏族神的传述又占了重要的部分。

夏后氏的始祖禹，是最有名的神话人物。因夏后氏没有留下文字记录，

我们只能于后来的传说中见到禹的故事。《书·立政》记周公告成王：

"其克诘尔戎兵，以陟禹之迹，方行天下，至于海表，罔有不服。"

又《吕刑》记：

"皇帝清问下民，鳏寡有辞于苗，德威惟畏，德明惟明。乃命三后，恤功于民……禹平水土，主名山川。……"

这两条都附带地说到禹，话虽说得很简单，而内容包含得很多。第一条，"陟禹之迹"，可以"方行天下，至于海表，罔有不服"，可见禹的神威是周于"天下"，达于海外的。第二条，确言"禹平水土，主名山川"是由于皇帝之命。这个"清问下民"的皇帝，只有上帝才担当得起。这可见禹平水土的工作，是上帝直接任命的。《诗·大雅》也有两条：

"丰水东注，维禹之绩。"（《文王有声》）

"奕奕梁山，维禹甸之。"（《韩奕》）

这都在称颂禹奠定山川的业绩。这跟《立政》《吕刑》所记，都是宗周人所传的关于禹的神话。《诗·商颂·长发》说：

"洪水芒芒，禹敷下土方。外大国是疆，幅陨既长。有娀方将，帝立子生商。"

这是殷人或作为殷商后裔的宋人作的，对于禹平水土，也像周人一样崇拜，而把禹的功绩作为商族开基的前提。

春秋战国时期关于禹的传说，如《国语·周语下》，太子周灵王说：

"昔共工……欲壅防百川。堕高堙庳，以害天下。皇天弗福，庶民弗助，祸乱并兴，共工用灭。其在有虞，有崇伯鲧播其淫心，称遂共工之过，尧用殛之于羽山。其后伯禹念前之非度，厘改制量，象物天地，比类百则，仪之于民，而度之于群生。共之从孙四岳佐之。高高下下，疏川导滞，锺水丰物。封崇九山，决汨九川，陂鄣九泽，丰殖九薮，汨越九原，宅居九隩，合通四海。故天无伏阴，地无散阳，水无沉气，火无灾燀，神无闲行，民无淫心，时无逆数，物无害生。帅象禹之功，度之于轨仪，莫非嘉绩，克厌帝心。皇天嘉之，祚以天下，赐姓曰'姒'，氏曰'有夏'，谓其能以嘉祉殷富生物也。祚四岳国，命以侯伯，赐姓曰'姜'，氏曰'有吕'，谓其能为禹股肱心膂以养物丰民人也。"

又《鲁语上》记展禽的话：

"鲧鄣洪水而殛死。禹能以德修鲧之功。"

《鲁语下》记孔子的话：

"昔禹致群神于会稽之山。防风氏后至。禹杀而戮之，其骨节专车。"

《晋语八》记郑子产的话：

"昔者，鲧违帝命，殛之于羽山。化为黄熊，以入于羽渊。实为夏郊。三代举之。"

《左传》昭公七年记子产的话：

"昔尧殛鲧于羽山，其神化为黄熊……以入于羽渊，实为夏郊。三代祀之。"

以上，除了太子晋所说"象物天地""封崇九山"云云，有些铺陈的话以外，如（1）禹父鲧殛于羽山，化为黄熊，（2）禹继承共工氏和鲧而治水，并取得四岳的合作，（3）禹会群神于会稽等事，在古书中未见异说，当是春秋前相传已久的旧说。

《楚辞·天问》是对流行的各种传说普加诘问的韵文。作者本意在于表示怀疑，但却因此而集中了大量的传说资料。文中有关禹的传说，如下：

"不任汩鸿，师何以尚之？金日何忧，何不课而行之？"

【大意是：鲧不能治洪水，为何大家还要举他？虽然大家都说不怕，但为何不先试试他再让他去做呢？汩，治也，音骨；鸿，大水也；师，众也；尚，举也，并见王逸《章句》。】

"鸱龟曳衔，鲧何听焉？顺欲成功，帝何刑焉？"

【似谓鸱龟曳衔相扰，鲧何以听其如此。】

"永遏在羽山，夫何三年不施？伯禹腹鲧，夫何以变化？"

【施：化也，言鲧死后，三年而不腐。禹、鲧二字当互易。腹为孚之借。孚，同孵；谓卵生也。此问鲧孵生禹，是怎样变化的。】

"纂就前绪，遂成考功。何续初继业，而厥谋不同？"

【是说禹继父业而成功。考，父也。】

"洪泉极深，何以窴之？地方九则，何以坟之？"

【窴：同填。《淮南子·坠形训》："禹乃以息土，填洪水以为名山。"《吕氏春秋·有始》："地有九州，土有九山，山有九塞。"《山海经·海内经》："有九丘，以水络之。"九则，与"坟"字联系起来看，当指九山、九丘等。】

"应龙何画？河海何历？"

【应龙：见《山海经·大荒东经》，又《大荒北经》。这是神龙，画

地成河。】

　　"鲧何所营？禹何所成？康回冯怒，墬何故以东南倾？"

　　【《山海经·大荒西经》："有禹攻共工国山。"《淮南子·原道训》："昔共工之力，触不周之山，使地东南倾。"康回，共工名。墬，地也。】

　　"九州安错？川谷何洿？东流不溢，孰知其故？"

　　【《山海经·海内经》："禹鲧是始布土，均定九州。""帝乃命禹卒布土，以定九州。"《吕氏春秋·贵因》："禹通三江五湖，决伊阙，沟回陆，注之东海。"错：置也，有均定之义。】

　　"东西南北，其脩孰多？南北顺椭，其衍几何？"

　　【《淮南子·坠形训》：说禹使太章、竖亥步东极西极之间和南极北极之间的长度。脩：长也。衍：余也；似谓南北长度比东西多出来多少。】

　　"昆仑县圃，其尻安在？增城九重，其高几里？"

　　【《淮南子·坠形训》：禹"掘昆仑虚以下地。中有增城九重，其高万一千里百一十四步二尺六寸"。尻，同居。】

　　"四方之门，其谁从焉？西北辟启，何气通焉？"

　　【《淮南子·坠形训》：昆仑"旁有九井玉横，维其西北之隅。北门开以纳不周之风"。】

　　"日安不到，烛龙何照？羲和之未扬，若华何光？"

　　【《山海经·大荒北经》称章尾山有神，"其瞑，乃晦。其视，乃明。不食，不寝，不息。风雨是渴。是烛九阴。是谓烛龙。"羲和：御日之神。若华：若木之华。《山海经·大荒南经》：羲和"方浴日于甘渊。"《淮南子·坠形训》："若木在建木西，其华照下地。"】

　　"何所冬暖？何所夏寒？焉有石林？何兽能言？"

　　"焉有龙虬，负熊以游？"

　　【此似黄龙负舟之更原始的传说。《吕氏春秋·知分》"禹南省方，济乎江，黄龙负舟。舟中之人五色无主。禹仰视天而叹曰：'吾受命于天，竭力以养人。生，性也。死，命也。余何爱于龙焉。'龙俛耳低尾而逝。"黄龙负舟，当为较早的传说。禹说的这套话则显然是后人的附益。而黄龙负舟之更原始的传说，或为黄龙负熊。因为禹在原始传说中，也具有化熊的身份。王逸《章句》，在注下文"鲧山女"时，引《淮南子》说："禹治鸿水，通轘辕山，化为熊。谓涂山氏曰：欲饷，闻鼓声乃来。禹跳石，

044

误中鼓。涂山氏往，见禹方作熊。"】

"雄虺九首，倏忽焉在？何所不死？长人何守？"

【《楚辞·招魂》，"雄虺九首，往来倏忽，吞人以益其心些。"倏忽，疾急貌。《吕氏春秋·求人》：禹南至"不死之乡"。长人：《鲁语下》记有防风氏。同书又记："客曰：防风氏何守也？仲尼曰……"云云。《楚辞·招魂》："魂兮归来，东方不可以托些。长人千仞，惟魂是索些。"此当是极言之，因以招魂，长人不必在传说中就一定这样的长。】

"靡蓱九衢，枲华安居？一蛇吞象，厥大何如？"

【此似指建木，谓：建木非蓱，有九衢（交互四出之枝），有枲草，何能安居弱水之上？《山海经·海内经》称建木有九橀（回曲之枝），其实如麻。《上海经·海内南经》说建木在弱水上。靡、匪，通。《山海经·海内南经》："巴蛇食象三岁而出其骨。"】

"黑水玄趾，三危安在？延年不死，寿何所止？"

【黑水、三危：并见《山海经·西山经》。玄趾：疑即交趾。玄、交，篆文形近易伪。《吕氏春秋·求人》：禹"南至交趾"，"西至三危之国"。《楚辞·大招》："北至幽陵，南交趾只；西薄羊肠，东穷海只。"】

"鲮鱼何所？鬿堆焉处？羿焉彃日？乌焉解羽？"

【鲮鱼即陵鱼，《山海经·海内北经》："鲮鱼，人面手足，鱼身，在海中。"《山海经·东山经》："有鸟焉，其状如鸡而白首，鼠足而虎爪，其名曰鬿雀。"鬿堆，鬿雀之为。鬿，音祈。此后羿射日的传说。彃，射也，音毕。】

"禹之力献功，降省下土四方？焉得彼嵞山女，而通之于台桑？"

【朱熹《集注》以此为用《诗·商颂》语，是也。《商颂》语，即："洪水芒芒，禹敷下土方。"】

"闵妃匹合，厥身是继。胡为嗜不同味，而快朝饱？"

【后两句不好索解，疑有脱误或传说内容已不可考。大致说来，本节是承上节而言。上节是说，禹工作得那样紧张，如何还有工夫跟涂山氏婚好。本节似是说，配偶既为继嗣，为何又在婚后食不甘味，一朝便去。在我们所见传说中，禹对涂山氏很不亲热。《书·皋陶谟》(今本在《益稷》内)："予创若时，娶于涂山，辛、壬、癸、甲。启呱呱而泣，予弗子，惟荒度土功。"这是说，娶涂山时，自辛至甲，只有四天在一起。《吕氏春秋·

音初》："禹行动，见涂山之女。禹未之遇，而巡省南土。涂山氏之女乃令其妾待禹于涂山之阳。女乃作歌，歌曰：候人兮猗！实始作为南音。"高诱注："遇，礼也。禹未之礼而巡狩南行也。"这大概是说，禹在婚后，就没有理人家，害得人家老是等着。】

　　以上共20节，约说39事。其中，关于禹父鲧的，计4事：（1）被举治水，（2）鸱龟曳衔，（3）罪锢于羽山，（4）死后三年不腐。关于禹的事迹，计14事，（1）卵生，（2）继父业，（3）改变父亲的办法，（4）填了深渊，（5）形成高地，（6）以应龙画地，（7）定河道，（8）讨康回，（9）定九州，（10）引水入海，（11）度量四极，（12）虬龙相负，（13）娶涂山女，（14）娶涂山以后事。关于禹所见闻的奇异事物，计21事，（1）昆仑县圃，（2）增城九重，（3）四方之门，（4）西北辟启，（5）烛龙，（6）若木之华，（7）冬暖之所，（8）夏寒之所，（9）石林，（10）兽能言，（11）雄虺九首，（12）不死之乡，（13）长人，（14）靡蓱九衢，（15）蛇吞象，（16）黑水，（17）玄趾，（18）三危，（19）鲮鱼，（20）鸷雀，（21）后羿射日。把这39事合起来看，禹真是一个"方行天下""平水土、主名山川"，在地面上活动的大神。他的父亲虽治水没有成功，但能使"鸱龟曳衔"，死后"三年不化"，并孵出一个儿子来。并且《山海经·海内经》说："鲧窃帝之息壤以堙洪水，不待帝命。"这个帝，就是上帝。鲧有本领窃上帝的息壤，也就够神通广大了。他也应该是在地面上活动的神，不过不如儿子高明罢了。

　　《天问》是战国晚期的作品，所传禹事不会是原始的样子，但可相信它保存了一些殷周时期或更早时期传说的成分。这是因为，第一，《天问》作者不像战国时的某些学者一样把古史传说加以合理化的改造，也不像他们有意去拼凑古史系统，而是一件一件地对传说的诘难，因而他所诘难的对象中总包含有流传已久的东西；第二，《天问》举的禹事虽多，而在范围上基本不超出《诗》《书》所说；第三，据王逸说，作者因见宗庙祠堂所画壁画，"呵而问之，以泄愤懑"。这些壁画的题材应是大家久经公认的东西，而壁画本身也应当是经历了相当时间的东西。如以篇中所举禹本人事迹跟所举禹所见闻相比，前者可能有更多接近较早时期传说的东西，而后者可能有较多的附益的成分。

　　上述关于禹的传说，尽管把他说成一个奇迹遍"天下"的人神，但他毕竟是继承父业，毕竟是因此而得"赐姓曰姒，氏曰有夏"，他还是以氏族神作为最基本的身份的。鲧、禹和共工氏，可说都属于有治水传说的氏族。

2. 夏为华夏族三大主源之一

夏、商、周三族，是在黄河中下游两大新石器文化区系文化上统一，以及炎、黄、两昊诸部落集团融合的基础上形成的。他们虽有诸多不同，祖先的传说又各异，但三族的文化特征却大体相同。他们祖继兴起而又建国，到了西周终于融为了一体，即华夏族的三大主源。

禹父为鲧，先秦的各种记载相同，而鲧的世次与来源，则有不同的记载。《世本》《大戴礼记》等，有述鲧是颛顼的五世孙，或为颛顼之子。《史记》说："夏禹，名曰文命。禹之父曰鲧，鲧之父曰颛顼，颛顼之父曰昌意，昌意之父曰黄帝。禹者，黄帝之玄孙而帝颛顼之孙也。"然而，《山海经·海内经》则说："黄帝生骆明，骆明生白马，白马是为鲧。"鲧居崇山，在以河南嵩山为中心的地区活动。相传鲧在治水失败后，被上帝殛死于羽渊，化为黄熊或黄龙。他的后继者，迁到了汾水下游名"夏"的地方，因禹治水有功，皇天赐以姒姓，国号也就改称为"夏"了。

龙山文化晋南陶寺类型，证明在公元前2500年之后，有文明已达到相当高的发展水平的前王朝期古国，夏以前的古国唐、虞及夏墟可见记载，如唐（今山西翼城县）、平阳（今临汾市西）、安邑（今夏具境）、晋阳（今虞乡附近）、鄂（今乡宁境），都在汾水下游，由汾、涑、浍诸水所构成的晋南平原上。夏在这个地区兴起，建立了中国最早的王朝，称夏朝。夏由地名而称族名，建立夏朝，后又以此为国名。

夏代历年，自禹至桀，17王，禹（1）—启（2）—太康（3）—中康（4）—相（5）—少康（6）—杼（7）—槐（芬）（8）—芒（9）—泄（10）—不降（降）（11）—扃（12）—厪（13）—孔甲（14）—皋（15）—发（16）—履癸（桀）（17），共计约417年。除此之外，有文献记载的，应不出400余年，大约为公元前21世纪—前17世纪。在夏与夏朝所在的中心区域，发现了二里头文化，这是以河南偃师县二里头遗址命名的，地处嵩山稍向西北。这是一种继河南与晋南龙山文化发展而早于商文化的青铜文化。年代与夏代相当，主要分布在河南中部与西部的郑州附近，伊、洛、颍、汝诸水流域，以及晋南汾水下游的地区。二里头文化又可分为二里头类型和东下冯类型两个类型。东下冯类型，因山西夏县东下冯村发现属二里头文化的又一典型遗址而得名。二里头类型分布在以嵩山为中心的地区，东下冯类型分布在汾水下游晋南平原。两个类型分布之区，正好与夏及夏代都城分布范围相吻合。

夏初，建国都在晋南，后由于与东夷之争，又迁回到其祖居，以嵩山为中心的地区和伊洛平原。夏代都城屡迁，除禹都主要在晋南，相传禹还在阳翟立过都，其地在今河南禹县境。太康居斟寻，在今河南巩义市境。帝杼居原，在今河南济源市境。这些地方都距嵩山不远。

夏在文化方面，以仰韶文化为代表的黄河中游文化区和以大汶口文化为代表的海岱文化区，区系交汇，融合成河南、晋南龙山文化，这是夏文化的前驱。夏是从黄河中下游炎帝集团中分化出来的，又融合了黄帝、少昊集团的许多氏族部落，并发展到最早建立的国家之一。能率先打破部落与地域的局限，并向国家与民族过渡，是两大区系文化与部落融合的结果。夏，无论是从考古文化，还是远古传说，都与长江中下游地区的文化与部落，有渊源关系。

远古传说中的氏族神，远古传说都是跟神话分不开的。传说中的英雄人物，如禹，平水土，定山川，有应龙画地、烛龙照明，有太章度量东西两极、竖亥度量南北两极，是夏后氏这一氏族的领袖，也是一位活动在地面上的大神。禹的父亲鲧也是一位能上天下地的神。禹的儿子启也是在地面上活动的神。

《山海经》记：

大乐之野，夏后启于此舞九代。乘两龙，云盖三层。左手操翳、右手操环。佩玉璜。在大运山北。一曰大遗之野。

西南海之外，赤水之南，流沙之西，有人珥两青蛇，乘两龙，名曰夏后开。开上三嫔于天，得九辩与九歌以下。此天穆之野，高二千仞，开焉得始歌九招。

这两条材料中的"开"和"启"是一个人。他能乘两龙，能上天下地，送三女于天上，得乐歌而归来，这还不是神吗？从鲧，经禹，到启，已是三代连续为神了。

3. 夏的"家天下"

按传统的说法，夏从禹开始，到桀灭亡，共有 14 世，17 王，经历了 400 多年，这约相当于公元前 21 世纪或稍早一些，直到公元前 18 世纪。但按古老的传说看，夏王朝的建立者不是禹，而是他的儿子启。

夏的活动地区，大约西起今河南省西部和山西省南部，沿黄河东至今河南、河北、山东三省交界的地方，南至今湖北省，北至今河北省，跟其他部落所在地区相交错。夏的活动地区，是疏松的冲积黄土平原，是适宜原始耕作的地方。在平定了洪水，群众都得以安居的时候，这一地区的畜牧业和农业都是很可能有所发展的。

古代天文知识和历法的发展，跟畜牧业和农业的发展有密切的联系。相传尧时观察了日月星辰的运行，定出了历法，区别了春夏秋冬，以适应一年内畜牧和农耕季节的变化。尧时用的是阴历，不能把一周年的实际日数安排在年历内。于是在一定的时候用设置闰月的办法进行调整。尧舜时以 366 天作为一周年的实际日数，当然还是不符合天象的实际。所谓夏历是否对尧时的历法有所改进，不见传说。但夏历受到后人推崇，被认为是一种好的历法。

夏使用了铜器，但较多地用于农业生产的可能性不大，不过对于农业生产工具的加工是会有帮助的。相传有些部落向夏贡铜，而禹用铜铸鼎，并说夏已用铜作兵器。制铜器的手工业在夏时似已有一定的开展。

夏是由十多个大小近亲部落组成的，夏后氏在这些部落中居于领导的地位。和夏结成联盟的还有一些远亲部落以及东方夷人的一些部落。依照传统，部落联盟的首领应由夷和夏轮流担任。禹在做部落联盟首领时，既对治理洪水立有大的功绩，又在对三苗部落作战时取得大的胜利。在禹个人声威上升的过程中，氏族首领的那种驾乎氏族成员之上的权力也跟着上升。禹年老时，东夷部落首领皋陶被选作禹的继承人，这个有威望的皋陶却先禹而死了。东夷的伯益又被推选出来代替皋陶做禹的继位人。禹死之后，本应由伯益做部落联盟的首领，可是由于夏部落的势力大，他们借助禹的余威，共推禹子启为王。他们向启朝觐，请启调解纠纷，为启歌功颂德。他们破坏了推选的制度，开始了新的传子的世袭制度。按古老的说法，认为这是"家天下"的开始。夏王朝的建立，被认为是历史上的一大变局。

一个叫作有扈氏的部落，指责启对旧制度的破坏。但有扈氏被启在甘（今陕西省户县）打败，灭掉了。有扈氏战败的成员被罚做"牧竖"。所谓"牧竖"，可能意味着战俘被抑制为氏族集体奴隶的身份。

启得了王位后，喜欢饮酒、打猎、歌舞。继启为王的太康不问政事，接连几个月到洛水北岸打猎，引起了人们的怨恨。东夷有穷氏的后羿是著名善射的人，趁机起兵攻夏，自己做了王。后来，他的亲信寒浞收买羿的家奴杀羿，夺取了羿的王位。

太康逃死于外，传弟中康。中康的儿子相，投依同姓斟灌氏与斟寻氏，被寒浞攻杀。相妻已怀孕，从墙洞爬出，逃归母家有仍氏，生子少康。少康长大后，做了有仍氏的牧正，管畜牧。他被寒浞追逐，逃到舜的后裔有虞氏那里，当了有虞氏的庖正。有虞氏部落的首领虞思，把两个女儿嫁给少康。少康纠合一些亲信部落，灭掉寒浞，恢复并巩固了夏朝。

少康子杼，针对东夷人善射的特点，发明了防御的甲，在覆灭寒浞的战争中起了重要作用。他即位以后，又征伐东夷，一直打到东海。由于杼立下了大的功绩，被夏人看成是能够继承大禹的一位名王，受到隆重的祭祀。自杼以后，东夷各部落陆续归附夏朝，有的甚至接受了夏朝的爵位，称臣入贡。夏朝的统治地位终于为一些有关的部落承认了。王位世袭的新制度，经过长期斗争之后，终于代替了传统的推选制度。

王位世袭制度的确立，意味着原来代表氏族成员意志的、自由调理本身事务的部落组织，转化为一个阶级对另一个阶级进行统治的国家机器。夏朝修建了城郭沟池，建立了军队，有了刑法和监狱，夏还强迫被征服部落和承认夏朝共主地位的各部落，对它承担朝贡义务，一般是贡纳方物。夏朝甚至强迫战败部落进贡子女。

夏朝末年，各种社会矛盾更加尖锐起来。相传公元前18世纪的时候，桀作为夏朝最末代的王，依仗武力，更加暴虐。他竭尽民力，榨光民财，修筑宫室台榭。他又常常强迫人民去打仗，蹂躏周围部落，勒索子女玉帛。

人民对桀十分怨恨，跟他势不两立，纷纷逃亡。连王朝的官员们也咒骂他，宁愿跟他同归于尽。夏桀还想恢复并加强对各部落的控制，召集各部落首领会盟，要出兵讨伐有缗氏。可是这更激化了矛盾，促使各部落进一步离心。商汤乘机起兵，夏朝灭亡了。

第七讲　最早有文字记载的商殷

商王朝传17代，21王，六七百年，这大约是公元前18世纪末到公元前11世纪。

1. 文字和历法是历史记载的重要条件

商周时期，是我们所见最早的有文字记载的历史时期。

文字和历法，是历史记载的重要条件。有了文字，才有记载历史的工具。有了历法，才能具体表达历史进程的时间顺序。这两个重要条件，在商代都已经有了。

商代贵族十分迷信，认为世间的一切都有神在主宰。他们经常用占卜的方法征询神意，把占问的事情和结果——有时还把占问后事情发展的情况，用文字记录，刻在龟甲和兽骨上，主要刻在龟腹甲和牛肩胛骨上。这种文字，称作甲骨文，也叫卜辞。

甲骨文最早发现于河南省安阳县西北的小屯村。1899年开始有人搜集、鉴定，后来又陆续有新的发现。据初步统计，甲骨文使用的单字约4500个，目前已经认识的约1700字。甲骨文在结构上已具备了象形、指事、会意、形声等四种形式。另外，甲骨文还用了假借的方法，即用义近和音近的字表示另外一个意思。如"来"，像大麦形，后来假借作往来之来。凤鸟的"凤"，假借作风雨的"风"。跟后来的汉字比较起来，甲骨文在表示兽类类别及性别方面特别具体。如驾驭的"驭"，或从马，或从象，因所驭者不同而有不同的写法。如牧放的"牧"，或从牛，或从羊，因所牧者不同而有不同的写法。马、羊、豕、犬、鹿等字，在字的旁边或下边，各有表示不同性别的附加部分。牝牡，本来是分别表示母牛和公牛的字，后来成为分别一切兽类公母的通用字。甲骨文中的字形，有的很不稳定。如龟字，或画正面，或画侧面，或画尾，或不画尾。但总的说来，甲骨文结构的基本方法，已为后来的汉字打下了基础。从甲骨文的字形结构和语法结构的规律性上看，必须经过相当长久的过程才能达到这样的水平。至于甲骨文的原始情况，还是一段有待探索的历史。

甲骨文的记录是简单的，一块甲骨上少的只有几个字，多的有达到一百几十个字的。卜辞的内容，涉及王朝活动的很多方面，因而可以从中看到当时的一些历史情况。甲骨文是占卜吉凶的记录，但它反映了历史情况，也就具有历史记载的价值。这是现在所见最早的历史记载，是研究商代历史的重要资料。

历法，从甲骨文里可以看出，在商代已是一种阴阳合历，即把太阳年和月亮盈亏的周期结合起来的历法。它确定了一个月的天数，大月 30 天，小月 29 天。但按照这样的办法，1 年 12 个月，只有三百五十几天，而太阳年却有 365 天还要多一点。于是每隔几年，设置一个闰月，以调整 12 个月跟太阳年之间所差的日数。闰月，先是放在年末，称作 13 月。后来也有放在年中各月之间的。甲骨文记年月，用数字表示，而记日则是用干支。干，或称天干，有甲、乙、丙、丁、戊、己、庚、辛、壬、癸等 10 个字。支，或称地支，有子、丑、寅、卯、辰、巳、午、未、申、酉、戌、亥等 12 个字。把干和支相配，干上支下，可以得到表示 60 天的日次。后来历法虽屡经改变，推算的方法越来越严密，但阴阳合历和干支记日的办法一直延续了三千几百年，对后来有深远的影响。

历法的施行，对历史记载的发展有重要意义。甲骨文，多数只记日而不记年月。有的记了年月日，于记事的开端先记日，在记事之后再记上月份，最后再记某年。甲骨文所记某年，都不记所属商王名号，必须加以考订，才能知道某条甲骨文是记某王某年的事情。甲骨文对时间的记录是不完备的，但它总归有了在时间方面的记录，我们结合有关文献和文物进行研究，为了解商代历史开拓了可信的视野。

商代的青铜器，铸有铭辞，往往一器只有一字或数字。商代末年的铭辞，有长达 45 字的。迄今所见商代的铭辞数量不多，但还是商代的第一手史料。一般称青铜器上的铭辞为金文，又称钟鼎文。

商同时期的历史记载，还有写在竹简或帛上流传下来的。现在我们看到的，主要是保存在《尚书》和《诗经》里的材料。

从以上所说来看，商周的历史记载有它本身的一个发展过程。但无论甲骨文、金文，或《尚书》和《诗经》，它们的记载都是各自孤立的，没有表明各种记载之间的相互关系，也缺乏在时间上的完整记录。到了周的末年，情况有了变化。从公元前841年起，周开始有了确切的纪年。在这一年的前后，一些诸侯国也有了确切的纪年。从此，中国有了逐年可查的历史。在按年纪事这一方面，公元前841年是一个重要的标志，是历史记载走向自觉的系统化的开始。可惜，周的末年编年记载的原文，现在已看不到了。

商周时期传下来的历史记载，对于我们了解这一时期历史的需要来说，还是很不充分的。但它们卓有成效地帮助我们从传说中解放出来了。

2. 商王朝的兴亡

商王朝，是在长久的历史过程中，从黄河下游的一个古老部落发展起来的。商的始祖契，曾佐禹治水，这在前章已说到了。传说中，契又是舜时执掌教育的官。这个传说的由来，不知是否因为商部落的文化水平要高些。

从契到相土，只有三代，活动中心就迁徙了五次。相土以后，自昌若到汤，共11代，又迁徙了三次。迁来迁去，大致都在今山东省、河南省境内的黄河两岸。

相土的时候，商已经强盛。它的势力向东伸张到泰山附近地区，以至渤海沿岸。到汤的时候，就更为强盛了。

汤，又叫作太乙。汤的时候，已有国家组织。他以伊尹为右相，以仲虺为左相，这都是被后人称道的能干的人物。这时，正是夏桀遭到人民反对的时候。汤以亳（今山东省曹县南）为活动中心，采取了对夏进攻的步骤。他灭掉了邻近的十几个部落和小国。最后，汤出兵攻夏。他发表了誓师的讲话，谴责夏桀破坏生产，扩大社会矛盾，以至人们宁愿跟桀同归于尽。

汤说："夏家有罪，上帝命令我消灭他，我害怕上帝，不敢不进行讨伐。""你们听我的话，完成了天交给的使命，我重赏你们，我是不食言的。你们不听我的话，我要罚你们做奴隶，把你们杀掉，你们不要妄想得到赦免。"汤的誓词表明他的战士不是奴隶，而是有自由身份的人，但他自己却有一种奴隶主的派头。双方会战于鸣条（今河南省封丘县），夏桀失败了，逃到南巢（今安徽省巢县），后来就死在那里。夏被推翻了，商王朝建立起来，以今河南省商丘市一带为活动中心。

这个王朝是由商王和奴隶主贵族组成的政权。商王下面有尹和庶尹，辅佐商王进行统治；有巫、史、卜等，是有关宗教事务的官职，是神职。实际上，辅佐商王的尹，同时也是宗教官。另外，还有管理军事和生产等的官，名目繁多。官职，多在固定的贵族家族内世袭。

王朝掌握着一支雄厚的武装力量。甲骨文里，有"王作三师，右、中、左"的记载。王朝军队的骨干，是贵族成员。士兵的基本来源是平民。部分奴隶也被强制充当徒兵并服军事杂役。当时的军队有以族为单位的，所以卜辞中有令"三族""五族""多子族"出征的记录。军队用青铜武器装备。常用的武器有斧、钺、戈、矛、刀、镞、盔等类，还有铁刃的青铜钺和皮革制的盾。商后期，车兵是作战的主力。每辆战车驾马两匹，车上有甲士三人：一人驭车，一人持戈或矛，一人操弓箭。战车的两旁和后面还有徒兵配合。战时的出兵人数，往往在3000到5000左右，最多到3万人。

王朝设置了监狱，制定了十多种刑法。甲骨文中有"围"字，像一罪犯戴着刑具被囚在监狱。又有像刑具的字，如"执"字，像一人双手戴上刑具。

王朝宣称，本朝的祖先是上帝的儿子，商是受上帝之命建立的。把王朝的祖先神跟至上神统一起来，这就是商宗教的主要内容。商王，都是生为人主，死后成神的。他们活着的时候管活人，死后还要管死人。在远古的时代，部落首领为群众的利益出了力，为集体的事业做出了贡献，被尊奉为神。商还是以首领为神，但这是凌驾于群众之上，对群众进行统治的王，不再是为群众服务的公仆了。

商王朝已经具有了成套的暴力机器和精神统治的武器，同时还掌握了发展到相当水平的文字。这说明它已具有奴隶主王朝的规模，但还保留着浓厚的原始社会的遗俗。先妣特祭，祖妣同以天干字为称号，这表示女权在商代仍受到很大的尊重。

汤去世后，长子太丁早死，未得继位。太丁的弟弟外丙和仲壬先后继位，不到几年也都死了，太丁的儿子太甲，做了第四个王。但他不听伊尹的话，伊尹把他赶下台来。过了几年，太甲听话了，伊尹又让他复位。一说是，太甲从被软禁的地方逃出来，杀了伊尹，夺取了王位。太甲复位后，商的统治才稳定下来。这种稳定的局面，经历了由太甲到太戊六个王的统治时期。

仲丁以后，王朝连续发生了争夺王位的斗争，贵族内部矛盾重重，人民流离失所，王朝衰弱了下去。原来臣服于王朝的小国，不少脱离了它。仲丁以后第四个王祖乙年间，王朝可能振作了一些。所以在甲骨文里，有以太乙、太甲、祖乙并祭，并称祖乙为"中宗"的记载，而祭祀祖乙的牛羊多到 300 头。但王朝内部的王位争夺，从仲丁到阳甲并没有停止。

盘庚的时候，迁都到殷，为商的统治建立了新的基础。此后的商，又叫作殷。盘庚以后的武丁是一个有武功的名王，相传他早年生活在民间，知道群众生产上的艰难。即位以后，任用甘盘、傅说为相，为巩固统治用了不少力气。

武丁不断对周围的部落和国家用兵。当时活动在今山西省、陕西省北部直到内蒙古自治区河套以北的土方和另外一个游牧部落，曾经联合起来侵商。武丁对他们用兵，每一次征发的兵力，都是 3000 人到 5000 人。活动在今陕西省、内蒙古自治区及其以北的广阔地区的鬼方，是更强大的游牧部落。武丁对鬼方用兵，经过三年时间，才取得了胜利。另外，在商的西北还有羌方，武丁为了攻打它，有一次调动了 13000 人的兵力。武丁又曾对南方的荆楚用兵，把势力向长江流域伸张。武丁在位 59 年，死后被尊为高宗。

武丁以后，祖庚和祖甲先后继位。祖甲以后的几个王，多沉溺在享乐里，社会矛盾逐渐激化。商代最后的两个统治者，一个是帝乙，一个是帝辛。帝乙多次对江淮之间的东夷用兵，取得了胜利，又把都城迁到朝歌（今河南省淇县）。帝辛就是纣，是一个有名的暴君。他制出许多酷刑严法，大肆压榨奴隶和平民，修筑了极为华丽的宫室苑囿。他和贵族们群聚狂饮，过着放纵的生活。商朝的传统是旧贵族当权，但到末年，特别是纣的时候，大概是为了专制集权，却不用"旧人"，而只任用跟他意见相同的人，从而扩大了贵族内部的矛盾和分裂。纣又亲自率兵征东夷。大约经过将近一年的苦战，取得了胜利。但这次战争，消耗过大，又加重了人民的负担，激化了阶级矛盾，使商社会造成了"如蜩如螗，如沸如羹"的混乱局面。就在这个时候，周武王乘机起兵，商被灭掉了。

3. 殷的传说、记录和氏族神——契

　　殷人始祖契也是一个神话人物。《国语•鲁语上》说他"为司徒而民辑"，《郑语》说他"能和合五教以保于百姓者也"。《孟子•滕文公上》："人之有道也，饱食暖衣，逸居而无教，则近于禽兽。圣人有忧之，使契为司徒，教以人伦：父子有亲，君臣有义，夫妇有别，长幼有叙，朋友有信。"《荀子•成相》篇："契为司徒，民知孝弟，尊有德。"《书•尧典》："帝曰：契，百姓不亲，五品不逊。汝作司徒，敬敷五教在宽。"《鲁语》在这里却只说了一句空话。孟子、荀子和《尧典》，是很明白地就司徒的职守做文章，按着儒家的观点给契派任务，并且也说的是些空话，没有说出具体的事情来。

　　关于契的最有名的传说，是有娀氏感玄鸟而生他的故事。《商颂》说：

　　"天命玄鸟，降而生商，宅殷土芒芒。"（《玄鸟》）

　　"濬哲维商，长发其祥。洪水芒芒，禹敷下土方。外大国是疆，幅陨既长。有娀方将，帝立子生商。"（《长发》）

　　此后的传说，大致跟《商颂》相同。如《楚辞》：

　　"望瑶台之偃蹇兮，见有娀之佚女。……凤凰既受诒兮，恐高辛之先我。"（《离骚》）

　　"简狄在台喾何宜？玄鸟致贻女何喜？"（《天问》）

　　"高辛之灵盛兮，遭玄鸟而致诒。"（《九章•思美人》）

　　《吕氏春秋•音初》：

　　"有娀氏有二佚女，为之九成之台。饮食必以鼓。帝令燕往视之，鸣若谥隘。二女爱而争搏之，覆以玉筐。少选，发而视之，燕遗二卵，北飞，遂不反。二女作歌。一终曰：'燕燕往飞。'实始作为北音。"

　　这所记契诞生的故事，可以说跟《商颂》没有什么分歧。有娀是氏，

简狄是名。帝是上帝。高辛和喾可以是上帝的名字。玄鸟、燕和凤凰，依闻一多的考证，也是可以通用的鸟名。在基本内容上，各种记载可以说是大致相同的。至于有否瑶台，是一女或是二女，曾否作歌，这都是些细节，跟契诞生的母题并没有多大关系。

依上引各书的传述，契是上帝的儿子。《商颂》说："有娀方将，帝立子生商。"将，从手持肉，有祭献之意。《周颂·我将》："我将我享，维羊维牛，维天其右（佑）之。"这里，将与享并举，而所将所享者为牛羊，自也以训祭献为宜。按诗句解释，是有娀氏祭了神，上帝给了她一个儿子。

可注意的是，《商颂》的传述，远比《楚辞》所记有分量。"天命玄鸟，降而生商，宅殷土芒芒"，这是说，有了契就有了商，就在广大的殷土上安顿下来了。《郑笺》以宅殷土归之于汤，是不对的；因为下文"古帝命武汤"云云，要另外提出汤来专说。"洪水芒芒，禹敷土下方。外大国是疆，幅陨既长。有娀方将，帝立子生商。"这是说，禹平了水土，可居之地宽广了，上帝立了他的儿子，建了商。"帝立子生商"，好像是上帝有意要生一个儿子，来替他治理大地。"立"字，在这里下得很重。此下紧接着还有一章，说：

"玄王桓拨，受小国是达，受大国是达，率履不越，遂视既发。"

玄王就是契，这是从来没有异说的。"桓拨"，依毛传，训大治。"玄王桓拨"，言契之国大治也。"受小国是达，受大国是达""达"训通，训到。这是说，小国也来了，大国也来了。"率履不越"，"履"如"赐我先君履"（《左传》僖公四年）之"履"，指所治理之区，即同盟之国，"不越"如《易·系辞传下》"杂而不越"，旧注所谓"各得其序，不相逾越"也。这是说，契使得同盟国家各得其序，不相越夺。"遂视既发"一语很费解，还有待研究，大概总是承上文说的邦国间的关系。按照《商颂》所说，契已称王，成为禹土上大小国家的盟主。他这位为帝所立之子，不论怎样为殷人夸大了，在殷人传说中是有崇高地位的。这应该联系到《书·召诰》所谓"皇天上帝改厥元子，兹大国殷之命"，殷商之以上帝元子自称，在传说中很可能是上推到他们的始祖契的。

契作为上帝的儿子，却不一定就是一位在地面上活动的神。在传说中，还不能说明这一点。至于死后，他是成了神的。殷人对于他们的先公先王一般以神看待，对于契当然更是这样了。

4. 最早的文字记载

商，子姓，得姓始祖名契。契母简狄，属于有娀氏部落。从契母的名称，以及所在部落的名称推断，商的起源与北方戎狄有渊源关系。《诗·商颂·玄鸟》说："天命玄鸟，降而生商。"《商颂·长发》又说："有娀方将，帝立子生商。"玄鸟就是燕子，神化即为凤。商人的感生神话，认为上帝派遣玄鸟为使，有娀氏女子简狄因吞食了玄鸟子（蛋）而生契，所以契成为子姓的始祖。

殷墟甲骨文中有所记录。商最高的祖神是高祖夒，即东方各部落最高的上帝俊，又是"五帝"系统中的帝喾与帝舜。从感生神话观察，商具有东方海岱部落集团，即东夷先民太昊、少昊集团的文化特征，而商以鸟为图腾的神话，在甲骨文中已得到了证实。商是起源于北方，受东方海岱文化熏陶，而逐渐成长起来的一支。

从始祖契至汤，商经历了起源与初兴，以及兴起建国号为商的阶段。前可称为商先阶段，后可称为先商阶段。以甲骨卜辞世系和《史记》等文献记载，其世系相对照，自契至汤经历了 15 位首领，凡 8 迁。以往，曾有人依据商人的祖先屡迁其居，认为他们是游牧部落。目前，史学界对商起源的地区考定，虽有分歧，但各家所考定的地区，在新石器时代与青铜器时代早期，都是农耕文化，家畜牧养，占有相当大的比重，可考证商自起源阶段，即与夏一样，都是以农耕为主。汤以前，之所以屡迁，原因有待进一步的探索。

商的兴起。自契至王亥、王恒，经历了 8 个首领。王亥与王恒，《天问》说他们都是季的儿子，他们是商先公中最早有王号的，此外世次，大概都是各个时期的商先公代表，未必是父子相传。

契，又写作卨。《世本·居篇》"契居蕃"，而商所奉祀的上帝与祖神帝喾相传也居亳，帝舜都蒲坂。蕃古音与亳、蒲同，同名异写，这是商起源的地方，以后商所迁之地，政治中心多以亳、番、蕃、蒲、博、薄等命名，都是从其祖居地名衍生出来的地名。契在《商颂·长发》中称作"玄王"，玄为黑色，代表北方，原生的蕃在北方。

继契的商先公称作昭明。《荀子·成相篇》说："契玄王，生昭明，居于砥石迁于商。"《世本·居篇》也说："昭明居砥石。"按《淮南子·地形训》《山海经·海内东经》及《水经》大辽水与郦道元《水经注》的记载，砥石即今西辽河发源的地方，在燕秦右北平郡，即今赤峰市与辽西老哈河滦河发源的地区，这就表明商的祖先起源于幽燕地区。这一地区的红山文化，特别是红山文化所发现的祭坛，可以推断为商的祖先举行"高禖"祭天遗迹，是目前所知最早的祭天遗址。

大概从相土时起，已越燕山南下，环渤海湾发展，其所迁的商当在燕山以南。历昌若、粮圉、冥，至王亥时已发展至易水流域，并且和当地的部落发生斗争。王亥在卜辞中是与高祖夒、太乙汤一样重要的商先公，卜辞在王亥的头上冠以鸟，《天问》与《山海经·大荒东经》都说王亥是一位"两手操鸟"的神人。他是死于与易水地区部落争斗的商先公，他与弟弟王恒又都是首先服牛（役使牛）的代表。到王亥、王恒时期，商的先公已在易水流域活动，其后进而南下漳水流域，即进入先商阶段。

先商的兴起与建国。从契至汤，历史记载凡8迁。大抵在王亥以前，是自燕山以北到易水流域，至上甲微已南下漳水。上甲微以后，至太乙汤又累迁，总不离古河济之间，即今天的河北南部，河南东部和北部，以及山东的西部和北部。

商的先公，自上甲微开始以日为名，次乙、次丙、次丁而终于壬、癸，与十日之次全同，可能是汤建立商朝后，定祀典时，对先公列祖的名字，已不能追忆，即以十日之次序，以追名之。

上甲微的父王亥，被有易部落所杀，征得河伯的帮助，败有易，杀其君绵臣。河，在先秦是黄河的专名，甲骨卜辞记载，商对河的祭祀很隆重，当时黄河下游流经河北平原，在如今的天津市附近入渤海，可见商先公自上甲微已在太行山以东、古黄河下游立足与发展。汤兴起时有三亳的说法，即：北亳，为汉山阳郡薄县，即今山东省曹县；南亳距此不远；西亳为河南省偃师县。但这些地方在汤灭夏以前，都不可能是商先公立都的地方。甲骨文中有商水，即今漳河，商与漳古音相同，甲骨文中有亳，是汤兴灭夏以前真正的都城所在，在今天的河南省濮阳县附近，所以，自上甲微至汤兴的活动范围，总是出不了古河济之间。

从考古文化观察，先商文化，可分为漳河型、卫辉型、郑州南关外型，而年代顺序与分布地区都是自北而南。其中，漳河型年代最早，分布大体包括河北省唐河以南，河南省淇河以北、卫河以西，山西省沿太行山西麓一线，南北长约五六百里，东西宽约二三百里的范围，其中心分布地区，在河北省的滹沱河与漳河之间，沿太行山东麓一线，以漳河中游（指清、浊漳二水合流以后）的邯郸，磁县地区的先商遗址为代表，而先商文化的漳河型，应来源于河北龙山文化。可见先商阶段活动范围，是以漳河流域为中心的古黄河下游与河济之间，而汤兴起与灭夏以前，大概是以今日的河南省濮阳地区为中心。

商朝灭夏以后自汤至帝辛实传 17 代，《史记·殷本纪》《集解》引谯周说，认为有 600 余年，而《古本竹书纪年》认为商朝共 496 年。商的统治范围较夏扩大，其文化的影响，远达长江流域。

5. 第一个奴隶制社会

夏代末年，夏桀无道，内部"武伤百姓，百姓弗堪"；外部"为仍之会，有缗叛之"。商汤在夏内外无道之下，攻据了夏的许多部落，扩大了自己的力量，"汤始征，自葛（河南商丘北）载，十一征而无敌于天下"（《孟子·滕文公下》）。商汤灭葛之后，又攻灭韦（今河南滑县东南）、顾（今山东范县东南）、昆吾（今河南濮阳），然后任伊尹为右相，仲虺为左相，向夏全面进攻，桀被放逐于南巢（今安徽南巢县）而死。"韦顾既伐，昆吾夏桀"，这正是《诗经·商颂·长发篇》中，商人歌颂汤灭夏的颂词。

当然，商汤的右、左相伊尹、仲虺，也都是被人们称道的能干之人。

商汤将起兵灭夏的过程，看成商王朝建立的过程。灭夏后的商，在不能把夏部落成员吸收到自己氏族团体里来，又不能通过氏族团体去统治他们的情况下，如同恩格斯所说："氏族制度的机关便必须转化为国家机关，并且为时势所迫，这种转化还得非常迅速地进行。但是，征服者民族的最近的代表人是军事首长。被征服地区对内对外的安全，要求增大他们的权力。于是军事首长的权力变为王权的时机便来到了，这一转变也终于实现了。"商汤可能就是这样，逐渐成为商王朝的第一个统治者。

商汤口才出众，他出兵攻夏时，发表了誓师的名言。这就是著名的《汤誓》，他的誓词打动和鼓舞了军队的士气。

夏被推翻了，商王朝建立起来了，以今河南省商丘市一带为活动中心。《商颂》五篇所记的商汤的事迹，不是歌颂他的丰功伟绩，就是称赞他的英勇威武，《史记·殷本纪》也说："于是汤曰'吾甚武'，号曰武王。"商汤之号武王，可能也是因为他武功赫赫。

商王朝，是历史上第一次出现的阶级社会——奴隶社会，其阶级形式是自由民和奴隶，贵族和平民。这个王朝是由商王和奴隶主贵族组成的政权。

商汤为了巩固统治，掌握了一支雄厚的军队。

殷商社会的经济基础，决定了这个时期的精神生活具有独自的特色。在"国之大事，在祀与戎"（《左传》成公十三年）的商代社会里，宗教世界观占据着支配地位。这一特点，是与当时社会中保有公社残迹分不开的。从甲骨卜辞中可以看出，"帝"或"上帝"是天上的最高统治者，它的下面有"臣正"。"上帝"既然是自然界的主宰，因而它既能管天地自然，也能左右人间的一切生活；既能呼风唤雨，又能降福祸于人，"上帝"被赋予了无上的权威。甲骨卜辞又表明，被神化了的商代先公先王，是可以宾于帝或配于天的，也就是说，他们升到"上帝"左右，即在"帝所"以后，就获得了和上帝相仿的某些权力。所以，商人对于先公先王的祭祀，其名目之多、次数之繁、供献之丰盛都非我们所能想象。商代的"上帝"，无非也是以商王为范本而构成的。列宁说："所有一切压迫阶级，为了维持自己的统治，都需要有两种社会职能：一种是刽子手的职能，另一种是牧师的职能"。商王和当时奴隶主阶级除了国家机器之外，还借助宗教迷信来从思想上麻痹人民。商代的统治者极力提倡崇拜上帝、祖先和迷信占卜，无非是借助宗教迷信的力量，来维护统治而已。商王朝宣称，本朝祖先是上帝的儿子，商是受上帝的命令成立的。远古时代的部落首领与商朝王都为神，但已有本质上的区别。前者为群众赞颂的公仆，而商神已是凌驾群众之上的、统治群众的国王了。

商王朝已经具备了一整套的暴力机器和精神统治的武器，同时还掌握了发展到相当水平的文字。这一切标志着已具有奴隶主王朝的规模，但还保留着浓厚的原始社会的遗俗。

从生产关系上看，商代已进入奴隶社会。商代有臣、妾、奚、仆、畜民等各种不同名称的奴隶，甲骨文中有把战俘投入到农业和畜牧业里的记录。上文说的商王朝本身的建立和文字构造及语法构造所达到的水平，都能证明这一点。但商代奴隶制的具体情况，还缺乏足资说明的直接材料。甲骨文里有"衆"字，一种比较流行的解释，认为这是日下三人的象形，是农民在太阳下面辛苦操作的形象，因而就说这是农业生产中的奴隶。在安阳武官村一座经过两次盗掘的大墓里，殉葬人有79人。在殷墟发掘的许多其他墓葬里，也有生殉、杀殉和杀祭的遗骸。一般的解释，认为用以殉葬和杀祭的人，都是奴隶。这些解释都有很大的推测成分，而且这些解释也还不能说明奴隶在社会生产中的地位和进行生产的情况。到了周代，关于奴隶制才有较多的材料。

6. 商之暴君

武丁以后，商王朝的社会矛盾日趋尖锐，逐渐出现了衰败迹象。《国语·周语下》云："帝甲（祖甲）乱之，七世而殒"，当非无稽之谈。武丁时期的文治武功，凌轹千古，其统治的五十几年，是商王国最为强盛的时期。但是其后的统治者越来越腐化，如同《尚书·无逸篇》说："自时厥后，立王生则逸；生则逸，不知稼穑之艰难，不闻小人之劳，惟耽乐之从。自时厥后，亦罔或克寿：或十年，或七八年，或五六年，或三四年。"就是说，祖庚后的七八代，由于他们生于深宫，长于妇手，不肯躬亲稼穑，养成一群荒淫酒色的纨绔子弟，其在位年数，多则十余年，少则仅仅三四年。祖庚以后的甲骨卜辞中，既不见求雨之祭，更没有秉年、受年的大典，可见周公痛斥其"不知稼穑之艰难"，决非虚诬。

到了商末，情况更为严重。周武王在牧野誓师谴责纣王时说："今商王受，惟妇言是用。昏弃厥肆祀，弗答；昏弃厥遗王父母弟，不迪。乃惟四方之多罪逋逃，是崇是长，是信是使，是以为大夫卿士；俾暴虐于百姓，奸宄于商邑。"对于纣王淫暴的指责，在西周时期的真实文献中也有明确的记载，例如周公曾以纣王及其贵族的酗酒为戒，警告成王说："我闻亦惟曰，在今后嗣王（指纣王言）酗身，厥命罔显于民，祗保越怨不易。诞惟厥纵淫泆于非彝，用燕丧威仪，民罔不盡伤心。惟荒腆于酒，不惟自息乃逸。厥心疾很，不克畏死。"这就是说，纣王放纵地泆乐酗酒而不遵守法度，以致丧失了他的风度，民众们没有不悲痛伤心的。

在《诗经·大雅·荡》中，借文王之口，对商纣王及其贵族的淫暴又作了极为生动的描述，如云：

咨女殷商，曾是彊御，曾是掊克，曾是在位，曾是在服。天降慆（滔）德，女兴是力。

咨女殷商，而秉义类，彊御多怼，流言以对，寇攘式内。侯作侯祝，靡届靡究。

咨女殷商，女炰烋（咆哮）于中国，敛怨以为德。不明尔德，时无背无侧；尔德不明，以无陪无卿。

咨女殷商，天不（丕）湎尔以酒，不义从式，既愆尔止，靡明靡晦，式号式呼，俾昼作夜。

咨女殷商，如蜩如螗，如沸如羹。小大近丧，人尚乎由行。内奰于中国，覃及鬼方。

在这里，诗人深刻地指出，由于商纣等统治阶级的极端腐化暴敛，引起全国人民，甚至外族鬼方的愤怒和敌视。这种出于敌国诗人之口的诗歌，虽然不免有夸大失真之处，但结合商历史来看，似非全系诽谤之词。

纣王一方面加强对人民群众的搜刮，"厚赋税以实鹿台之钱，而盈钜桥之粟"，另一方面又"以酒为池，悬肉为林，使男女裸相逐其间，为长夜之饮"（《史记·殷本纪》），过着骄奢淫逸的生活。这种"庶群自酒，腥闻在上"（《尚书·酒诰》）的现象，更激化了社会矛盾。

商代末期的统治阶级对奴隶和平民的剥削，更为残酷。《尚书·微子》云："殷罔不小大，好草窃奸宄，卿士师师非度，凡有辜罪，乃罔恒获。"在这种情况下，被统治阶级的奴隶，只有用反抗的手段来对待奴隶主贵族的暴行。这种反抗斗争反映在甲骨文中有多种形式。

当时曾有大量的奴隶以逃亡的方式进行反抗斗争，商王或其他奴隶主贵族也经常去追捕他们，有时也曾捕回一些。

这时的平民斗争也在日益展开，《尚书·微子》的"小民方兴，相为敌雠"，揭示了当时斗争的激烈情景。这里的"方"，应读为旁。《说文》云："旁，溥也。"《广雅》云："旁，大也。""溥"近于"普"，即为普遍之意。"小民方兴"，就是平民普遍起来的意思；"相为敌雠"，就是与商殷统治阶级为敌的意思。微子是纣王之兄，他看到这种可怕景象时说："今殷其沦丧，若涉大水，其无津涯。"

周朝初年的召公，曾经以殷末动乱为鉴，告诫周王说：

厥终（殷末世纣王时），智藏瘝（有毛病的人）在。夫知保抱携持厥妇子，以哀吁天；徂（阻）厥亡，出执。

意思是说，到了殷代末年，国家将亡，智者隐遁，坏人当道。这时的人们背抱牵扶他们的妇女儿童，悲哀呼叫着上天，或者逃亡。但是纣王禁止他们出走，遇有逃亡的就把他们逮捕起来。在这种"如蜩如螗，如沸如羹"的社会动乱局面下，纣王又作"炮格（烙）之法"（《史记·殷本纪》），以加强其对广大人民的镇压。

随着阶级斗争日益尖锐，统治阶级内部的倾轧也加剧起来。《尚书·微子》说：纣王"咈（违）其耇长，旧有位人"，使得忠于纣王的比干因谏而死，箕子佯狂，微子出走。相反地，他却把"四方之多罪逋逃"之人安插在"大夫卿士"的位置上，又用费中、恶来为政，结果，由于"费中善谀、好利，殷人弗亲"，"恶来善毁谗，诸侯以此益疏"。这样一来，纣王便失去了一部分"王父母弟"一类的亲族和"邦伯""师长"等诸侯大臣的支持，使得当时的统治集团走向分崩离析的状态，这对商王国的覆灭起了加速的作用。

商朝末年，在各地诸侯纷纷叛离的同时，周边的少数民族也乘机入侵。为了转移人民的视线，纣王曾对周边的人民进行军事镇压。他曾在太行山区的黎地集中大量的兵力，准备向西北各族发动大规模进攻。但是，由于东南地区的力量空虚，引起了东夷各部的叛离。这就是《左传》昭公四年所说的"商纣为黎之搜，东夷叛之"。东夷各部最后虽然先后被商纣王平定，但商的国力也因此而消耗殆尽，正如《左传》昭公十一年所说的"纣克东夷，而殒其身"。曾经长期屈从于商王国的周族，此时也拉拢一些小国，借以壮大自己的力量。史传文王时期管领江、汉、汝的诸小国，"帅殷之叛国以事纣"（《左传》襄公四年）。后来的周人说文王"三分天下有其二"（《论语·泰伯》），当去事实不远矣。此时的商王国即将被周族灭掉，已成定局。

古人曰"助桀为虐"或"助纣为虐"，应该为一个意思。桀与纣向来被认为是古代的两个暴君，故此"夏桀灭亡"以及"商纣灭亡"，下场一样。《孟子·滕文公下》："周公相武王诛纣伐奄（山东曲阜旧城东，商之盟国）。"朱熹《集注》："奄，东方之国，助纣为虐者也。"白寿彝也指出：商代最后一个统治者"帝辛就是商纣王"，是一个有名的暴君。他制出许多酷刑严法，大肆压榨奴隶和平民，修筑了极为华丽的宫室苑囿。他和贵族们群聚狂饮，过着放纵的生活……周武王乘机起兵，商被灭掉了。

7. 商代的社会经济

商代畜牧业有它古老的传统。商王朝的后期，祭祀用牲，一次可达300头、400头以至千把头。甲骨文中关于狩猎的记载也不少，有一次获鹿多达384头。可见商的畜牧业的生产基础厚，而狩猎的习惯一直保留了很长的年代。在甲骨文中，对于牲的类别和牝牡，都有严格的区别，这也是畜牧业发展的一种反映。

商的主要生产部门是农业。这时期的农作物已有多种。郑州商代遗址中，发现有稻谷的痕迹。见于甲骨文的农产品名称，有禾、黍、粟、麦、稷等字，还有米字；副业有桑、麻。在安阳殷墟发现有贮藏粮食的窖穴。窖壁和窖底，有的用草拌泥涂抹过。甲骨文中有"廪"字，意为仓廪，就是这样的窖穴。

商代已能酿造不同种类的酒，有用稻造的甜酒，有用黑黍造的香酒。殷墟墓葬中，有很多酒器，反映了当时贵族饮酒的风气。酒的酿造和饮酒的风气，是跟农业生产发展到一定水平有关系的。

商代已有铁的发现和使用。近年出土了商代的铁刃青铜钺，但还没有发现铁制农具。这时的农具，还主要是木石等制品，其中有起土用的木制耒耜、除草用的石锄以及收割用的石蚌刀镰。在殷墟王宫旁曾发现几百把石镰，一般都有使用过的痕迹。手工业生产工具，有用青铜制造的斧、斤（锛）、刀、锯、凿、钻、锥、针、铲等。

商代的青铜器冶铸，是手工业中工艺最高的部门。王室直接控制的青铜器冶铸作坊，在郑州、安阳和别处都有发现。青铜器冶铸的原料有孔雀石（氧化铜矿石）、锡和铅，燃料是木炭。冶铸时，先按器物模型制成陶质的铸范，然后把炼成的青铜溶液注入陶范里。待溶液冷却，撤去陶范，便得到铸成的铜器。铜器制成后，一般还要经过一道修饰，使它更好看些。著名的司母戊大方鼎可以作为商代晚期青铜器冶铸水平的代表。这个大方鼎，通耳高133厘米，横长110厘米，宽78厘米，重达875公斤。

商代的陶器，除一般灰陶、黑陶、红陶之外，还有白陶、硬陶和原始瓷器等。白陶、硬陶与原始瓷器都是用烧瓷器的瓷土制作的，火候高，质地硬，不易吸收水分。白陶色泽皎洁，制作细腻，刻有好看的花纹。原始瓷器表面有一层薄薄的青色或黄绿色玻璃质釉，胎色灰白，结构比较紧密坚牢，叩起来发出金属的铿锵声。经实验分析，当时烧制的温度已达1200±30℃。它的釉料与呈色剂，基本上跟后代的青瓷一样。这种器物虽然还有粗糙的地方，但可以说它已是中国历史上的原始瓷器了。

在纺织方面，商代有了麻布，也有了丝织物。在当时一些青铜器的表面上，还保留着丝织物的残痕，不仅有平纹织的绢，还有提花的菱纹绮。

商代遗址中常有海贝出土，还发现有少量铜贝。甲骨文中有取贝和赐贝的记载。贝本来是一种装饰品，但随着交换的发展，它也起着货币的作用。周初文献记载有牵着牛车，载着货物，到远处去贸易的人。在郑州、安阳等地发现的印纹硬陶、海贝、海蚌、鲸鱼肩胛骨、占卜用的大龟等，都是从远方来的。

生产的发展，是跟科学知识有联系的。畜牧业和农业，为了定季节，十分需要天文学的知识，而天文学的发展又必须得到数学的帮助。农田水利的规划，都邑和大建筑的设计及施工，既需要数学，又需要力学。商代重视对天象的观测。甲骨文里有不少关于日食、月食的记录，还有关于一些星座及发现新星的记录。商的历法，反映了当时天文学和数学的重要成果。商代用一、二、三、四、五、六、七、八、九、十、百、千、万等字来记数，并按十进位。正如商的始祖契是禹的治水助手一样，汤的八代祖冥，也是水官，为了治水，死在水里。商早期居于黄河下游，跟水打交道的机会特别多。关于兴水利、除水害的工程是不会少的，但现在都不可考了。商的都邑，是颇具规模的，其中有宫殿和宗庙的建筑，有各种作坊的安排，木结构的建筑特色已经形成。殷墟宫殿宗庙的台基一般用夯土建成，有的长达 46.7 米，宽 10.7 米。从现在石制或铜制柱础的排列看，宫殿有着重门复室的复杂结构。这些建筑物台基的方向，或是正南北向，或是正东西向，互相呼应，形成了系统的建筑群。这些建筑的风格和工艺，对于后世有深远的影响，而对于力学的应用已达到相当高的水平。

第八讲　周系统和自觉地记录了历史

1. 历史记载向系统、自觉的记录发展

周，有西周、东周，这里是指西周。西周传11代，12王，290多年。大约公元前11世纪中叶到公元前271年，在这900年左右的时间里，历史记载由零星的记录向系统的记录发展，由不自觉的记录向自觉的记录发展。

近年又发现了周代的甲骨文，字体细小到须用放大镜来看。其具体内容，尚在研究中。周代的金文有显著的发展，不只金文的件数多，而且长篇的也多。如周初的《令彝》铭辞有187字，周末年的《毛公鼎》铭辞有499字。一般地说，百字上下以至差不多300字的铭辞，占了相当多的分量。金文所使用的单字，比甲骨文要多。

周代金文多为颂扬功烈及庆祝赏赉之作。在征伐、俘获、锡臣仆、锡土田、锡车马旗服彝器、锡金贝等史事记载上，写得比较具体。在著名的铭辞里，有的写出了战争的规模和锡臣仆的数目，有的写出了锡田及封田的情况。对周的历史，金文提供了直接的珍贵资料。

周铭辞的结尾，常有"子子孙孙永宝用"的话。这当然是指所铭的器物，希望它永垂后世，同时也意味着这铭辞是为器物的永垂后世而作。在后一意义上，铭辞被赋予了有意识地进行历史记载的性质，这就比甲骨文前进了一步。金文里也有不记时间的，但把年月日完全记下来的，要比甲骨文多些。金文的写法，或按月日年的顺序，或按年月日的顺序，跟甲骨文的写法不相同，而第二种写法是在后来的历史记载里被长期使用的。

弃居住在邰，据说在今陕西省武功县。弃的曾孙公刘开始在豳（今陕西省彬县、旬邑县一带）定居。他在豳地观察地形，寻找水源，组织生产，使农业和家畜饲养都有了发展。从公刘到古公亶父共十代，一直都在豳地居住。古公亶父因为遭受西北方戎狄（戎或西戎，中国古代对西北各族的泛称之一；狄或北狄，是对北方各族的泛称之一；有时又泛称西北或北方各族为戎狄）部落的威胁，被迫率领族人迁居岐山下的周原（今陕西省岐山县）。他放弃了穴居，建立起房屋和城郭，把民众分别组织在很多"邑"里居住，并设官管理。古公亶父的时候，利用了周原这肥沃的土地，开展农业生产，为周的兴起奠定了基础，大约就在这时候，周已与商发生了关系。

古公亶父后来被尊为太王，他的下一代是季历，又称王季。季历时，周渐强盛，在对戎狄部落的战争中把俘获的许多人当作奴隶。在这一时期，周和商的关系更加密切起来。季历娶了商女太任，还去朝见商王。商王赐给他一些土地和玉、马等物，并派他做管理畜牧的官。可是后来他被商王文丁杀死了。

季历的儿子昌继立，就是后来有名的周文王。他看出了商王纣因招诱一些部落和国家的奴隶而为贵族们所怨恨，就倡议了一条公约，规定奴隶逃亡要大搜查，原来是谁的奴隶还要归谁，不准藏匿。这条公约得到贵族的拥护，提高了周在有关部落和国家中的威信。

文王对一些敌对的部落和国家发动了一系列的战争，并征服了它们。后来又发动伐崇（今陕西省户县）的战争。崇是商在周东境的一个强有力的友邦，被周称为"仇方"。文王联合了自己的友邦，攻下了崇，俘虏了很多的崇人。接着，文王把都城迁到了丰邑（今陕西省沣水西岸），以便于继续东向发展。这一带水道纵横，土地肥沃，对农业也很有利。文王晚年，周的势力发展到今山西省西南部和河南省西部，对商都朝歌形成了进逼的压力。

文王的儿子是周武王姬发。武王把国都迁到镐（今陕西省西安市西南）。武王九年，趁着商朝社会矛盾激化，对东夷战争十分疲乏的时候，开始伐商。他兵到孟津（今河南省孟州市），有800个诸侯自动前来会合，但没有继续前进。过了两年，武王率领兵车300辆、冲锋兵3000人、甲士45000人东进，并联合西南方各族的武装，大举伐纣。武王的队伍顺利前进，在距纣都朝歌西南的牧野誓师，指责纣王不祭祀祖先，不信任亲族，包庇四方的罪人和逃亡的奴隶。周军跟纣军 17 万在牧野会战。由于纣兵倒戈，周军很快就攻进了朝歌。纣王自焚而死。

武王灭了商，建立了周王朝。周公旦、召公和太公望都是他的重要助手。他封纣子武庚于殷，并派自己的兄弟管叔、蔡叔和霍叔就近监视。武王灭商后两年病死，年幼的儿子成王诵继位，由武王的同母弟周公旦摄政，管叔、蔡叔等贵族不满。武庚乘机串通管叔、蔡叔，联合东方的一些部落和小国，一同起兵叛周。周公领兵东征，经过三年时间，才把叛乱平定。周朝的势力达到黄河下游和淮河一带。

周公东征后，因都城镐京距离东方遥远，便营建洛邑（今河南省洛阳市）为东都，作为控制东方的政治、军事重镇，把被称为顽民的商朝遗民迁到这里，派兵驻守，监视他们。周的王业，是在周公东征和营建东都以后，才巩固起来的。

周政权性质是奴隶主贵族专政。在王朝内部，在王的领导下，形成王族和其他贵族（同姓的和异姓的）的联盟政权。在诸侯的封国内，是在公侯的领导下，组成公族和其他同姓和异姓贵族的联盟政权。

周的封国很多，其中包含了周的同姓之国和异姓之国。异姓之国中，又有周的姻亲之国、商遗族之国和由古老部落转化的国。这些封国，有的是原来就建立了的，周重新明确了跟它们的政治关系，有的是经过一番开辟草莱的活动，建筑了城郭宗庙才开始建立起来的。在发展生产上，周的封国活动有它的积极意义。从西往东，重要的封国在黄河北岸的是晋、卫和燕，在黄河南岸的是许、蔡、陈、宋、曹、鲁和齐。东南最远的吴和建立较晚的秦和郑，后来也发展成重要的国。

周的封国活动，使许多同姓的和姻亲的贵族得到发展，也使不反对周的异姓贵族保持了既得权力，使周取得贵族们的普遍拥护。

周王朝盛时的势力，南方跨过长江，东北至今辽宁省，西至今甘肃省，东到今山东省。东北方有肃慎族，那时散布在松花江直到黑龙江的广阔地区。肃慎氏献给武王一种箭，用石做的箭头，用楛木做的箭杆。武王在箭杆上刻了字，并把它赐给陈国。一直到春秋时期，陈国还把这种箭保藏在府库里，周公东征胜利后，肃慎氏又派使来祝贺。

周王朝还建立了宗法制度。宗族中，分为大宗小宗。周王以嫡妻所生的长子继承王位，这是大宗。嫡妻所生的次子及妃妾所生之子是小宗。

同姓诸侯对周王来说是小宗，在他的封国内以嫡长子世袭诸侯，又是大宗。大夫对诸侯来说是小宗，但在他的采邑内，也是以嫡长子世袭大夫，又是大宗。这样，利用血缘纽带跟封国制度配合，来团结同姓的贵族。同时，王室又跟异姓封国结为婚姻，使王室跟异姓贵族都成为亲家。所以周王称同姓诸侯为伯父、叔父，称异姓诸侯为伯舅、叔舅。这种宗法关系和姻亲关系加强了王朝和封国间的联系。

王朝的政权机构，在王之下有太师或太保，是大臣中最有权势的。师保之下有司徒，管理民政和土地；司马，管军政；司空，管手工业和建筑工程；司寇，管刑罚和监狱。还有管理农业的农师、农正、农大夫等。官职多是贵族世袭，官的采邑也是世袭的。封国内的政权机构，类似王朝的组织。

王朝和诸侯都拥有军队。像商代一样，车兵是作战的主力。

王朝为维持统治秩序，制定了礼和刑。刑是用来镇压奴隶和平民的，礼是维护贵族内部的等级制度的。这种等级制，主要表示政治身份的不同，同时也表示亲属间行辈的不同和男女的不同。

王的权力，被认为是天给的，是上帝给的。周跟商一样，都是把祖先神跟至上神统一起来的。但周也承认商是上帝的大儿子，这个大儿子辜负了上帝的期望，上帝把他的恩惠从东方转到西方来了。周是能体现上帝的意志的，所以被赋予人间最高的权力。天的授命不是固定的，这要看人间子孙们的行为是否能得到天眷。这样，就又把祖先神跟至上神分了开来，因为祖先神并不是至上神唯一的儿子啊。看来，商的至上神是专断的，周的至上神虽专断，但又有理性；商的至上神是商所独有的神，周的至上神并不认为周独有，而是超越于部落和王朝之上的。这是周的宗教比商发展的地方，这也是周初政治思想在宗教思想上的反映。

2. 周原既既

周，姬姓，出自黄帝集团，周人自称："我姬氏（姓）出自天鼋"，认为其始祖为后稷，是舜禹时的农官。

先秦记载，自后稷至文王传 15 世，实际上自传说中唐虞到古公亶父立足于周原已经历千余年，而古公亶父以前周人先公的事迹只显示了各时期的特点，所以古公亶父以前世次，仅为各时期周先公的代表，并非父子相传。

周朝以前，周人的历史可分为两个阶段：起源与初兴；兴起和建国。

周始祖后稷之母名为姜原，出自姜姓有邰氏部落，当时的"姜"即"羌"，已成为定说。姜姓出自炎帝集团，与黄帝集团姬姓周人，世为婚姻。这种原始的族外婚，不仅表现在由母系转向父系时，而且延及周人开始在岐山地区兴起的古公亶父，他也是娶的姜女，后被追谥为太姜。周朝开国之君武王发以太公望女为妃，即邑姜。甚至周朝建立以后，姬姓诸侯，仍以与申、吕、齐、许等姜姓诸侯通婚为常制。在一定程度上说，周朝是姬、姜两姓族联盟建立起来的王朝。

姜原的有邰氏部落，以及后稷所居之邰，历来注释在陕西武功县境。这里是关中平原西部，在古公亶父开发的周原境内，周人起源，当别有所在。考古发现，陕西龙山文化（客省庄二期文化）主要分布在泾渭流域，与先周文化的分布重合，而且有承袭发展的关系。先周文化，目前已知的分布：北界达甘肃省庆阳地区；南界止于秦岭山脉北侧；西界在陇山及其主峰六盘山东侧；东界的北端在子午岭西侧，南端以泾河下游，以及今日的西安市东郊泸水和灞水一带为界。全区南北长 300 多公里，东西宽 200 多公里。大致相当于今陕西省宝鸡地区和咸阳地区，以及甘肃省的庆阳地区和平凉地区东半部。这些先周文化，若按年代早晚，第一期稍早于古公亶父时期，以泾水上游陕西武长县碾子坡先周文化为代表；第二期以碾子坡先周晚期墓葬、岐邑刘家村先周墓葬，以及长武县下孟村先周遗址为代表，年代大致相当于古公亶父、季历时期；第三期以丰邑先周文化遗存，以及这一地区先周墓葬为代表，其年代约略相当于周文王、武王准备灭商时期。上述三期不同年代的先周文化，其中第一期遗存，迄今仅在泾水上游地区发现，由此，可以推断古公亶父以前活动范围，应集中于泾水上游。这一地区正是黄帝集团发源之区，而距此不远的泾水以南，渭水上游以北，今日的陕西陇县的吴山，又称岳山，据考定即姜姓四岳集团的发源之区。

后稷之后，周先公在不窋及鞠的时期，处戎狄之间，从其俗，到公刘时期，虽仍处戎狄间，却大力发展农耕，并沿漆、沮二水南下，渡渭水获取木材及其他物资，积累财富，四周各氏族贵族多来归附，"周道之兴自此始"。公刘奠下基础，到庆节时，正式立都于豳，已具有王朝前古国的规模。豳的地理位置，一说在今陕西省彬县，一说在今陕西省旬邑县。两地都在泾水上游南部，实包括今长武、彬县、旬邑一带。按《括地志》的记载，"不窋城"应在今日的甘肃省庆城县境，豳在今日的彬县境。公刘，庆节时期从泾水上游北部，迁徙到泾水上游南部。

在豳原经营了大约3个世纪，周先公进入了向周原发展而兴起立国的阶段。

周先公古公亶父受到游牧人戎狄熏育的攻击，应大约在公元前12世纪。那时，在豳原不得宁居安业。于是，率私属渡漆、沮两水，来到渭水中游，止于岐下，开发周原地区。不仅豳人举国迁徙，其他部落也有不少随古公迁到周原，做了他的属民。于是古公大刀阔斧，革除戎狄习俗，发展农业，营筑城郭室屋，按地缘编定社会组织，设立五官，实际上奠定了立国与翦商的根基。

周原位于关中平原西部，距今日的西安市大约100公里。其北倚岐山，南临渭河，西侧有汧河，东侧有漆水。广义地讲，周原包括今凤翔、岐山、扶风、武功四县的大部分，以及宝鸡市、眉县、乾县等县的小部分，东西长约70公里，南北宽20余公里。这里在先周，不仅有渭水下游诸支流水系的丰富水源，便于航行与渔业，地下泉水也很丰沛，土地肥沃，灌溉方便，是一个发展农业十分有利的地区。狭义地讲，周原指周当时的所在中心，今岐山县京当与扶风县黄堆、法门之间。周自泾水上游南下，越过梁山，不往东南到渭水中下游——今日的西安市附近，而往西南，来到渭水中上游周原，除了周原的自然条件，如《诗·大雅·绵》歌颂的那样"周原膴膴"，最重要的是商朝的方国已达到渭水中下游，比如周兴时敌国崇，在如今的西安市西南户县。在渭水中下游，已发现了商文化遗址，并证明商朝的统治范围已达渭水中下游地区。周在周原站住脚以后，初具立国规模，便设国号为周，盖以族名为国名，这很快地引起了商朝的注意，甲骨文出现了"伐周"等记录。

古公亶父或许已称太王，或许稍后被追谥为太王。他死后，由最小的儿子季历继承。他是周文王的父亲，在商王武乙三十四年朝商，成了商朝的方国。商朝以任姓女子嫁季历，这就是文王的母亲太任。

季历一方面臣附于商，同时积极展开对周围戎狄部落的兼并与征伐。商王武乙三十五年，周伐西落鬼戎，俘十二翟王。这一胜利也许引起了武乙的注意，"武乙猎于河渭之间，暴雷，武乙震死"。太丁（文丁）二年，周伐燕京之戎。燕京，山名，为汾水发源处。如此长途征伐，周师大败。太丁四年，周伐余无之戎，克之，周王季命为殷牧师。太丁七年，周伐始呼之戎，克之；太丁十一年，周人伐翳徒之戎，捷其三大夫。不久，季历被太丁所杀。

太丁死后，其子帝乙立，"殷益衰"，而周文王昌继王季而立，成为商朝西伯，即西方诸侯之长，并与九侯、鄂侯同为商朝的三公。商纣继位后，囚周文王于羑里，周以美女名马献于纣王，纣王释周文王，而周文王以德政与纣王的暴虐形成对照，影响日大，解决虞（如今山西省平陆县）、芮（如今陕西省大荔县）两国争端，两国附周。又伐犬戎，灭密须（如今甘肃省灵台县西南）、黎（耆，如今的山西省长治县西南）、邘（如今的河南省泌阳县西北）、崇（如今的陕西省户县）等国，建都丰邑（今日的西安市郊沣水西岸）。周的实际统治，已深入商朝境内，达到了山西省南部、河南省西部以至中部。周文王又招贤纳士，姜姓吕尚、楚人鬻熊、孤竹（今河北省卢龙地区商的时姓封国）君二子伯夷、叔齐及商臣辛甲等归周。

周文王在位 50 年，及灭商而死，子武王发以吕尚为师尚父，弟周公旦等为辅，即位后九年（另有说十一年）大会诸侯，于孟津（今河南省孟州市西南、孟津东北），相传诸侯 800 来会。周武王十一年（一说十三年），以戎车 300 乘，虎贲 3000 人，甲士 45000 人，并会集西土各族庸（如今的湖北省竹山县）、蜀（今川西、陕南）、羌（周以西陇山两侧）、髳（今山西省平陆县）、微（如今的陕西省眉县）、卢（如今的湖北省襄樊市西南）、彭（如今的湖北省房县）、濮（如今川东、鄂西）伐纣，战于牧野，灭商，建立周朝。

自周武王灭商至幽王，历 11 王，大约为公元前 11 世纪初至前 771 年。

3. 周的传说、记录和氏族神——后稷

周人对他们的始祖后稷，也像殷人对契一样，看作上帝的儿子。同时，他们还把他看作农神，因为农业是周人生产的特点，作为农神的后稷是跟他作为氏族神相结合的。《诗·大雅·生民》是一篇专门传述后稷故事的诗。全篇共8章。前三章说：

"厥初生民，时维姜嫄。生民如何？克禋克祀，以弗无子（禋：祭也。弗：祓也，祓除不祥也。"以弗无子"，祓除无子之疾）。履帝武敏歆，攸介攸止，载震载夙，载生载育，时维后稷。"

"诞弥厥月，先生如达。不坼不副，无菑无害。以赫灵厥。上帝不宁。不康禋祀（宁：安也。不宁，不安也。康：尊也。《礼记·祭统》，昔者周公旦有勤劳于天下。周公既没，成王睫王追念周公之所以勋劳者，而欲尊鲁，故赐之以重祭。外祭：则郊社是也。内祭，则大尝禘是也。夫大尝禘，升歌清庙，下而管象朱干，玉戚以舞大武，八佾以舞大夏。此天子之乐也。康周公，故以赐鲁也。""尊"与"康"，为前后互文），居然生子。"

"诞寘之隘巷，牛羊腓字之。诞寘之平林，会伐平林。诞寘之寒冰，鸟覆翼之。鸟乃去矣，后稷呱矣。"

这是说后稷诞生的故事。其中有几句话很费解，但大意是明白的。大意是说：当初姜嫄生了个孩子。一般生孩子是要祭祀祈祷的，而姜嫄却是踏了上帝走过的脚印，感到了震动，就怀了后稷。怀足了月，就顺顺利利地生下羊羔似的头胎孩子了。哟！这是多么灵异啊？"上帝会不喜欢吧，没有献祭，就生出孩子来。"姜嫄倒嘀咕起来了。于是把孩子丢在狭隘的路上。但牛羊都躲开他走。又把孩子丢在山林里，又遇着伐林的人把他抱回来。又把他丢在寒冰上，飞鸟展开了翅膀来盖着他。姜嫄看了这些奇迹，就把鸟赶去，把孩子抚养起来。《天问》说："稷维元子，帝何竺之？投之于冰上，鸟何燠之？"这所谓"元子"，也许是诗中"先生"（头胎）的引申，也许是周人学殷人的样子，在灭殷后的相当时期中也把自己的始祖称为上帝之子。如系后者，这当然就改变了上引《书·召诰》中的口气，

而是作《召诰》以后一定时期的事了。

《生民》的中三章说：

"实覃实讦，厥声载路。诞实匍匐，兑岐克嶷，以就口食。艺之荏菽，荏菽旆旆，禾役穟穟，麻麦幪幪，瓜瓞唪唪。"

"诞后稷之穑，有相之道。茀厥丰草，种之黄茂，实方实苞，实种实褎，实发实秀，实坚实好，实颖实栗，即有邰家室。"

"诞降嘉种，维秬维秠，维糜维芑，恒之秬秠，是获是亩。恒之糜芑，是任是负，以归肇祀。"

这是谈后稷稼穑的故事。一章是说：后稷能坐起来了，能牙牙学语了。那嗓门可大了。能爬了，就懂事了，能自己吃东西了。他从小喜欢种植，菽禾麻麦和瓜果都长得茂盛。一章是说：后稷种庄稼，有一套办法去帮助人。先是去掉那些丰草，种上了颜色好、颗粒大的种子。此后，满地的苗都出来了，他把苗整治得又肥又大。穗子出来了，颗粒生得又坚实又整齐。穗子都大得垂下来了，颗粒是那样饱满呀。他有了这样的成就，就在有邰成家立业了。又一章是说：于是上帝降下了嘉种，有了黑黍的"秬"，一稃二米的黑黍的"秠"，还有赤梁粟的"糜"，白梁粟的"芑"。他把这些种子普遍地种起来了，一下子就收成了多少亩。大家抱的抱，背的背，赶紧把这些收获给上帝献祭去。

《生民》的末二章说：

"诞我祀如何？或舂或揄，或簸或蹂。释之叟叟，烝之浮浮。载谋载惟，取萧祭脂，取羝以軷。载燔载烈，以兴嗣岁。"

"卬盛于豆，于豆于登，其香始升。上帝居歆，胡臭亶时。后稷肇祀，庶无罪悔，以迄于今。"

这是说后稷肇祀上帝的故事。大意是说：把这些粮食，舂的舂，簸的簸，洗的洗，蒸的蒸。还要选定了日子，把香草上了祭脂，点起火来，把全羊放在上面烧。这样祈求来年的丰收。祭品盛存礼器里，香味开始上升了。上帝高兴得了不得，说："咋这样香啊！"自从后稷开始祭祀上帝，一直到现在，我们差不多都没有犯什么罪过啊。

在《生民》的诗里，后稷是上帝的儿子，发展了农业，得到上帝的喜爱，但并没有说他是神。他成为农神，也是死后的事情。《国语·鲁语上》："昔烈山氏之有天下也，其子曰柱，能殖百谷百蔬。夏之兴也，周弃继之，故祀以为稷。"《左传》昭公二十九年,"稷,田正也。有烈山氏之子曰柱,为稷,自夏以上祀之。周弃亦为稷,自商以来祀之。"两说都以为周人始祖后稷以前,还有烈山氏的稷。但这个稷不大出名。对周后稷之列入祀典的时期,两说不同,而对周始祖之成为稷神,则是一致的。《左传》所谓"封为上公,祀为贵神",是死后为神的。

《山海经·海内经》记后稷墓地的农神气派十足。它说:"西南黑水之间,有都广之野,后稷葬焉。爰有膏菽、膏稻、膏黍、膏稷。百谷自生。冬夏播琴(播种)。鸾鸟自歌,凤鸟自舞。灵寿实华。草木所聚。爰有百兽,相群爰处。此草也(此地之草),冬夏不死。"同书《大荒西经》又说"帝俊生后稷"。而帝俊在《山海经》中,就是上帝。他的儿女中,有十日,有十二月。如以后稷的身份跟日月等观,他也很可能是地面上活动的神了。不过这在《山海经》中也是不明白的。

《诗·鲁颂·閟宫》:

"赫赫姜嫄,其德不回,上帝是依。无灾无害,弥月不迟,是生后稷,降之百福,黍稷重穋,稙稚菽麦,奄有下国,俾民稼穑。有稷有黍,有稻有秬,奄有下土,缵禹之绪。"

这章诗基本上是《生民》篇的概括。后四句,如果是说农业发展的结果,以至"奄有下土",指周人在后稷以后的发展,当然是可以的。如果说后稷时已如此,这就比《生民》诗夸大得多了。

4. 武王建周

周人正处不安的时候,甲骨文中已有显示,其中屡见"伐"周的记载,并称周为"周侯"。但商周发生关系,决非从殷商晚期才开始的。

氐、羌是活动在如今甘肃、青海至陕西境内的两个半农半牧的部落。商人对羌人俘虏非常残酷,常常用于人殉,或为奴隶。殷商与氐羌敌对,但羌人与周人却世通婚姻,可谓友好。后稷的母亲姜嫄,就是羌族有邰氏的女子,所以殷商征服了部分氐羌人,也应该包括周人在内。

当时的周与商,既战又和。周,从季历到文王都曾联合殷商,抵抗北方入侵的鬼方、土方等，因此得到商武丁、文丁的赏赐。文王时，周的国力已强大，征服了周围的密须、阮、共和犬戎等小部落，并得到拥护。就此，文王也仍小心翼翼地应对殷商。这时，周对殷商为"卧薪尝胆"，既赋远见，又有意识，终克殷商。

周原甲骨文记有"彝文武帝乙"之辞。文武帝乙是殷帝乙的异称，他是纣王的父亲。为什么在周原甲骨文中却有了帝乙的名号呢？可能在周原有殷商的宗庙。殷纣王曾经到过周原，故有祭祀其父文武帝乙之辞。这反映了周文王时确已成为殷商的诸侯，并已受命称王。所谓"受命"就是受上帝之命。《诗·大雅·皇矣》写道：

皇矣上帝，临下有赫。监观四方，求民之莫。

此谓，伟大的上帝从天俯视，在寻找一个有光明德行的人，最后找到了季历（又称王季）的儿子昌，继立。昌就是周文王，是接受上帝的命令，才称了王。此后，周文王便开始征伐犬戎、密须，并打败了耆国（耆一作黎）。耆在今山西黎城，是殷商的门户，故耆被打败之后，殷祖伊感到畏惧，便去劝谏纣王。纣王漫不经心，说："我生不有命在天乎？"他绝对没有料到天命是可变的，天变赶不上人变，他绝没有料到周人正在积极准备改变天命。接着，周文王伐邘、崇侯虎。崇侯虎灭后，周文王自岐下徙于丰。次年，周文王死，而太子发立，即为周武王姬发。

周武王没有改元，继续用文王的年号，称作九年。他以太公望为师，周公旦为傅，召公、毕公为左右，继续周文王的事业。这一年，周武王"东观兵至于孟津"。这里的"观兵"，只是试探性的，并不存在与殷商开战的意图。周武王此次出发，把周文王的木主载在小车上，居于中军，自称太子发，意思是"奉文王以伐"，实际上是"血亲复仇"。这时，诸侯不期而会孟津的，据说有800多位。诸侯都称："纣可伐矣！"但周武王却罢师而返。据此，可谓伐纣时机尚不成熟。

又过了两年，周武王得知纣愈加昏乱暴虐。殷太师疵、少师强，抱着乐器奔周。于是周武王遍告诸侯："纣有重罪，不可不伐！"遂率戎车300乘，虎贲3000人，甲士45000人，以东伐纣。十一年十二月戊午，师毕渡孟津。周武王作《太誓》，指斥殷纣王的罪行，以激励军队斗志。

十二年二月甲子，天蒙蒙亮，周武王的军队到达商郊牧野，并发表《牧誓》，再次指斥纣王的罪行，以激励诸侯和战士们。据新出土的铭文，可见周武王甲子这一天与纣开战，为右史利观察了星象后才决定的。这甲子是一个大吉的日子，因此周武王才获大胜。其实，这次周武王的军队，不战而入朝歌（在今河南淇县，至今尚有遗迹，距安阳商都百里），东夷人不肯再为殷纣王卖力，内部哗变，纷纷倒戈，迎接周武王。据说武乙已迁都于朝歌，故此一失，商已无力抵抗，纣王便纵火自焚。

这次战争，是关系到商周兴亡的关键一战。虽然并没有什么激烈的战争，殷商在东方沿海的势力并未彻底消灭，但这终究是殷商灭亡的开始，是我国古代历史上一件转折性的大事。周正与商汤过去灭夏一样，可谓"汤武革命，顺天应民"，周替代了商，是天命，建立了我国第三个古代的王国。

5. 周公东征

周公旦，是武王的四弟，成王的叔父。武王即位时已年老，克商后不久，便离世了。当时周已建国，但政权还不巩固。东方沿海的东夷和殷商的残留势力，对于周的安全，仍存在着威胁。成王年轻，担当国事尚存欠缺，周公不得不摄理国政，而称王。

周公此举称王，曾引起周初政治上的一场争斗。武王克商之后，他清楚地知道周原本就是"小邦"，殷商的势力还未被彻底消除，不得不把安阳淇县之间的土地分一部分给纣王的儿子武庚禄父，使他能有一席之地，以便使殷纣王残留部队和宗族有地可居。他又将另一部分土地给了他的弟弟管叔、蔡叔，以监视、防范武庚等。但是武王死后，周公摄政称王，并没有得到管叔、蔡叔的谅解。大臣召公也颇为不满。他们便散布谣言，"公将不利于孺子"。武庚禄父于是乘机煽动东方徐奄、淮夷举行叛乱。在这危急关头，周公毅然决然地决定东征。召公、太公等大臣也顺应其势，一同东征。

经过三年艰苦的斗争，终于征服了今山东全境、河北以北至辽东半岛。许多东夷人、夏商的后人以及前代遗留下来的一些氏族部落也被周人征服，成了被统治阶级。周公的东征，应是武王克商的继续，而且延续的时间长，地域广阔，部落林立复杂，确是一场轰轰烈烈的战争。连一向崇拜文武、周公为"仁义之师"的孟子，也不得不承认"周公相武王，诛纣伐奄，三年讨其君，驱飞廉于海隅而戮之，灭国者五十，驱虎豹犀象而远之"。经过这次战争，殷商残势被镇压了。一部分不甘心做顺民的，便四处逃亡、迁徙。其中，蒲姑氏从山东半岛迁徙到辽东，渡海到了朝鲜半岛；盈熊等从山东沿海经泗水到了江淮流域；秦赵从今山东、河北北部到了今山西、陕西北部。商周兴亡之际，是我国民族大动荡、大迁徙时期。秦赵都有玄鸟图腾传说。秦的祖先蜚廉无疑就是孟子所谓"驱飞廉于海隅而戮之"的那个飞廉，他本人死了，他的子孙却一直向西北迁徙，终于在戎狄中成长壮大，后来建立强大的秦国，最后由秦统一中国。赵，为后来的三晋之一。

那时的周，面临的问题是如何统治从黄土高原到黄河南北以及沿海的广大的被征服的地区。周当时的办法是实行大规模的分封，本族兄弟亲属到各被征服地区建立城邑，加强统治。从西往东，在黄河北岸的重要的封国是晋、卫、燕，在黄河南岸的是许、蔡、陈、宋、曹、鲁、齐。东南最远的是吴，建立较晚的是秦、郑，后来也发展成重要的国家了。周王朝兴盛时的势力，南跨长江，东北至如今的辽宁省，西至如今的甘肃省，东到如今的山东省。东北方有肃慎族，主要在松花江到黑龙江广阔地区。

周武王死后，周公旦实际主持国政，有七个年头。成王长大了，由成王亲自执政。成王和他的儿子康王统治的时期，前后经历了 40 多年，政局稳定，是周代的兴盛时期。

康王以后的昭王和穆王，在长期和平积累国力的基础上进行了一些战争。周跟周围各族间的矛盾，在昭王、穆王的时候已在上升，而周仍居于主动的地位。相传穆王好大喜功，曾巡游西方很远的地方，还是一个拥有实力的人物。

穆王死后，经历了共王、懿王、孝王、夷王，以至厉王。这时，王朝的威信渐衰，王室和国人间出现了显著的矛盾。厉王加重了对国人的剥削，国人不满，议论纷纷。大臣劝告他：大家受不了啦，不要再这样搞下去啦。

厉王不听，派人禁止国人议论。这种对立的局面一直延续了三年，国人再也忍耐不住了，发动了武装暴动，直接冲击王宫。厉王仓皇逃跑。国人听说太子静藏在召公家里，又包围了召公的住宅。召公让自己的儿子顶替了太子静，才把太子静保护下来。

厉王出奔后，周公和召公共同主持日常的行政，号称"共和"。周公和召公是周公旦和召公的后裔，而他们的名字已经失传了。一说，这时是由共伯和（共国国君）执政，所以叫作共和。共和元年，是公元前841年。从这一年起，中国历史有了确切的纪年。

厉王出奔了14年，死于彘（今山西省霍县）。在周公、召公主持下，太子静即位，为周宣王。他初即位，就遭到连年的大旱灾。在这种严重的局面下还没有引起更大的问题。后来，他多次对周围的一些部落和国家发动战争，取得了一些胜利。但最后跟姜氏之戎（姜氏之戎，古代民族名。原在瓜州，今甘肃敦煌西，后逐渐东迁）打仗，遭到了溃败，跟条戎、奔戎（条戎、奔戎，古代民族名。分布在今山西省运城县中条山北的鸣条岗一带）打仗也失败了。宣王时期的周，曾一度呈现兴盛的气象。但周跟周围各族间的矛盾，周统治地域内的社会矛盾都没有得到解决，而不断的战争，反而大量消耗了王朝的人力和物力。

宣王死后，幽王继位，这是一个昏庸和暴虐的人，原来存在的各种矛盾在这时都扩大了。诗篇指出当时的现象"有的人安然在家休息，有的人为国事而憔悴；有的人没事躺在床上，有的人不断出外打仗""有的人喝酒狂欢作乐，有的人惨惨畏惧得祸；有的人出出进进，胡说八道，有的人是什么事情都得搞"。大小奴隶主间的斗争也尖锐起来。小奴隶主抱怨："人家有土地，你占有它。人家有奴隶，你强夺了他。"不断的荒年和强烈的地震，更使人民流亡，得不到安定的生活。当时有政治敏感的人，曾借着地震提出警告，说高崖可以陷成深谷，深谷可以变成丘陵。周的危机就在眼前了。

幽王时期，周围各族不断向周进攻。幽王因宠爱褒姒，废掉申后和太子宜臼，立褒姒为后，立褒姒的儿子做太子。申后的父亲申侯串通犬戎（犬戎，古代民族名。商周时，游牧于泾、渭流域，今陕西省彬县、岐山县一带）和吕等国，引兵攻周。幽王在没有得到诸侯援兵的情况下，被杀于骊山之下。王都受到很大的破坏，贵重东西都被抢光。当时周已没有力量进行反抗。在犬戎等的威胁下，王朝已无法在旧都活动了。这是公元前771年的事。到了第二年，幽王的继承人平王，在一些贵族和诸侯的护卫下，迁都洛邑。这以后，在历史上称为东周。比起迁都以前，周王朝的实力和威望都一落千丈。周东迁后的中国历史进入了另一个局面。

6. 周奴隶制经济的发展

周的奴隶制比较发展。王、诸侯、卿大夫都是奴隶主。奴隶主拥有各种不同身份和名称的奴隶，驱使奴隶们创造大量的财富。同时奴隶主又都是掌握政权的人物。他们在经济上和政治上都居于支配地位。另外，还有平民阶级，住在"国"即都邑内的叫作"国人"，住在农村公社的农民叫作"野人"。

周灭商后，大批商民和原属商的奴隶，都变成了周的奴隶。古史记载，武王曾经伐99国，俘获了大批俘虏，可能大都变成了奴隶。后来，周王大举经略东南，经常对北边的鬼方等地用兵，也俘获了大量奴隶。有一次对鬼方的战争中，俘获了13081人，还得到许多车马牛羊。罪犯在周代也是奴隶来源之一。平民反抗奴隶主贵族，被认为是"犯罪"。犯罪的人往往被罚做奴隶，服各种劳役。但他们不一定是终身的奴隶，一般在刑期满后是可以得到解放的。

金文中有很多关于周王和大贵族把十家、百家，有时甚至几千家的奴隶赏赐给别人的记载。把奴隶以家为单位编制起来，这是中国奴隶制的一个特点。但也不是对所有的奴隶都是以家为单位进行编制的。金文中又常常有以赏赐奴隶和赏赐器物、货币、牛马、田地并列的词句，这反映把奴隶与器物、牛马同等看待。奴隶可以买卖，有一个记载说，五个奴隶的价格是一匹马和一束丝。

周代屠杀奴隶、战俘的事比商代少，用人殉葬仍然比较普遍，但数量减少了。这说明周奴隶制的生产所能容纳的劳动力，比商代有了发展。金文中有许多强迫奴隶生产劳动的记载，较多的是从事农业劳动，也有手工业劳动。

王室是全国土地名义上的所有者。"王畿"是他的直接领地。诸侯和他们的卿大夫也各有领地。这些领地都是世代相传并在很大程度上能够自由支配的土地。周代的土地制度是奴隶主贵族的土地所有制。

周代的诗篇描写广大的土地上有成千上万的劳动者在耕作，奴隶主农场上的粮食，堆积得像丘、岭一样。诗篇说："要准备一千个谷仓啊，要准备一万个箩筐啊，好来装这些黍稷稻粱啊。"这写的大概就是奴隶们在王田上集体劳动并获得大量丰收的情景。

农民在农村公社内，按照土地的肥瘠定期分配耕地。一个有劳动力的农民，可以使用上地百亩，莱田（休耕地）150亩；或者中地百亩，莱田百亩；或者下地百亩，莱田200亩。农民耕种着分得土地的一部分而让另一部分土地休耕。过了若干年，耕地就要重新分配一次。田亩跟田亩之间，挖掘了灌溉渠，渠的旁边筑了道路。后人所传周代井田，没有具体的记载，可能就是指的这种土地区划。

农村公社的农民聚族而居。他们的聚居点叫"邑"或"社"，它的周围是广阔的田野。农民有自己的家屋、园圃。他们彼此间是平等的。但出入要受"里胥""邻长"等头目的干预，妇女还要集合起来"夜绩"。农民在从公社取得的份地上，进行着粮食、菜果、家畜、燃料、衣料等的自给。

周代的农业生产工具跟商代没有什么显著不同，但由于奴隶和农村公社农民在长期生产中积累了许多生产经验，农业生产仍然有显著的提高。在耕作方法上主要是"耦耕"。"耦耕"是两人合作耕作，可能是做较深的耕作。在土地的使用方面，有比较进步的休耕制，在生产发达的地区逐渐代替撂荒制。简单的田间排水和引水技术也有所提高。作物生长过程中的除草和培苗，已受到人们的注意，对于病虫害也能采取一定的措施，进行治理。农产品有稻、粱、黍、麦、菽、稷和桑、麻、瓜果之类，不但比商代的品种增多了，而且后世的主要农作物大都已经有了。

周代手工业是在商代手工业的基础上发展起来的。在周灭商后，周王分给鲁、卫的"殷民六族""殷民七族"中，至少有索氏（绳工）、长勺氏、尾勺氏（酒器工）、陶氏（陶工）、施氏（旗工）、繁氏（马缨工）、锜氏（锉刀工或釜工）、樊氏（篱笆工）、终葵氏（椎工）等九族是手工业者。周俘虏了这些手工业者，对于周代手工业的发展是起作用的。

青铜铸造业仍然是周代手工业的主要部门。那时，车的制造特别发展。车，不只为贵族所乘用，更重要的是为了军事上的装备。同时，因封国活动的发展，跟建筑有关的手工业也是发展的。

　　周代的手工业和商业，主要是属于贵族或官府的，是为贵族的需要服务的。而且主管人和劳动者都是世袭的。那时，用来交换的商品，主要是奴隶、牛马、兵器和珍宝。在国都中有市场，国家设有管理市场的人。货币仍然是贝，以朋为计算单位。金属也用作交换手段，以锾为计算单位。至于一般平民的贸易，大都还是物物交换。

第九讲　氏族神和原始史影及变化

1. 氏族神

别的一些氏族也像夏后氏、殷人和周人一样，把自己的始祖或其他祖先认为是氏族神。如《左传》昭公二十九年，晋太史蔡墨说：

"少皞氏有四叔，曰重，曰该，曰脩，曰熙，实能金木及水。使重为句芒，该为蓐收，脩及熙为玄冥。"

这四个人是从少皞氏分出来的三个氏族的始祖，每一个氏族有一种专门职业。所以蔡墨在下文紧接着就说："世不失职，遂济穷桑。"这四个人都于死后成了神。《国语·晋语》记虢公梦见蓐收"人面白毛，虎爪，执钺"。《墨子·明鬼上》记秦穆公见句芒，"人面，鸟身，素服玄纯，面状正方。"《山海经·海外东经》说："东方句芒，鸟身，人面，乘两龙。"又《海外西经》说："西方蓐收，左耳有蛇，乘两龙。"又《海外北经》说："北方禺疆，人面，鸟身，珥两青蛇，践两青蛇。"郭璞注："字玄冥，水神也。"又如《国语·郑语》说祝融之后有八姓的许多族。祝融在传说中是火神。《山海经·海外南经》说他"兽身，人面，乘两龙"。再如四岳的始祖，也就是姜姓的始祖共工氏，头触不周山，能使地向东南倾，这也许是一个不光荣的故事，却也说明共工氏是一个有神通的神。还有 25 宗 14 姓所从出的黄帝，这是一位大神。他跟蚩尤打仗，把神龙、旱魃都调动出来了。《山海经·大荒北经》说："蚩尤作兵伐黄帝。黄帝乃令应龙攻之冀州之野。应龙蓄水。蚩尤请风伯雨师，纵大风雨。黄帝乃下天女曰魃。雨止，遂杀蚩尤。"

2. 原始史影

在关于氏族神的传说中，保留有原始社会群婚制的史影。如契是有娀氏感玄鸟而生，后稷是姜嫄感上帝的脚印而生。他们都被说成是上帝的儿子，这就反映了只知有母而不知有父的情况。这也正如恩格斯所说："在群婚家庭的一切形式之下，谁是某一个孩子的父亲是不能确定的，但谁是他的母亲却是知道的。即使母亲把共同家庭的一切子女都叫作自己的子女，对于他们都担负母亲的义务，但她仍然把她自己的亲生子女与其外一切孩子区别开来。由此可知，只要存在着群婚，那么血统就只有从母亲方面来确定，因之也只有承认母系。"

《毛传》以郊祀高禖去解说契和后稷诞生的故事。于《生民》注云："古者必立郊禖焉。玄鸟至之日，以大牢郊禖。天子亲往，后妃率九嫔御。乃礼天子所御，带以弓韣，授以弓矢，于郊禖之前。"于《玄鸟》注云："春分玄鸟降。汤之先祖有娀氏女简狄，配高辛氏帝。帝率与之祈于郊禖而生契。"这是以《生民》"克禋克祀"一语跟郊祀高禖拉扯在一起，以《玄鸟》"天命玄鸟"一语跟玄鸟来时举行郊禖拉扯在一起，都不必是诗文原意。（按：郊禖当保存有男女在神前欢好的遗俗，故天子祀神，要后妃率九嫔奉御，而对天子所御幸之妇人又要于事后举行一种仪式。但郊禖毕竟是天子之礼，对所御妇人之"带以弓韣，授以弓矢"也显然是对生男的祝愿，这当是社会已进入父系制度时后起的礼，跟知有母而不知有父的母系社会情况不合。）《生民》和《玄鸟》所反映的诞生故事，应较郊禖出现的时代更为古老。这恐怕都是我国历史上更古老的传说，辗转地流传下来，不是后人可以臆造的。

在卜辞中，殷人先妣多特祭，此当母系社会的遗俗。

在文字的构造上，"姓"字从女生。《说文解字》女部，"姓，人所生也。古之神圣人，母感天而生子，故称天子，因生以为姓"。有些古老的姓，如姬、姜、姚、姒、姞、嬗、妫、嬴、嬛等都从女。这些也都反映母系社会的史影。

在氏族神的传说中还留有原始社会图腾的史影,在传说中,禹治洪水,通轘辕山,化为熊。后来涂山氏去找他,他还在以熊的形象工作。他的父亲鲧被殛羽山后,也曾化为黄熊,入于羽渊。这些传说都留下了夏后氏原以熊为图腾的迹象。

从契诞生的传说中,可以理解殷人原以玄鸟或凤凰为图腾。郭沫若同志曾指出:"晚期的卜辞有祭凤的记录,称凤为'帝使'。"并引两条卜辞如下:

"于帝史(使)凤,二犬。"(《卜辞通纂考释》第 398 片)

"甲戌贞其宁凤,三羊三犬三豕。"(《簠室殷契征文》典礼一六)

但在卜辞里,凤,凤通,这里也可能说的是风神。"宁凤",如解释为止风,似更合适些。《周礼·大宗伯》郑玄注引郑说:"罢辜,披磔牲以祭。若今时磔狗祭以止风。"这是汉时犹有杀狗止风之俗。

《左传》昭公十七年记郯子的话:

"我高祖少皞挚之立也,凤鸟适至,故纪于鸟,为鸟师而鸟名。凤鸟氏,历正也。玄鸟氏,司分者也。伯赵氏,司至者也。青鸟氏,司启者也。丹鸟氏,司闭者也。祝鸠氏,司徒也。鴡鸠氏,司马也。鸤鸠氏,司空也。爽鸠氏,司寇也。鹘鸠氏,司事也。五鸠,鸠民者也。五雉为五工正,利器用,正度量,夷民者也。九扈(《尔雅·释鸟》作鳸)为九农正,扈民元淫者也。"

少皞氏当是以鸟为图腾的氏族,其后陆续分化出以凤、鸠、雉、鸢为图腾的分支,而每一分支又陆续再分化为五,只有成是再分为九。少皞之虚在曲阜,见于《左传》定公四年。而殷王"相土烈烈,海外有截",见于《商颂·长发》。殷人的图腾可能跟少皞氏有关系,不过现在还不易判明。

殷周之际有一个跟殷纣密切合作,在东方居住的民族长,叫作飞廉。《孟子·滕文公下》说:"周公相武王,诛纣伐奄,三年,讨其君,驱飞廉于海隅而戮之。"以诛纣跟驱飞廉并提,可见他们二人间的关系。《史记·秦本纪》,飞廉作蜚廉,说他的始祖大业是女修吞玄鸟卵所生。大业的后人有大廉,称鸟俗氏。大廉的后人中衍,鸟身人言。自中衍以后,在殷累世有功,以至蜚廉。"蜚廉生恶来。恶来有力,蜚廉善走。父子俱以材力事殷纣。"以《史记》所记言之,飞廉的氏族可能跟殷人有血统上的关系，都以玄鸟为图腾。有人认为，大业诞生的故事是就契诞生的故事附会而成，不足信。但就大廉称鸟俗氏、中衍鸟身、中衍后人跟殷的关系、飞廉居邻海隅等而论，也不是没有跟殷人共出于玄鸟图腾集团的可能。而殷人称吞玄鸟卵者是有娀氏女，飞廉族称吞玄鸟卵者是女修，也可能是在传说的流行过程中有了分歧，这并不足怪。

3. 氏族神身份的变化

在传说和记录中，氏族神的身份是有变化的。

传说中所反映的夏后氏的氏族神，是连续在人间活动的，是在地面上的人神。鲧是这样的神，禹也是这样的神。从《山海经》所记来看，禹子启也是这样的神。它说：

"大乐之野，夏后启于此舞九代。乘两龙，云盖三层。左手操翳，右手操环。佩玉璜。在大运山北。一曰大遗之野。"（《海外西经》）

"西南海之外，赤水之南，沙流之西，有人珥两青蛇，乘两龙，名曰夏后开（启）。开上三嫔于天，得九辩与九歌以下。此天穆之野，高两千仞，开焉得始歌九招。"（《大荒西经》）

一个人间的王，能乘两龙，能上天下地，送三女于天上，得乐歌而归来，这还不是人间的神吗？从鲧，经禹，到启，已是三代连续为神了。启的儿子是否仍旧是神，因为没有材料，就不知道了。

殷人的氏族神，无论在传说和记录中，都已不是在地面上活动的神。像卜辞中所示，殷人遇事必卜，一卜要连问多次，这说明殷王已没有了上天下地的神通，他们不是人神，只是人王。这些人王是在死后成神的。

殷王的名字，在汤以前有示壬（主壬）、示癸（主癸）。示壬以前有上甲微、报乙、报丙、报丁。上、报，也可作示。汤名太乙，或作天乙。汤以后有太丁、太甲、太庚、太戊或作天戊。再后有祖乙、祖辛、祖丁、祖庚、祖甲。依郭沫若同志的研究，古来凡神事之字大抵从示，而示之初意是生殖神的偶像。甲骨文中的"祖"字作"且"，像男性生殖器官，有生殖神崇拜之意。因为甲骨文中殷王的名字为后来所追名，所以名示名祖的殷先王实寓有成神之意。太与天，可以通用，也代表最崇高的意思。

从卜辞中看，殷先王不论是否以示为名，都可以称示。并且人们可以对先王之神有所祈求。如卜辞云：

"乙卯卜贞：求年自上甲六示，牛。小示，厄羊。"

"……求雨自上甲、太乙、太丁，太甲、太庚、太戊、中丁、祖乙、祖辛、祖丁十示，率牡。"

这是向先王祈年求雨的两例。所谓"上甲六示"，即上甲微、报乙、报丙、报丁、示壬、示癸。所谓"十示"，即上甲微、太乙以至祖丁；其中包含太丁、太甲、太庚、太戊、中丁、祖乙、祖辛，都可称示。

《书·盘庚》说："予念我先神后之劳尔先，予丕克羞尔，用怀尔然。失于政，陈于兹，高后丕乃崇降罪疾，曰曷虐朕民。""迪高后，丕乃崇降弗祥。""古我先王，将多于丽功，适于山。用降我凶德，嘉绩于朕邦。"又《西伯戡黎》说："非先王不相我后人，惟王淫戏用自绝。"这都反映出先王之神能祸福人的意思。

周人的氏族神，可以说第一个是后稷，第二个是文王。后稷是始祖，文王是开国的祖先。文王以后的嗣王，都是继承文王的事业，而不再是神了。从周人的记录来看，如：

"文王在上，于昭于天。周虽旧邦，其命维新。有周不（丕）显，帝命不时。文王陟降，在帝左右。"

"……命之不易，无遏尔躬。宣昭义问，有虞殷自天。上天之载，无声无臭。仪刑（型）文王，万邦作孚。"（《诗·大雅·文王》）

"予惟小子，不敢替上帝命。天休于宁王（文王），兴我小邦周。宁王惟卜用，兑绥受兹命。"（《书·大诰》）

"丕显文王受天有大命。在武王，嗣玟作邦。辟厥匿，匍有四方。"（《大盂鼎》）

周人虽以太王、王季、文王并称为三后，《诗·大雅·下武》还有"三后在天"的诗句，但"于昭于天""在帝左右"的只有文王。后来嗣王要能维持"命之不易"，只有"仪刑文王"，才能"万邦作孚"。武王灭殷，对周有大功，但也是"嗣玟作邦"，而只有文王是"受天有大命"的。周之嗣王虽也必须"不敢替上帝命"，而这个命正是"天休于宁王"之命。侯外庐同志在《中国古代社会史论》第七章说："先王是受了皇天大命，后王却享孝先王，求先王降给许多的福。"又说："周金中，凡西周的铭器，享孝先王只到文王为止。故《周书》所谓，'单文武德''诞保文武受命''前文人'，都只追溯到肇国在西土的穆考文王，因为'前文人有兹疆土''惟休于文王''文王受兹命而今天其相民'。"这一论断是正确的。

旧有的各氏族神中的少数，在宗周时期"天下"化了，有多数却地域化了。

禹、稷都是由氏族神而天下化了。禹"方行天下"，"主名山川"，"均定九州"，当然不能以氏族神去局限他了。所谓"稷降福种，农殖嘉谷"（《书•吕刑》），所谓"奄有下土，缵禹之绪"（《诗•鲁颂•閟宫》），都是以稷跟禹并提，稷也是突破了民族神的局限的。《诗•大雅•云汉》因旱象之严重，而说："后稷不克（识），上帝不临。"《左传》襄公七年传，鲁国孟献子说："夫郊祀后稷，以祈农事也。是故启蛰而郊，郊而后耕。"在这里，后稷的后裔简直没有把他当民族神看待，而主要把他作农神看待了。文王在后来也不只是一个民族神。像上引《大雅•文王》之诗所谓"万邦作孚"，也是一个"天下"化的神了。

氏族神的地域化，有成为土地神者，有成为山川之神者，有成为星辰之神者。《国语•鲁语上》：

"共工氏之伯九有也，其子曰后土，能平水土，故祀以为社。"

这是氏族神成为土地神之例。《左传》昭公元年记子产的话：

"昔高辛氏有二子。伯曰阏伯。季曰实沈。居于旷林，不相能也。日寻干戈，以相征讨。后帝不臧，迁阏伯于商丘，主辰。商人是因，故辰为商星。迁实沈于大夏，主参。唐人是因，以服事夏商。"

"其季世，曰唐叔虞。当武王邑姜方震大叔，梦帝谓己：余命而子曰虞，将与之唐。属诸参而蕃育其子孙。及生，有文在其手，曰虞。遂以命之。及武王灭唐，而封大叔焉。故参为晋星。由是观之，则实沈，参神也。"

"昔金天氏有裔子曰昧，为玄冥师，生允格、台骀。台骀能业其官，宣汾洮，障大泽，以处大原。帝用嘉之，封诸汾川。沈、姒、蓐、黄，实守其祀。今晋主汾，而灭之矣。由是观之，则台骀，汾神也。"

这是氏族神成为星辰之神及山川之神的例子。所有上述地方化的神，都是已经消失或衰落的民族之神。这些神所属的民族虽已经消灭或衰落了，但他们曾经煊赫一时，他们的神威仍然保持着。

传说和记录中民族神身份的变化，就其本身说，是一种宗教思想的变化；就其社会意义来说，客观地反映了具体的历史内容。

从夏禹到殷人的民族神的过程，反映了社会职能发展到政治统治的过程。禹作为一个民族神，是在平水土的过程中体现的，是在平水土的功绩上受到尊重的。传说中禹的劳苦的形象，只是一个社会公仆的形象，一个社会职能组织者的形象；并不是一个高踞于社会之上的人物，一个统治的人物。到了禹死后，启继承了禹的事业，却想把社会职能的运用转化为政治权力的占有。《墨子·非乐上》引《武观》指斥启说：

"启乃淫溢康乐，野于饮食。将将铭苋磬以力。湛浊于酒，渝食于野，万舞翼翼。章闻于天，天用弗式。"

上文引《山海经》所记启事两条，正说明启之滥用职位，淫逸康乐，耽于乐舞的情况。这时虽已有了出现政治统治的一定条件，但也并不充分。因而，有扈氏不服，终于不免一战。有扈氏虽被启打败了，到启死后，启子太康还是把统治的地位丢了。太康后的第三代统治者相，又一度失国。可见，至少在夏后氏建立王朝的前叶，统治还是很不稳定的。

殷人的民族神，从材料上看，不再是在地面上活动的神了。用两句《国语·楚语下》的话，就是殷人已结束"民神杂糅"或"民神同位"的状态了。当年楚国观射父曾说："民神杂糅，不可方物"（《易·系辞上》："方以类聚，物以群分。"方、物，都用以区别事物的异同。有同无异或杂糅混乱，就不可方，不可物了。这里指的是人与人之间的等差，与下文所说"民神同位无有威严"，意同而说法不同），"民神同位，民渎齐盟，无有严威"。现在"民神杂糅""民神同位"的情况既已结束了，"不可方物""无有严威"的情况也就结束了。现在的民族神也就不同于为社会公仆的禹，而是以作为统治者的态度出现，那严威可大哩，因而表现"方物"的作用也就大哩。《书·盘庚》告迁民说：

"予念我先神后之劳尔先，予丕克羞尔，用怀尔然。失于政，陈于兹，高后丕乃崇降罪疾，曰曷虐朕民。汝万民乃不生生，暨予一人猷同心，先后丕降与汝罪疾，曰曷不暨朕幼孙有比。故有爽德，自上其罚汝，汝罔能迪。"

"古我先后既劳乃祖乃父，汝共作我畜民。汝有戕，则在乃心。我先后绥乃祖乃父，乃祖乃父乃断弃汝，不救乃死。"

"兹予有乱政同位，具乃贝玉。乃祖乃父丕乃告我高后曰：作丕刑于朕孙。迪高后，丕乃崇降弗祥。"

这里所写殷的先后，既管着世上的活人，又管着天上的死人。如果活人不好好地听殷王的话，殷的先王是要降罪的，并且这些活人死了的祖先也只有听先王的话，是救不了他们的。这里的先王却着重于降罪，跟夏禹之主要在于服务，是有根本的区别的。当然，殷的先王也可以降福，但那像卜辞中所祈求的，是要符合在世的殷王的要求的。天上是地上的反映，殷人氏族神的这种特点是殷人阶级分化的验证。

恩格斯在论统治和奴役的关系产生的一种过程时，说到社会职能日益增长与社会的独立性，以及发展成对社会的统治；并说到社会的公仆转变为社会的主人，而这种主人按照一定的情况"出现为东方的暴君或督抚，或是出现为希腊的部落首领或克尔特的族长等等"，这种主人也在一定程度内应用了暴力，以致最后，各个统治人物集结成为统治阶级。族神的身份由夏禹到殷主之间的转变，正反映了恩格斯所论述的阶级关系产生的这一过程。恩格斯还说："政治统治到处都是以社会职能的执行为基础的，而且政治的统治，只有在它执行了这种社会职能的场合上，才能长久保持下来。在波斯和印度，相继的一时兴盛，随后又灭亡的专制皇朝不知多少，他们中间每一个都清楚地知道自己首先是江河流域上灌溉事业的总的经营者，在那里如果没有灌溉，农业是不能进行的。"在传说中，自夏禹以后社会职能向社会权力的转变，也正是以长期地执行治水的社会职能作为起点的。禹平水土，不只是治水害，同时也是在兴水利。孔子称赞禹"尽力乎沟洫"，南宫适说"禹稷躬稼而有天下"，也都是说治水是跟农业密切结合的。

由殷到周的历史发展中，氏族神由多头转化为寡头。周人的氏族神，只有文王"受天有大命"，"在帝左右"。在宗周时期，一方面是"文王子孙，本支百世"，又一方面是"殷士肤敏，裸将于京"；虽则"上天之载，无声无臭"，但"仪刑文王，万邦作孚"，文王成为永久性的周统治势力所及的共同的神。这是宗周政权趋向一定程度的集中在神权意识上的反映。在这里，文王作为神的权力比殷人的氏族神扩大了，但作为"氏族"的性质削弱了。

周人对某些氏族神的"天下"化和地域化，是同一现象的两个方面。禹作为平水土的大神，被"天下"化了。周人始祖后稷作为农神，被"天下"

化了。句芒作为治木之神，蓐收作为刑神，玄冥作为水神，祝融作为火神，也都被"天下"化了。氏族神的"天下"化，实际上就是氏族性质的削弱。而氏族神的地域化，也同样是氏族性质的削弱，这是人们的共同体由血缘单位在一定程度上向地域单位转化在意识上的一种表现。实沈成为晋星，他就不再是，或在很大程度上不再是高辛氏系统内的氏族神了。台骀成为汾神，不再是，或在很大程度上不再是金天氏系统内的氏族神了。氏族神的"天下"化和地域化，也都同样反映政权在一定程度上趋向集中。周人的政治集团接收了一些旧有的氏族神的牌位，来为自己增长声势。这一切并不是单独地由于主观的愿望，主要是由于当时的客观条件。只有在宗周时期那样的政治形势下，才有氏族神转化的不同的情况的出现。

殷周时期关于氏族神的传说和记录，曾经长期地被学者们简单地看作神话和迷信。至于它们是中国历史记载的萌芽，它们本身也有自己的发展阶段并反映不同阶段的历史内容，是很少被注意的，这是我们应该予以发掘的。

第十讲　民族的大认同和大统一

中原地区青铜器时代已经是繁荣发达的高峰时期，边疆地区也先后进入了青铜器时代；在夏、商、周三代国家制度逐步定型，夏、商、周三族融为一体的过程中，边疆各部落也开始向国家和民族过渡，出现了王权和许多族称。它们在四方发展，生产与生活方式不同，语言和习俗也各具特点，但都与中原发生了越来越多的政治、经济、文化联系，并进入了各族竞争的中国历史舞台。边疆各族向中原内迁，一方面激发了华夏民族意识的强烈高涨，同时也从各民族内迁中，吸收了许多新鲜的成分，促进了民族间的融合，使华夏民族得到发展并加速了社会的进步。

1. 融合与一体

夏启建立了夏朝，打破了共主由各部落首领推举而生的制度，这标志着国家的诞生。

在儒、墨的笔下，尧、舜和禹的禅让，是在黄帝的号令下进行的，黄河中下游各部落与部落集团便建立了大联盟。那时各部落的世袭大酋长，在大联盟中享有极大的议事和决定权。在战争或治水等重大的公共活动中，涌现出的英雄建立了殊勋，随之而来的是扩大自己的权力，同时也积累了自己的财富，并被推举为共主。这就是被儒、墨两家理想化了的禅让制度。

《荀子·正论》说世俗所谓的"擅（禅）让"，"是虚言也，是浅者之传，陋者之说也"。《韩非子·说疑》也说："舜逼尧，禹逼舜，汤武放桀，武王伐纣。此四人者，人臣弑君也，而天下誉之。"在禹以前，尧、舜虽维持着原始公社制度民主推选的形式，而斗争同样是十分激烈的。

禹，因治水和战胜来自南方的三苗，连续建功，于是"禹会诸侯于涂山，执玉帛者万国"，名为受舜禅让，实际上不仅逼舜，而且为避舜子商均，回到祖居的崇山地区阳城三年后，才确立了自己的共主地位。可想而知，争斗同样激烈。

夏启建国，经过了更为激烈的争斗。当禹治水和为共主时，东夷少昊集团仍在大部落联盟中拥有巨大的影响。相传禹治水及对三苗的战争，不仅得到了来自炎黄集团的四岳、伯夷、后稷等的支持，来自少昊集团的皋陶、益等也起到了巨大的作用。而且皋陶和益也都曾是鲧、禹的有力竞争对手。

禹成为诸侯共主之后，先举皋陶，"且授政焉"，皋陶死后，又举益，"任之政"，禹死后，"以天下授益"，称为后益。但禹在位时，大力培植其子启的党羽，禹虽表面上仍遵循传统的禅让，但实际上造成了启杀益，并取而代之，为建立夏朝打下了基础。

夏朝建立以后，黄河流域东西两大系部落贵族的斗争，仍旧没有结束。夏后启晚年沉湎于歌舞，其子太康继位后，更加无道，传至仲康失国。于是来自东夷有穷部落的首领羿"因夏民以代夏政"，称为后羿。羿恃其善射，"不修民事而淫于原兽"，终于被来自东夷寒部落的首领浞所杀。寒浞代益，杀夏后相。如此反反复复，经过了 40 年左右，才由仲康之孙，得到有虞、有仍等部的支持，收复了夏后旧时民众，联合各诸侯、部落首领攻杀寒浞，"复禹之绩"，恢复夏后的诸侯共主地位，史称"少康中兴"。除了和东方各部落的斗争，启杀益自立，也受到了同姓有扈氏等的反对。于是启与有扈氏"大战于甘"，结果有扈氏灭亡。《淮南子·齐俗训》评论说："昔有扈氏为义而亡，知义而不知宜也。"国家诞生，以代替部落联盟，这是历史的必然发展。然而夏朝建立，以代替王朝前古国的部落联盟军事民主制度，仍要经过长期反复的斗争。商灭夏，周灭商，三代兴替，这是国家政权的嬗递，仍旧需要反复与激烈的战争，这促使了国家制度越发摆脱以前遗留的部落联盟的特点，而逐步发展，直到定型。

夏商时，黄河与长江中下游还存在许多部落与方国。传说夏禹至商汤时就有 3000 方国,到周武伐纣时有 800 诸侯会于孟津,有千数百国。这些数字显然是夸大了,但三代有许多的诸侯与部落,则应无须怀疑。仅见《甲骨文简明字典》,商后期就有 118 个方国,在《左传》的记载中,也有 200 余诸侯及其附庸国。实际当时的诸侯、部落应多于这些记载的数字。《尔雅·释诂》:"林、烝、天、帝、皇、王、后、辟、公、侯,君也。"这些是起源于不同部落母权制与父权制时代酋长的称号,三代国君以王为专称,但也称后、称帝或称后帝。王与诸侯间礼制等级的约束越来越严格,但诸侯称王、称后也见于文献和甲骨金文的卜辞与铭文的记载中。夏朝国君多称后或帝。国家机构,据《甘誓》所载有六卿。夏后启誓词说:"有扈氏咸侮五行,怠弃三正,天用剿绝其命。今予惟恭行天罚!"他命"六事之人"遵守各自的职责,并宣告:"用命,赏于祖;弗用命,戮于社。予则孥戮汝!"可见已有了官僚机构、军队和刑罚,尽管六卿可能是由王室贵族或诸侯担任的,军队也可能由各诸侯率领,刑罚带有浓厚的宗教色彩,但夏后启可以行使国君的权威,以天帝化身和国君的身份统帅六卿,亲自执行"天罚"。夏朝设官多少,已难说清,《礼记·明堂位》:"有虞氏官五十,夏后氏官百,殷二百,周三百。"实际情况未必如此整齐,但却表明了国家机构越来越严密,设官也就越加复杂。

打破部落的界限,按地缘组成社会的过程,在王朝前古国时期就已经开始了。"颛顼以来,以地为号",反映了这种变革。相传"禹别九州,随山濬川,任土作贡",划定"九州"。这个传说也反映了大禹在治水过程中,可能已有了某种地域的划分和依据各地出产向共主纳贡的制度。夏代文献是不足征的,很难具体说清这种制度的具体情况。

商朝的地理已划分为王畿和四土。畿是商王直接管辖之区,甲骨文称为中商、大邑商或天邑商;四土,即商朝的诸侯,是商向四方移民和扩张的区域。四土以外是多方,是其他各族分布的地区,他们对商王朝叛服不常,其中有些已被商王朝征服,成为商朝诸侯;有些则与商朝发生多种交往联系,也受到了商文化的影响,然而经常与商朝处于和平交往与战争掠夺交替的状况之中。

商朝的官分为王廷官员,称为"内服",各机构的官,称为"多君""多子",由王室贵胄和有影响的诸侯组成。"外服"即四土诸侯,称为"多方"，为后世地方官的雏形。商朝崇信上帝、鬼神，国政由商王、多君、多子及沟通上帝、鬼神的大巫与卜官来议定。军队有王师和诸侯之师。诸侯来源于王室裂土分封子弟及功臣，有些则是归顺或被征服而臣属的旧国与他族的首领，由商王赐爵成为商朝诸侯。

那时，国王称王，但有的诸侯也称王，最常见的爵号为侯，伯则是诸侯之强宗方伯的称号，公为尊称，子、男也可称侯。商王对诸侯称"令""命""召""呼"，顺则封赏，叛则征伐，有的任其为内服，征其军队，取其土田、奴隶；诸侯对商王的义务：军事上为王戍边、从征。经济上向王贡纳，其中包括奴隶、女子和军需。在文化方面，商的甲骨文也通行于诸侯，包括一些原处于敌对状态的诸侯，如周原出土的甲骨文证明周不仅使用商的甲骨文字，还很可能要祭祀已故的商王。

周最高的主宰神为天，周王宣告自己是"天之元子"，天命其元子统治中国的土地和人民。王廷设官：西周初期由周、召二公分领两寮各机构，中后期设官越来越多。《周礼》六官，虽是战国的著作，但金文资料证明，的确保存了西周，特别是西周中晚期官制的珍贵资料，可以说是以西周中后期官制为蓝本，加以系统化和理论化的战国著作。

周在王畿和四土都实行宗法制等级分封。周天子为天下之大宗，诸侯之天王。王畿内由天子直接统治，将土地分封给官员、子弟，为采邑；四土诸侯基本的爵号为侯，而公、侯、伯、子、男等爵号也都已见于记录。诸侯地位有等级差别，但不会像儒家经典所说五等爵那么整齐。

王位继承对于王朝国家制度来讲是至关重要的。夏以父死子继为主，间以兄终弟及；商早中期以兄终弟及为主，至晚叶，自庚丁以下，武乙、文丁、帝乙、帝辛已稳定地实行嫡子继承；周无论天子、诸侯、卿大夫都以嫡长子继承为常制。诸侯受封由天子赐土授民，封疆及都城大小、军队数量、宗庙、仪仗、设官、衣冠以至葬式，都有等级礼制约束。卿大夫实行世卿世禄，官位世袭。对庶人和奴隶，则有残酷的刑法。"夏有乱政而作禹刑，商有乱政而作汤刑，周有乱政而作九刑"，其内容记载虽不详，但刑网越来越密，保障奴隶主贵族对庶人与奴隶的残酷剥削与统治则是肯定的。"礼不下庶人，刑不上大夫"，这都充分体现了奴隶制国家的统治本质。

夏商周三代国家制度的发展与定型，说明了由部落联盟向国家的过渡已经基本上完成了。同时，部落联盟向民族过渡的过程也已基本上完成了。

夏商周祖先的来源。这三族的起源、兴起、所在地域等皆不相同，但是商周两族，却认为他们的祖先的起源与兴起和所在的地域，都在大禹所奠定的疆域之内，赞奉大禹所开拓的"禹绩"。

正如《诗·商颂·长发》道："濬哲维商，长发其祥。洪水芒芒，禹敷下土方。外大国是疆，幅陨既长。"商人所歌颂的是他们的先公之德，已久发祯祥，在大禹战胜洪水，布土下方，以奠定疆域时，就已有了王天下的前兆。《商颂·玄鸟》又道："古帝命武汤，正域被四方，方命厥后，奄有九有。"歌颂了有神武之德的大乙汤，受天帝之命奄有九州，遍告诸侯，为政于天下。《商颂·殷武》再道："天命多辟，设都于禹之绩，岁事来辟，勿予祸适，稼穑匪解。"是追叙成汤征服四方以后，对四方诸侯宣告：天命众多诸侯（多辟），设都于禹绩，你们要按岁来朝觐（来辟），不要以为勤民稼穑就可以解脱不来朝觐的惩罚。可见商人是承认他们的祖先起源与所居的区域都属于禹绩的。

周在建立周朝以前，也已认定周所处的西土是"禹绩"。正如《诗·大雅·文王有声》中说，文王作丰邑，"丰水东注，维禹之绩"；《大雅·韩奕》《小雅·信南山》也歌颂了梁山、南山都是"维禹甸之"。《逸周书·商誓》追叙道："昔在后稷，惟上帝之言，克播百谷，登禹之绩。"周人又称他们兴起的西土为"区夏"。《尚书·康诰》说："惟乃丕显文王，克明德慎罚……用肇造我区夏，越我一二邦，以修我西土。"这是说文王，以修德爱民，团结了周围一二邦，开拓了西土"区夏"。周以夏文化继承者自居，并以此为荣，并以此区别于东土之商。因此，在周朝建立之后，周人肯定天下都是禹绩和夏区了。《尚书·立政》记述周公告诫文王子孙："其克诘尔戎兵，以陟禹之迹。方行海表，罔有不服。"

按照三代的实际封疆，禹绩和夏区是在不断扩大的。吴起曾说："夏桀之居，左河济，右泰华，伊阙在其南，羊肠在其北。"北至今山西省太原市，南至以嵩山为中心的河南中部，西有扈氏已达关中，东有莘氏、有仍氏、有穷氏、有鬲氏等处古河济之间。商朝建立以后，都城屡迁，大体是前期以今郑州市商域遗址为中心，后期以今安阳殷墟为中心。以王畿与四土而言，比较稳定的商朝疆域，北至易水、燕山，南至淮河，东至泰山以西及鲁北，其晋南、豫西原夏朝中心仍在商疆域范围之内，最西已达关中平原，渭水中下游。燕山地区有孤竹国（今河北省卢龙县南），应是商人起源地区的残存。长江沿岸，今湖北黄陂盘龙城的商前期城邑遗址；赣江沿岸，江西清江县吴城村商聚落遗址，可能都是商朝在不同时期，在长江流域不同的军事据点，目的在于攫取南方的铜和龟甲等，这些是商急需的紧缺物资。周朝王畿以镐京和雒邑为中心地区。诸侯四方，在武王克商之后，封兄弟15人之国，姬姓40人之国；周公东征后，立国71年，姬姓53年独居。周之宗室贵族分封为周初分封的主体。周朝在灭了众多的旧国之后，将姬姓诸侯分东、北、南三方分布，其目的是镇抚商遗民，又兼制东夷和不服从的戎族。其东向沿黄河两岸伸展，黄河北岸有虢、虞、单、邘、原、雍、凡、共、卫；河南岸有焦、北虢、东虢、祭、胙；延展往东有山东的曹、茅、郜、极、郕、鲁等。往北沿汾水两岸有耿、韩、郇、贾等国，而虞叔封于山西的唐；太行山以东，卫之北有邢、燕，已伸进商人起源与初兴的区域。在黄河以南的广大地区，有河南的应、蔡、息、蒋，息、蒋跨淮水为封城。更有"汉阳诸姬"及湖北的随、唐、曾。长江下游有江苏省镇江市一带的宜国。除了姬姓诸侯，周也封了一些有姻亲关系和有功的异姓为侯，其中最显赫的是姜姓。姜出于炎帝集团，世与姬姓通婚，由于文王的祖母太姜的缘故，封了申、吕、齐、许、州等国。有文王母亲太任的缘故，封了任姓挚、畴。任姓薛国原是夏、商古国，西周继续受封，此外还有铸、郮，帝尧之后于祝，舜后虞胡公封于陈，周武王还以长女大姬嫁虞胡公等等。这些西周所封同姓与异姓诸侯，同称为夏，号为诸夏，并以原商朝统治中心地区称为东夏，诸夏又号为中国，以与夷狄相对称。这十分重要，构成了民族的雏形。

东系太昊、少昊集团的部落与文化，都是构成夏、商、周三代居民与文化的重要来源之一，但夏、商两昊集团各部落已分化出许多当时称为东夷的部落与方国。到西周时，仍承认自己是太昊、少昊后裔，并继承固有文化传统的风姓与偃姓诸侯。尽管在周公东征以后，大都已臣服于周，并得到了周的承认，又与东方齐、鲁、蒋等诸夏交错分布，但是自己和他人都仍旧称东夷，称呼上没有变化。其余各方，大体仍与东方相似。

"中国"之称，最早见于周初武王和成王之时，这可见于《尚书》，又有出土《何尊》铭文为实证。《说文》述，"夏，中国之人也"，指认同为夏人和继承夏文化的人，以与边疆各族相对而言，称为"夏夷""中国与夷狄"。这样，"夏"由地名而为部落名、朝代名，到西周已发展为民族的名称。生活在禹绩与夏区，便都是黄帝和炎帝的裔胄，亦称至今的炎黄子孙。"国之大事，在祀与戎"，三代把祭祀上帝、祖宗看作与征伐一样重要的大事。在西周，原属不同来源、不同部落集团的祖神，已纳入同出黄帝的谱系之中，这便是民族认同的重要内容之一。

在经济、文化方面，夏商周本来比较接近。他们都以农业为主，从新石器时代以来，其先民都以粟（稷）、黍为主要农作物。青铜技术在夏代已开始发达，商和西周达于鼎盛，是当时生产力水平提高的主要表现。但在农业生产方面，除商、周遗址发现少量青铜工具外，主要使用石器、木器，还有一些骨器与蚌器（收割器）。农业生产工具与龙山文化时期无明显发展和变化。生产的主要负担者是奴隶大众和庶人，他们住在"都""邑"之外的"郊"与"野"。"国人"与"野人'的对立；主要是奴隶主贵族与奴隶大众及庶人的对立。奴隶的命运不言而喻，商代往往把掳掠来的羌人等大量杀了祭祀，商代遗址发现了大量奴隶殉葬的墓葬，西周人殉葬现象逐渐消失，说明当时的生产力提高了，大量殉葬是奴隶主的损失。

以青铜技术与甲骨、钟鼎文字为代表的经济、文化进步，基本上被奴隶主贵族享用。夏代的青铜冶铸技术趋于成熟，二里头遗址发现的仍是一些爵及锛、凿等类小工具。商代铜器主要是铜锡合金与铜铅合金，各个时期所含比例有所不同。其用途大致可分为礼器、食器、兵器、马车器、手工业工具（包括小量农具）和乐器等。以鼎为例，既是常用食具，又是重要的礼器。周代青铜器较商代有多方面继承，也有发展，最明显的进步是铭文发达。晚商铜器虽已有了铭文，但比较少见，且仅是几个字，商末有长达二三十字的。西周铜器铭文字体改进，文体完整，成为研究中国文字进步和西周历史的重要实证。文化方面最富特色的除铜器纹饰艺术之外，还有占卜和卜辞。玉器艺术发达，虽不能和上述两项相提并论，但也是三代文明最富特色的重要内容。玉器既为重要礼器，又是贵族常见的佩饰。玉器起源于北起燕山，南达杭州湾的东部沿海诸新石器文化。其中礼器如璧、琮为礼天地重器，钺为王权与兵权的象征，都起源于良渚文化，铜器上的主体花纹饕餮纹，一般认为起源于良渚文化中玉器上的兽面纹和人兽合体的纹饰。商人日常佩戴的玉器种类，与燕山以北红山文化遗址发现的种类接近，一般认为有共同的渊源关系。占卜起源大体也是以东系诸新石器文化所发现的为主，尤其是龟灵崇拜，起源于长江与淮河中下游各部落。三代的文化是以融合黄河流域东西两大系文化为核心的，同时也汇聚融合了燕山以北及长江流域的优秀文化。文字起源可以追溯到仰韶、大汶口、龙山、良渚等许多新石器文化中的、一些反复出现的刻划符号，殷墟甲骨文字与周原甲骨文字及商、周铸在铜器上的铭文，属同一文字体系，都是汉字构字六种方法齐备的成熟文字。商周文字体系相同，也是属同一民族共同体的一个重要特征。

夏、商、周三族到西周时已有了共同的族称，即夏，即中国。他们共同的地域观念、共同的祖先观念、共同的经济特征和文化特征，已具备了属于同一民族共同体的基本条件。另一方面，当时天子虽为诸侯共主，天下大宗，而诸侯在其封域内仍自为大宗；周所制定与推行的礼乐文化，虽为诸侯所共同遵守，但各国，包括一些姬姓国，还有不同的政令、礼俗。夏夷区别已是民族的区别，但夏夷限域不清，有些诸侯，包括夏禹后裔杞国及一些姬姓诸夏，与夷狄杂处，从其习俗，转而被同化为夷狄。因此，西周所形成的民族共同体，仍为夏民族的雏形，待到春秋时，才真正地形成了一个稳定的华夏民族。

大约从公元前 21 世纪或稍早一些，到公元前 8 世纪中叶，在黄河中下游，夏、商、周相继兴起，并建立了国家，此后又融为一体，以夏为族称，又称中国。复经春秋战国的民族大迁徙与大融合，夏又称华，或合称华夏，已发展成为一个稳定的民族共同体。

那时，中原地区的青铜器时代已经步入了高峰时期，边疆地区也先后进入了青铜器时代，在夏商周三代国家制度逐步定型和融为一体的过程中，边疆各部落也开始了向国家和民族过渡。边疆地区在发展的过程中，生产、生活方式、语言和习俗也各为不同。但在政治、经济、文化等方面都与中原发生了越来越多的联系，并进入了各族竞争的历史舞台。边疆各族在向中原内迁的同时，中原也向边疆外移，这一切都在不断地增强华夏民族的意识，同时各民族或多或少地相互吸收了各自的新鲜事物，促进了民族间的融合，使得华夏民族加速了整体社会的发展与进步。

2. 争霸与和合

西周对边疆各族实行了与王畿及诸夏地区不同的政策。对距王畿较近的各族进行约束，要他们年年进贡；距离较远的各族，只需一世一来朝，但不得对西周侵扰。西周对不贡不王者，先是"修德"，以争取臣服，"修德"不行的就派兵征伐。当时的西周政策，呈现了"成康之际，天下安宁"，40 年不动武的大好局面。康王亡，昭王南征荆楚又亡，其子穆王继位，西征犬戎。到了穆王之孙懿王时，西周已趋向衰微，"戎狄交侵，暴虐中国"。当时边疆各族内迁，在王畿与诸夏地区，都已逐渐形成交错分布的局面。

公元前 10 世纪最后 20 年至 30 年到公元前 771 年的 150 年左右，从懿王到平王东迁，王政日坏，周厉王无道，斗争加剧，导致了国人的暴动，共和主政 14 年。当时，周的王畿已受到来自戎狄的威胁。公元前 823 年，猃狁攻周，到达泾水北岸，王京岌岌可危。宣王派兵于朔方驻守，又派尹吉甫率师击败猃狁，逐至太原，猃狁北遁。此时其他戎狄各部重新归顺。宣王三十一年攻太原之戎，失败；三十六年攻条戎、奔戎，又失败；三十九年攻姜氏之戎，入于渭水中上游，丧"南国之师"，"乃料民于太原"（料民指在奴隶大量逃亡之后清理民数），奴隶制度即将崩溃。

穆王用兵在东方战淮夷。夷王时，原臣属于周的噩（鄂）侯驭方反周，周派兵镇压，却被鄂侯驭方攻到了成周附近，后来诸侯援兵赶到，俘获了鄂侯驭方。宣王时，刚打败猃狁，马上又派兵到淮夷地区征收贡物，又派兵征伐淮夷徐方。宣王在位 46 年，虽"中兴"，暂稳定，但阶级与民族的矛盾都在激化，由于后继幽王的荒淫残暴，呈"四夷交侵，中国背叛"的局面，在公元前 771 年（幽王十一年），终于被申侯召来的犬戎攻入王京，杀幽王，西周亡。公元前 770 年（周平王元年），东迁洛邑，更名东周。此时，奴隶制已解体，进入了诸夏争霸、兼并，封建社会代替奴隶社会的历史时期。

自平王东迁，到公元前 476 年，中国经历了第一次民族的大杂居和民族大矛盾的过渡时期，但在较长时间的融合和斗争后，逐渐趋于融合。

那时，中原地区各民族交错分布局面形成，主要的原因在于游牧民族南下与东迁（游牧民族早在西周中叶已内迁，但随着中原人口增加，游牧民族又有了发展，民族矛盾也日趋激烈）；西周初受封，原本与当地其他各族交错分布，至春秋时非华夏各族也已发展，并造成对诸夏的威胁；西周中叶，穆王迁戎于太原（被强行迁入内地），大概是从陇山以西，迁于泾水下游以北，靠近镐京地区安置，以便控制（鲁僖公二十二年，秦晋迁陆浑之戎于伊川也是一例）；诸夏而处戎蛮之区，不遵礼制，被视为夷狄。

周东迁以后，诸侯强大，为了扩大自己的地盘，一心准备灭掉周围的一些小国；内迁的各族，也侵伐诸夏，甚至灭掉诸夏的一些中小国，并参与周的内乱。北方，以戎狄为甚；南方，楚国自西周中后叶已开始向江汉扩张，灭了蛮越一些部落，到春秋中叶后，向北灭"汉阳诸姬"，进而灭申、息、随、邓等周朝南方诸侯，威胁周、郑；向东，灭群舒，威胁齐、鲁，楚自称蛮夷，一时形成了"南夷与北夷交，中国不绝若线"，周室苟延残喘，中原诸夏危急；在西方，秦霸西戎，终春秋之世，"不与中国诸侯之会盟，夷翟（狄）遇之"。

当时诸侯强国，争霸中原，"挟天子以令诸侯"，名为"尊王"，实兼周围小国（包括许多姬姓之国，纷纷被消灭）；在"攘夷"旗下，诸夏增长了民族的优越意识，夏好称华，歧视夷狄，强调"华夷之辨""夷夏之防"。民族矛盾尖锐激化。其一，公元前770—前686年，自平王东迁至齐桓公之前，郑武公、庄公实操周王政令。平王东迁第二年郑即灭郐，迁都新郑；平王四年又灭东虢，创春秋时期诸侯灭姬姓国的记录。周平王时已与郑矛盾很深，至公元前707年，桓王夺郑庄公政，导致周王联合蔡、卫、陈伐郑，失败，郑人射王中肩。周王从此名存实亡。戎在中原为患的，主要是戎州之戎和戎州以北分布在太行山区的北戎。公元前716年，周桓王派使臣聘于鲁，戎人在楚丘袭击使臣，使臣成了戎人的俘虏，自鲁惠公以来与戎人友好相处的鲁国，竟然没有对戎人劫掳"天王"的使臣做出任何反应，当时秉政的郑庄公也无动于衷。但公元前714年，北戎侵郑，郑打败北戎；公元前706年，北戎侵齐，郑又应齐之邀，出兵大败北戎。在西方，秦国此时虽逐西戎，在岐山以西列为诸侯，然中原视之为戎狄，秦本身也仅能自立，无力扩张。南方楚国方兴未艾，准备北向称雄，所谓"南夷"即指楚。

公元前685—前514年，前43年为齐桓公在位称霸的时期，后一个多世纪为晋楚争霸的时期。齐桓公任用管仲，进行改革，正式打起"尊王攘夷"的旗帜，先制服鲁国。公元前681年，与鲁结盟于山东东阿县的柯，并灭掉了附近的谭、遂等小国。公元前663年，为了救燕而北攻山戎，一直驱山戎到孤竹。此后两年，狄人攻邢、卫，齐救邢、卫，然而因狄人来攻，两国难于在自己封疆之内立足，分别在齐桓公二十七年和二十八年由齐率诸侯帮助筑城，迁邢于山东聊城的夷仪，迁卫于楚丘。这样两国迁到了齐国可护卫的范围之内，才算保存了宗庙。

公元前671年，楚成王在即位当年就结好于诸侯，并"使人献天子，天子赐胙，曰：'镇尔南方夷越，无侵中国。'"但当时"楚地千里"，并不安于坐镇南方夷越，却北向中原争霸。公元前665年，会鲁、宋、陈、卫、曹之师伐楚，与楚屈完盟于河南郾城县东的召陵。齐桓公"攘夷"，确实团结了一大批中原诸侯，激发了当时诸夏的民族意识，却没有解决中原戎狄与诸夏的矛盾。公元前650年，狄人灭河南的温，又不断侵扰郑、卫、晋等国。分布在伊洛间的戎人和太行山区的狄人还多次牵涉到周王室的内乱之中。公元前649年，襄王弟太叔带招杨拒、泉皋、伊雒之戎，攻王城。秦、晋攻戎救周，晋为王平戎。次年太叔带既败，逃到齐国，齐派管仲为王平戎。公元前643年，齐桓公故去，齐国大乱，霸业随之丧失。公元前636年，襄王为攻郑，结好于狄，娶狄隗姓女为后，不久又废隗后。狄攻周，立太叔带为王，襄王出奔至郑。刚即位的晋文公马上接过"尊王攘夷"的旗号，打败狄人，杀太叔带，送襄王回周。在此后的一个世纪中，晋楚争霸，战争不息。秦为晋所遏，不得中原发展，"遂霸西戎"；而齐鲁也在海岱地区吞灭周围的小国和东夷各国。晋楚争霸，使得中原郑、宋等国疲于应付，而晋楚势均力敌，晋结好于齐，楚结好于秦，又处力均，争战百年，晋楚两国内的矛盾也比较激化。公元前579年，宋国华元约合晋楚，订立盟约，互不加兵，有危难或有敌来侵，互相救援。此为第一次晋楚"弭兵"之会。可是到周简王十一年，晋楚战于河南鄢陵，楚军大败。此后又与秦、齐开过大战，各有胜败，也最终筋疲力尽。于是公元前546年，宋国向戌又倡晋楚"弭兵"，由楚主盟议定：宋、鲁、郑、卫、曹、许、陈、蔡等国，分别向楚、晋同样朝贡，齐、秦则分别与晋、楚结盟。

这历经百年的争霸，结果是楚国与晋国平分霸权。当时楚国已渐为中原诸夏所接受，也是华夏在长江中游得到较大发展的时期。

公元前514—前472年，晋楚平分霸业维持了大约30年，长江下游吴、越兴起，进入争霸行列。吴始祖吴太伯本为周人一支，从越俗，传19世至寿梦，于公元前585年始称王，在中原的影响下，迅速崛起。晋国为了削弱楚而联吴。吴楚屡战，互有胜负。至吴王阖闾，任用楚人伍子胥和齐人孙武，五年打败越人，又九年内会蔡、唐攻楚，一直攻入楚都郢（今湖北省江陵县纪南城）。吴国骤胜，其贵族为争夺胜利果实而分裂，越又攻其背后，秦发兵救楚，吴军退回。楚虽不亡，国势已大减。

当时的越为越族一支，以会稽（浙江省绍兴市）为中心。楚越联合制吴。公元前494年，越在夫椒败，又攻入越，越王勾践投降，夫差许和。勾践"卧薪尝胆"，"十年生聚，十年教训"。夫差十四年率军北上会晋、鲁等诸侯于中原黄池，继而争霸中原。至夫差十八年勾践攻吴，夫差二十一年围吴国都（江苏省苏州市）。夫差二十三年、越勾践二十四年（公元前473年），夫差兵败，求和不成而自尽。越灭吴后，步其后尘，勾践北上会诸侯于徐州，一时称霸为主。

吴越争霸，已是春秋霸业的尾声，此时百越已进各族强列；戎狄以及海岱地区的夷、舒已入中原，并在春秋世纪与诸夏的交往、斗争中逐渐和合，分别被晋、齐、楚、鲁等国收纳。

3. 兼并与大同

对于《春秋》记载的242年的历史，《公羊传》以"大一统"为宗旨，总结为"所见世"［所见世为"太平世"，"夷狄进至于爵，天下远近大小若一"，已实现"王者无外"，天下大一统的太平盛世。所见者谓昭、定、哀（公元前541—前481年）］、"所闻世"［所闻世是"升平世"，"内诸夏而外夷狄"，所闻世者文、宣、成、襄（公元前626—前542年）］、"所传闻世"［所传闻世谓隐、桓、庄、闵、僖（公元前722—前627年）

各不同时期。按照公羊派的历史观，认为所传闻世是"据乱世"，"内其国外诸夏"〕的"三世说"。此为统一的趋势明朗了，原有的夷夏界限消失了，统一就太平了。"大一统"体现着当时的民族大融合、诸夏大认同的事实，这表明华夏民族共同体已稳定地发展了。

（1）秦人由戎狄而认同于华夏

秦受封的始祖名非子，善养马，被周孝王召到今陕西扶风县、眉县一带，为周养马，而"马大蕃息"。于是周孝王封非子"邑于秦"为附庸，"使复续嬴氏（姓）祀，号曰秦嬴"，秦为嬴姓。此后，非子同父异母兄弟成继承其父大骆的酋长地位，"以和西戎"。不管历史如何变迁，在整个春秋时期秦都被视为戎狄。

周平王东迁后，秦襄公与戎争斗了4年后故去，未能收复岐周，直到公元前750年（秦文公十六年）伐戎，"戎败走，于是文公遂收周余民有之，地至岐"，将中心稳居于"汧渭之会"（陕西省眉县附近）。岐山周原地区自然条件优越，周人有丰富的农业生产经验，农业得以发展。秦人定居务农，与周人共处，完全脱离了游牧生活，并在周文化的影响下，投身于华夏文化的发展。

秦宪公（公元前715—前704年）迁都平阳（今陕西宝鸡平阳村），并灭汤社（杜），使汤逃奔西戎。汤，商朝灭亡以后被迁到丰镐一带的商民，趁西周亡后，又打起了汤的旗号，但他们已被戎化，称为戎人。

秦武公（公元前697—前678年）灭戎人彭戏氏和小虢，于是东至华山。秦德公（公元前677—前676年）迁都于雍（今陕西凤翔），此后的数百年，秦便在雍安定下来了。

秦穆公时，最初准备向中原发展，其三十三年远袭郑国未成，却被晋国联合姜戎邀击，战败崤山。秦穆公于是西向，在其三十七年打败西戎。秦地当时已达今甘肃东部与中部，秦在崤山以西发展的格局已定。在此后的数百年中，秦又向西灭西戎义渠等国，向南越秦岭灭巴蜀，并开五尺道，准备向滇中发展，向东南与楚争汉中及黔中，成为空前强大的诸侯。同时，民族融合的过程，也正在秦迅速进行。

秦人的来源大致有占统治地位的秦公族（起源于海岱，西迁而戎化，进关中便华化，并以"诗书礼乐"自居，后奉祭炎黄两帝）、"周余民"（数量与公族相当，是秦人中文化最高的一部分，秦人的融合，在文化上以

"周余民"为核心，其中可有西迁的商遗民，也包括戎化的汤杜一支）；在秦人中，被征服的西戎，也占相当数量。

秦国在征服的西戎地区设郡县，沿边修长城，城以内原有的西戎已经农业化。秦国大力发展农业，结果促成了先进文化、经济的发展，各种人才也都被大力吸收，又相对原有的奴隶制度进行了比较彻底的改革。秦人的来源虽然包括原属不同民族的几大部分，到了战国中晚叶，已经融为了一体，已成为秦陇地区的华夏，也是华夏民族的一个重要组成部分。

（2）楚人由蛮夷而认同于华夏

楚，芈姓，得姓始祖季连，出于祝融集团，这是一个黄河流域与长江流域各部落融合形成的、炎黄在其中占优势的新部落集团。芈姓的母系出于鬼方媿（婑）姓，父系为祝融集团陆终。祝融集团就是一个多源融合成的集团。

楚人的直系祖先来自周文王时的鬻熊，在丹阳（今河南淅川县）。楚国的国君大都冠熊氏。至周成王时，鬻熊的曾孙熊绎受封"于楚蛮，封以子男之田，姓芈氏"。熊绎受封似较鬻熊地位有所提高，但还是火师一类的职事，不能与诸侯同列。楚灵王对此仍耿耿于怀，他认为他的先王熊绎与齐、卫、晋、鲁四国受封之君同样在周康王时供职于王室，而四国受封时"皆有分，我独无有。今吾使人于周，求鼎以分，王其与我乎"？《史记》说楚灵王所指是"齐、晋、鲁、卫其封皆有宝器，我独无"。

自熊绎受封（约公元前11世纪—前10世纪之交）至前223年，楚灭亡了7个多世纪，以楚公族为核心，楚人由蛮夷融合于华夏。熊绎至蚡冒历15君，约300年，"辟在荆山，筚路蓝缕，以处草莽"，"筚路蓝缕，以启山林"，仍居丹阳，盘踞已南进到荆、唯二山间。其间熊绎五传至熊渠，"甚得江汉间民和"，趁周室已衰微，南向"江上楚蛮"地区，伐庸、扬粤，至江汉平原中部，扬水以东以南的越人，一直到今湖北鄂州境。熊渠宣言："我蛮夷也，不与中国之号谥。"立其三子，康为句亶王，红为鄂王，执疵为越章王，其势已达古三苗的中心地带。自楚武王至楚穆王（公元前740—前614年）一个半世纪，为楚初兴而自立诸侯的时期。楚武王熊通杀侄自立，一向濮人地区扩张，二伐随，逐渐强大；至其三十七年，周王不增其爵号，而自立为武王。自此经武、文、成、穆四王伐蔡、灭邓等等，势力已到周的南边。此时，"汉阳诸姬"都被楚灭，南方较强大的随已落楚之属国。其间武王已营郢，公元前689年（文王元年）迁于郢（湖北省宜城市境）。公元前659年（成王十三年）始与中原诸侯会盟，称楚，楚成王十六年与齐桓公等召陵之盟，虽仍被中原视作蛮夷，但实际已立足于诸侯之林，为诸夏所重视。

自楚庄王至楚平王（公元前613—前516年），晋楚争霸。楚庄王（公元前613—前591年）号称五霸之一。楚昭王（公元前515—前489年）以后，东受逼于吴；至战国中晚叶，西受逼于秦。然而春秋晚叶，楚为地方最大的诸侯；战国时期，更南向扩地至湘中、黔中，楚将庄，入滇、王滇；东灭越，并有吴、越旧地；北向扩地至泗上进而灭鲁，至于泰山地区，中原已达今河南南部，成为"南卷沅、湘，北绕颍、泗，西包巴、蜀，东裹郯、邳"，"地方五千里，持戟百万"的大国，几乎统治了整个的中国南部。

到了春秋中晚叶，楚已居统治地位，可与周以及中原诸夏抗衡，被中原视为蛮夷。实际上的楚公族，非夏非夷，亦夏亦夷，直到春秋末才正式被华夏认同。当时被楚所灭的诸侯国家与部落约有60—70个之多，到了战国晚叶，他们在楚人之中，已融合为当时的"南方"华夏。南方楚国的文化、经济都与"北方"华夏有明显的区域差别，故此称为"南楚北夏"。

（3）华夏民族大认同

战国时秦、楚、齐、魏、赵、韩、燕并称七雄，各自一方。到战国末年，燕、赵与秦一样，已修北边长城，对外防御匈奴、东胡、羌人等游牧民族，就内燕、赵与秦已为华夏居民分布之农业区。七雄之间，楚、齐、燕及三晋，南北合纵拒秦，或秦与楚、齐连横削弱山东其他的国家，如此以往争战不息，其最终的目的都是要在地区性统一的基础上，实现中国的大统一。这意味着华夏在已稳定的地形上，形成同一民族的、基础上的兼并与统一。

七雄的战争，愈战愈烈，民族的大认同的大统一的意识，也越加明确。到战国晚叶，儒家的孟子，反对兼并战争，当问起他"天下恶乎定"时，他却明确答道"定于一"，因为只有统一，才会安定；荀子及韩非等发展了法家学派，更主张"中央集权"，全国统一，"一断于法"，统一和管理国家；邹衍代表阴阳学派，其究天人，雄于口辩，鼓吹五行，相次用事，"五德转运"，五行相胜，五德终始，他的这种学说被秦始皇采用，推算周为"火德"，故秦以"水德"相胜。邹衍对后世中国统一王朝"正统"转移的观念，有很大的影响。大一统为各家政治学说的共说，"同归而殊途"。在制度方面，战国晚叶也以西周制度为蓝本，托名周公完成了《周礼》六官系统的创造，树立起在中央政府管辖下各种政务部门各司其职的理想化制度及理论；同时托名大禹与周公创立了由中央政府统一划分九州的地理学说，即《禹贡》与《职方》。这些著作成书时还在七雄兼并，争战不息，但中央集权的制度在各国实践，理论也日益完整，对中国自秦朝以后的历代封建王朝"立官定制"具有重大的作用。

那时的各国，都逐而认为自己是炎黄子孙，并同出黄帝的统一谱系，都以黄帝为始祖，尊周、继周为"正统"。一些原本被认为"非我族类，其心必异"的蛮夷，现在都已认同为黄帝裔胄，其他就更不必说了。直至今日，中华民族的人民，依旧称自己为炎黄子孙。

4. 华夷与五方

夏、商、西周对于王畿与四土诸侯之外的各族，称其具体的国名或部落名称，或泛称为夷、蛮。商称其西方境外的各"方"为"羌"。周人称为"戎"，并与翟（狄）通用。羌、戎偏称西方各族，夷偏称东方各族，但都是通称。东方民族称戎、蛮，北方各族称夷、蛮，西方民族称夷，南方民族称夷。如夏、商、周人也有称为夷、羌、戎的；西周称商为"戎殷"；孟子称舜"东夷之人"，周文王为"西夷之人"。春秋战国时期，诸夏的社会与文化发展迅速，这是相对边疆各族而言的。华夷统一的历史发展趋势也越发突显，逐而形成了华夏居中，为"中国"，而夷、蛮、戎、狄处四周而配之，呈现东、西、南、北、中的五方格局。

夏、商、西周，青铜文化由成熟到繁荣，成为生产力发展的重要标志。然而在农业生产中，仍旧使用与新石器晚期相似的工具，依靠奴隶制下的集体生产，往往限制了生产力的发展。西周晚期，确已使用冶铁技术，开始使用铁器。到春秋中叶，铸铁与冶铁技术不仅已广泛用于制造生产工具与武器，公元前513年（晋顷公十三年）晋国还以铁"铸刑鼎"，将范宣子所作《刑书》铸于其上。铸鼎的铁是作为军赋从民间征集的，在晋国以前，齐国早已实行这种铁的征收。到战国，在农业生产中使用铁制农具已推广到很广大的地区，铁农具种类也很多，犁田、牛耕、除草、收割等都已使用了铁制农具，推动了牛耕与农业生产技术的发展。农业生产技术，土壤辨别、深耕、施肥、节令、种植疏密等都已在使用。春秋以前，诸夏基本上还是在淮河以北单一的旱地农耕，到战国已有长江流域的水田农耕。晋国晚期，都城为当时最为繁荣的地区之一，其他齐、楚等各国开发情况大致相似。长江下游吴越在春秋末兴起，发展也非常迅速，吴王夫差（公元前495—前474年）筑邗城（江苏省扬州市西北），挖邗沟，至末口（江苏省淮安县），贯通江淮，又北通沂水，西接济水，沟通河淮，成为中国南北运河开凿的创始。

社会经济的发展，促进了手工业从农业中分化出来。过去"工商食官"，从事手工劳动者是王廷与诸侯的工奴。春秋、战国时这些工奴部分得到解放，又从农民中分化出一些手工工匠，因而出现了专门从事手工业劳动的社会阶层。当时的手工业技术水平，冶铁、铸铜、丝织、煮盐、制陶、漆器、车船制造等许多部门处于当时世界上的领先地位或最高水平，同时也刺激了商业的发展。西周末，郑国准备东迁，即与商人共同开发新郑。春秋中叶以后，商人已影响着社会的发展，甚至开始干预各国的政治。由于商品交换的需要，各国纷纷铸造货币。战国时，三晋的货币是铲形的"布"币；齐、燕主要是"刀"币；三晋中的赵国"布""刀"兼之；秦、周用圆钱，中间有孔，秦钱上铸有重量文字；楚国主要用小方块金饼，铸有"郢爰"等字样。同时，各国度量衡也逐渐统一。城市也由单纯的政治与宗教中心，逐渐发展兼为经济、文化中心，规模越来越大，交通干线与排水系统的出现，说明当时城市建设已有了较为科学的布局。战国时，仅临淄城就有70000户之多，魏国的温、轵，韩国的荥阳，燕的涿、蓟，赵的邯郸，楚的宛、陈，郑国阳翟等都是战国著名的大城市，而定陶号为"天下之中"，为各国诸侯与商贾进行经济交易的都会。当时人口增长也较为迅速，战国末年华夏人口已达2000多万。

春秋时，秦、楚、齐、晋、鲁等国都已经开始对社会与政治制度进行若干改革。此外韩、赵、燕也都进行了不同程度的改革，都有了显著成效。战国七雄中以商鞅在秦孝公时期的变法改革最为彻底。

由于宗法分封和世卿制度的崩溃，春秋以前，仅贵族有姓氏，女子称姓，以别婚姻，男子称氏，以别贵贱的制度也崩溃了。原有的诸侯、贵族，由于国灭位除，或以原有的国为氏，或以居地为氏等等；而原有的庶人、奴隶，也都给自己命氏，其中有些已显贵富有，而自拟王侯，死后葬式用王侯制度，于是到战国时姓氏已合一。《通志·姓氏略》总结出战国以来得姓氏的方式共有数十种之多。经过一系列的改革，原始氏族部落的痕迹已洗涤殆尽。全民族完全按地缘组织，地区籍贯不同代替了血缘结合的相互区分。

社会经济的发展与社会制度的变革，贵族完全垄断文化的局面已被打破。春秋中晚叶孔子首先开办私学，收徒"有教无类"，不仅包括各种社会阶层的学生，也包括一些当时被认为是夷狄的地区来的学生。私人著书立说之风兴起，各种学派应运而生，战国可称得上是中国古代"百家争鸣"的黄金时代。春秋、战国时期，华夏民族的科学、技术、思想成就，与世界古代史上的希腊堪称东西竞相辉映，其中孔子、老子、孙子等人的著作，至今为世界所景仰，研究与运用的效应，都为世人所瞩目。铁器带来了生产力的新发展，社会改革浪潮所推动的社会发展与经济、文化的繁荣，使华夏民族的同一性得到空前的发展，当时中国不仅是最先进的民族，成为统一的核心，同时也是世界古代史上最先进的民族之一。

第十一讲　东周初年和春秋时期

1. 大国的争霸

公元前 770 年，平王东迁，东周开始。公元前 256 年，东周亡。东周共经历了 25 个王，514 年。周东迁后 49 年即公元前 722 年起，史家习惯上称作春秋时期。公元前 403 年到公元前 221 年，习惯上称作战国时期。春秋时期，是指《春秋》一书中所记的历史年代，即从公元前 722 年到公元前 481 年。战国时期，一说是从公元前 475 年算起，一说是从公元前 476 年算起，又一说是从公元前 403 年算起，今用第三说。春秋时期和战国时期之间，有 76 年，即公元前 480 年到公元前 404 年。今把这些年代，附春秋时期之内。

周的东迁是政治上的重大变局。此后，变化越来越大，诸侯各国之间的兼并不断发展。在春秋时期，有的大国曾吞并了 30 多个小国，有的大国甚至吞并了四五十个小国。相传西周时期有 1800 国，到春秋时期兼并为 100 多个，在政局上起作用的有十几个。到战国时期，只有 7 个大国，十几个小国，最后是秦的统一。东周初年和春秋战国时期，是中国历史上一个大动荡的时期。

平王东迁，依靠晋、郑、卫、秦的保卫，才得重建政权。晋、郑是平王特别依靠的力量。郑原建国在今陕西省华县。在周东迁前后，郑迁到今河南省新郑一带。郑庄公在春秋时期开始的 20 年内，是一个很活跃的政治人物。晋在今山西省南部，是一个土地肥沃、戎狄杂处的地区。东周初年以后，国力不断发展。秦，在东周初年还是一个新建的国。它在跟戎族

113

斗争过程中发展起来，占有今甘肃省东部和陕西省中部的广大地区。晋、秦和在今山东省的齐、今江汉地区及河南省南部的楚，都是春秋时期的主要强国。由于楚的势力不断向北方发展，成为北方诸国防御和对抗的目标。公元前679年，齐桓公平定了宋内乱后，大会诸侯，树立了霸权。春秋历史从此进入了霸权争夺的时期。在这以前的90年，是霸局的准备时期。

齐桓公任用政治家管仲为相，推行富国强兵的政策，并利用周的传统地位，提出"尊周"的号召，团结一部分诸侯，对抗经常威胁诸国的楚和戎狄。当时北戎侵扰燕国，狄人灭卫并攻打邢国。齐助燕打败北戎，助卫复国，并把邢迁到安全的地区。公元前656年，齐桓公率领齐、鲁、宋、郑、陈、卫、许、曹等国联军侵蔡伐楚，进兵召陵（今河南省郾城县），迫使楚向周王纳贡。这是齐国霸业的一个高峰。据说齐桓公九次大会诸侯。公元前651年葵丘（今河南省兰考县东）之会，商定了各国共同遵守的条约，是一次有名的盛会。公元前643年，桓公死后，国内争夺君位。不久以后，霸权转移到晋国。

晋文公是春秋时期的第二个霸主。他在国外流亡了19年，到60多岁才得到君位，是当时各国君主中最熟悉社会情况的人。狐偃、赵衰等长期跟他流亡在外的人，都是很有能力的政治人物。公元前636年，晋文公即位。第二年，他就抓到了"尊周"这面旗帜，把因王朝内乱而出居在外的周襄王送回王城，并平定了叛乱。公元前632年，楚因宋国附晋，率陈、蔡、郑、许四国之兵讨宋。晋率宋、齐、秦之兵，跟他们大战于城濮（约当今山东省鄄城县西南临濮镇），把对方打得溃不成军。这是楚国向北发展的兵力第一次受到沉重的打击，使晋文公的威名超越齐桓公。自此以后80多年间，晋楚间的斗争成为争霸的主要内容。斗争中，双方互有胜负。公元前597年，在邲（今河南省郑州市北）的战争中，楚大败晋军。楚庄王对晋的胜利，使他成为一个有名的霸主。

秦穆公也是一个有心图霸的君主。他的助手都是能干的政治人物。他曾两度帮助晋国公子回国，使他们得到君位。晋文公便是这两个晋君中的一个。公元前627年，穆公乘晋文公新丧，偷袭郑国，为晋所败，三个元帅都被俘了。此后，秦很久不能向东有大的发展，而把力量集中在西方上，成为征霸西戎的著名人物。

黄河流域争夺霸权的战争，使处于争夺目标地区的小国疲于应付。

同时，长期的断断续续的战争也引起并促成一些国家统治集团内部的斗争和政治势力的消长，使他们无力外顾。这两种原因，都要求局势的变化。公元前579年和公元前546年，先后两次由深受争霸之害的宋国发起弭兵的会盟。第二次会议成功了。晋、楚、秦、齐及宋、鲁、郑、卫、曹、许、陈、蔡等议定，宋、鲁等8国要对晋、楚同样朝贡，齐、秦大国分别与晋、楚联盟。晋、楚平分了霸权，黄河流域的霸权争夺基本上告一段落。

弭兵大会后，春秋的历史进入了晚期。这一时期的特点，一是晋、齐等国的显族加紧了对公室（国君）的斗争，又一是长江下游兴起的吴、越，向黄河流域争夺霸权。

诸侯国内的显族，正如诸侯国之间的霸者一样，是国内贵族中有实力的显赫贵族。晋自文公以后，逐渐在对外战争的过程中形成了一批显族。到了春秋晚期，公室日趋衰微，政治权力落到了显族手里。公室无兵无将，只知奢侈享受，不顾民众的死活。显族却有谋士，有武装，实力超过公室，还知道注意争取民众的办法。显族跟公室之间的矛盾不断上升。同时，在显族内部也有矛盾和斗争。春秋晚期，晋国出现了智、赵、魏、韩、范、中行六家显族专权的局面。后来范和中行两家也垮了，只剩下智、赵、魏、韩四家。公元前453年，赵、魏、韩三家灭掉智氏。此后，只要他们愿意，就可以随时把晋瓜分了。

齐的显族，是齐桓公以后逐渐发展起来的。齐的显族有田氏、高氏、栾氏、鲍氏、崔氏、庆氏、晏氏等，而最后取得压倒势力的是田氏。田氏用阴谋和暴力，打击、消灭了别的显族，并于公元前489年、公元前481年两次杀害齐君。公元前480年以后，齐的政权就落到了田氏手里，只要时机成熟，田氏就可以坐上齐侯的宝座。

比晋、齐小的国家，如鲁，也有显族。鲁的显族，是季孙氏、孟孙氏和叔孙氏。他们都是从公族分裂出来的。公元前562年，三家瓜分了公室的土地和劳动力，实际上把鲁国分成了三国。公室成了空架子，靠三家的贡纳维持。

吴，建都在现在的江苏省苏州市。吴是周的同姓国，后来附属于楚。公元前584年，吴从晋人，学得了射法、御法和战车阵法，加强了武装力量，并跟北方国家开始了往来。吴、楚的关系也开始有了变化。吴王阖闾任用伍子胥为谋主，孙武为将军，于公元前506年，大举攻楚，五战五胜，进驻楚的郢（今湖北省江陵县）都。楚昭王奔随，几乎亡国。后来因秦出兵援楚，吴国贵族发生内讧，越又乘机攻吴，吴军退走。

越，建都在今浙江省绍兴市。越在楚的帮助下很快地发展起来。越王勾践战败吴军，阖闾受伤而死。阖闾死后，其子夫差继位，立志报仇。公元前494年，吴打败越王勾践，把越置于属国的地位。越王勾践在卑身事吴的掩护下，做了复国的充分准备。公元前482年，乘夫差北上会诸侯的时机，越攻入吴都。公元前473年，越灭吴。

吴王夫差在胜越后，在黄池（今河南省封丘县）会诸侯，跟晋争霸。越王勾践灭吴后，也北上会诸侯，号称霸主。吴、越北上，表明当时南北地区间联系的加强，但它们的称霸，已是春秋时期争霸的尾声，远不像晋、楚争霸影响之大了。

春秋时代的诸侯国，"邦域"以外还有他们的势力范围。周初号称1800国，到了春秋时代仅余148国，其中比较大的只有齐、晋、楚、秦、鲁、曹、郑、宋、卫、燕、陈、蔡、吴、越14国，最大者则为齐、晋、秦、楚4国。

先讲西周末年，关中地区因受战争、灾荒的破坏，以及当时尖锐、复杂的阶级矛盾，东迁后的王室实力大为削弱。

晋文侯和郑武公帮助平王迁都洛邑，作为左右的卿士，掌握了王室的政治大权。郑武公的儿子庄公，继续作为周室卿士时，竟然打起了"以王命讨不庭"的旗帜，并联合齐、鲁，攻打宋、卫，制服了陈、蔡，打败了北戎，一统了王室的大权。此时，平王欲立虢公为卿士，企图加以牵制。郑庄公不满，而为此埋怨平王。平王缓和之，表示对郑庄公的信任，便和郑国交换太子为质，此为"周郑交质"。平王死后，桓王将使虢公执政，剥夺郑伯的权力，郑伯不满，派祭足率师在夏季麦熟时"取温之麦"（周地，今河南温县），秋季又"取成周之禾"。桓王终于罢了郑伯，郑伯因而不朝，桓王遂率陈、蔡、卫三国之师伐郑，却被郑国打败，"射王中肩"。这一仗不仅打败了王师，更重要的是使周天子的威风扫地，"受天有大命""匍有（敷右）四方"的牌子也被打掉了。这时的周"王室之尊，与诸侯无异"。

周制，规定天子要定期考察诸侯政绩；诸侯定期朝见天子，汇报作为，然后天子要重新宣布诸侯的爵位，这是王权的重要标志。可是，这时的诸侯已不再服从"比年一小聘，三年一大聘，五年一朝"的规定，向王室述职纳贡，相反的倒是天子对诸侯聘问起来。那时，由于周王室失去了进职贡纳的收入，经济上贫困到不得不向诸侯国去"求赙""求车""求金"，所谓"天子不私求财"的尊严也就全无，周王室开始要"饭"了。

春秋初年，晋内乱，楚势力又顾不到中原，洛邑以东的诸侯以宋、卫、齐、鲁、陈、蔡、郑为强。郑国除作周卿士、挟天子令诸侯外，还有在诸侯国中比较好的经济、政治状况，因此拉开了以郑国为首，列国争雄的序幕。

郑、宋相近，又势均力敌，郑在庄公时代，采取了远交齐、鲁，而近攻宋、卫的策略。宋也常常联合卫、陈、蔡，敌对郑，但多为郑所败。郑在几次胜利中，声威大振，齐、鲁两国也就服从了郑，宋归服不久，卫也讲和。于是，郑庄公成了春秋初年的霸主。

正当各国畏服郑的时候，鲁桓公十一年（公元前701年）郑庄公死去，内乱生起，郑因此而衰。庄公的太子忽，是邓国女邓曼所生；庄公又娶宋国雍氏女雍姞，生一个儿子叫突。庄公死后，庄公太子忽即位，是为昭公。然而，雍氏在宋贵族中很有势力，就把祭仲（即祭足）诱骗到宋，逼他立公子突，否则就要杀死他。祭仲为保命，只能依从。公子突回国即位，是为厉公。昭公逃往卫。厉公即位后，宋人逼讨贿赂很急，宋、郑间的关系，日趋恶劣，几乎打拼。当时的鲁从中调停，未果，就约与郑国会盟，在武父，联兵伐宋。第二年，郑又与纪、鲁联合，与宋、齐、卫、燕4国开战，结果4国大败。宋国不服，又联合了齐、蔡、卫、陈伐郑，焚了郑的渠门，直进大街，又侵扰了郑的东郊，夺取了牛首（今河南许远县东北），郑寡不敌众，败北。

郑在败弱之际，内部矛盾再起。郑厉公为祭仲拥立，政事被他把持，厉公由此不满，准备派祭仲的女婿雍纠在郊外设宴时杀死他。雍纠不慎将消息透露给妻子雍姬，雍姬就问母亲说："父与夫孰亲？"其母回答说："人尽夫也，父一而已，胡可比也！"雍姬听罢，便把消息暗示其父，于是雍纠被祭仲杀掉了。

郑厉公见事机已泄，逃往蔡，昭公回国复位。先前被郑所灭的许，也乘机复了国。不久，厉公又引动郑南郊的栎邑（今河南禹县）人民杀其守将檀伯，而占其地，与郑昭公对峙。鲁庄公十四年（公元前680年），在外流亡18年的郑厉公复位时，齐桓公已经上台6年，形势大变，加之内乱一直困扰着郑，无暇外顾。郑庄公所开创的优势，终于丧失了。

齐在如今的山东省，先以营丘（今山东昌乐东南）为都，几世后，迁都至临淄。齐于周武王时受封，太公因"通商工之业，便鱼盐之利，而人民多归齐"，赢得拥戴。齐地，虽位于中原边陲，但由于东边东莱发展的余地广阔，东北临渤海，有鱼盐之利，到了春秋初年，齐在诸侯国中已最为强大。公元前685年，齐襄公死，桓公即位，任用管仲治齐。推行了一系列的改革政策，使齐的社会、经济飞速发展。

管仲就任，面临齐襄公遗留的残局，在内政上首先提出了"叁其国而伍其鄙"，即"三分国都以为三军，五分其鄙以为五属"的制度，即"制国以为二十一乡：工商之乡六，士乡十五"。15个士乡又分为三部分，这叫"叁其国"；把原来的"鄙"划分为五个属，叫作"伍其鄙"；"乡"和"属"的下面又各有四个等级，都分别设官治理，使其"定民之居"和"成民之事"。所谓"定民之居"就是使公社农民都有自己的固定居住地区，不能随便迁徙流动。所谓"成民之事"，就是士、农、工、商"四民者勿使杂处"，"使（士）就闲燕，处工就官府，处商就市井，处农就田野"。只有这样，才能使公社农民各有所务，"少而习焉，其心安焉，不见异物而迁焉，是故其父兄之数，不肃而成，其子弟之学，不劳而能"，才能使他们的子孙"恒为士""恒为工""恒为商""恒为农"。管仲就如此这样，发挥了他的"修旧法，择其善者而业用之"的原则，纠正了因社会的变动而带来的四民流窜无居的问题，新兴生产，保证发展，使公社继而成为一种基层组织，加强了对公社农民的控制和使用。

此外，管仲又采取了"作内政而寄军令"的措施，即15个士乡内每5个士乡为1帅，有10000人，由齐君率5乡为中军，两个上卿各率5乡为左右军，是为三军。同时，把"轨""里""连""乡"的政治组织形式和"伍""小戎""卒""旅"的军事组织形式，统筹划一，加强了国家与常备军的统治，这是军政合一的极好的形式，也为今后的争雄称霸做准备。

管仲在政治上也要齐桓公"修旧法，择其善者而业用之"，为自己突破旧制度，向法治跨出，提供了理论根据。他要"慎用其六柄"（六柄为生、杀、贫、富、贵、贱），不是一味地接受，而是有选择地使用。其"柄"，就是后代法家的很重要的集权观念。"六柄"，约而言之，就是赏罚"二柄"，即生、富、贵是赏；杀、贫、贱是罚，《韩非子》中就有《二柄篇》。"六柄"的强化，也就是君权的强化，开始了君主集权的序幕。

管仲还规定，国中有"慈孝于父母，聪慧（惠）质仁发闻于乡里者"，"有拳勇股肱之力，秀出于众者"，由乡长推荐，试用为官。试用称职的，正式委任为吏。任官称职的，要经过君主当面审核，才能令他协助上卿治理政事。这就是"乡长所进，官长所选，公所訾相"的选拔人才的三选制，这在一定的程度上打破了过去的世卿世禄制，为下层士民进入仕途开创了条件。

在经济方面，当时的井田制度虽然没有解体，还实行着"井田畴均"的生产方式，但已采取了"相地而衰征"的政策，即按土地多少、土质好坏而征收赋税。这是促使生产发展的一项重要措施。对于工商业，管仲在"处工就官府，处商就市井"的同时，还规定"泽立三虞，山立三衡"，把全国的山林河泽统一管理起来，这样就几乎把所有的经济命脉都掌握在国家手中。他还主张"轻重鱼盐之利，以赡贫穷"，或言"通轻重之权，徼山海之业"，以至"通货积财，富国强兵"。此外，他又设轻重九府，采取铸造货币、调剂物价、免除关市之征等措施，使齐国积蓄了雄厚的经济力量，具备了争霸的经济和军事实力。

春秋初年，各国对外政治，大体可以分为华夏对夷狄，诸侯对周天子，诸侯对诸侯三种关系。齐桓公稳定了国内的局势后，便积极开展对外活动。他首先拉拢宋、鲁两国，接着把郑国也争取到自己的一边。这时，戎狄势力很盛，对华夏族的一些小国有极大的威胁。鲁闵公元年（公元前 661 年），狄伐邢（今河北邢台），公元前 660 年，狄又破卫（今河南淇县），卫人连夜弃城而逃，逃过黄河的只剩 730 人。桓公把他们和共邑（今河南辉县）、滕邑的人，集中在卫的曹邑（今河南滑县西南），总共只有 5000 人。齐于是出兵救邢存卫，迁邢于夷仪（今山东聊城），迁卫于楚丘（今河南滑县），这就是《左传》闵公二年所说的"邢迁如归，卫国忘亡"。在狄人伐邢的战争爆发时，管仲极力谏言，明辨华夷，促齐出兵相救。在古代，各族之间的斗争是存亡之大事，而华夏族内的利害冲突，削弱了其对戎狄的抵抗力量。面对这种危机，管仲提出了"同恶相恤"和"诸夏亲昵"的号召，使齐国联合了华夏各国，击退了戎狄的进攻，把一些小国拯救出来，从而提高了齐国在中原的威信。

南方的楚文化，以湖北江汉平原为中心，北到河南南部，东到安徽中部，南达湖南的资兴、郴县一带，其国都，初在丹阳（今河南淅川县）。1978 年到 1979 年，曾在淅川县丹水下寺发现了一批春秋中期的楚国贵族墓葬。在下寺东北不远处有一座长 900 米、宽 400 米的古城——龙城，可能就是楚国的初期都城丹阳。楚文王元年（公元前 689 年）迁都至郢（今湖北江陵县纪南城），其古城遗址比丹阳龙城规模宏大，东西长 9 里，南北宽 7 里，面积达 48 平方千米。楚在周初，本已不弱，休养生息近 400 年，积蓄了雄厚的力量。楚国西部的群蛮、百濮、卢戎都被它征服，淮水流域的舒（在今安徽舒城）、六（在今安徽六安）、蓼（在今安徽霍邱）和舒鸠、舒庸等也都先后为楚所灭。比较强大的徐（在今安徽泗县）也服属了楚。

周朝封于汉水以北的"汉阳诸姬，楚实尽之"。所以，周平王东迁后就于申、吕、许布防，以阻楚北侵。但是，楚文王时，楚灭了申、息、邓诸国，攻入曹国，伐黄和郑，其势力逐渐向黄河流域扩展。这时，由于齐国开始强大，所以一向臣属于楚的江、黄等小国转向齐。楚当然不会善罢甘休，于是连年伐郑，以此对齐施加压力。鲁僖公四年（公元前 656 年），齐桓公率齐、朱、陈、卫、许、曹、鲁等国军队攻伐追随楚国的蔡国，蔡溃败，齐于是伐楚。当时楚也很强，而且不肯向齐示弱。最后，双方结盟于召陵（今河南邱郾城）。齐国这次虽然未能把楚国压服，但还是暂时阻挡了楚国北进的势头。

齐桓公与楚结盟后，楚实际上承认了齐在中原的霸主地位。齐桓公安定了周王室后，为了继续巩固胜利果实，鲁僖公九年（公元前 651 年），在葵丘（在今河南兰考、民权县境）召集鲁、宋、卫、郑、曹等开会，周襄王也派周公宰孔参加，赏赐祭肉给桓公，并且附带一个命令说："以尔自卑劳，实谓尔伯舅无下拜。"管仲此时却说："为君不君，为臣不臣，乱之本也。"君之为君，臣之为臣，如果齐桓公不守礼规，使天子违尊，诸侯也就效尤，也不尊礼，那么桓公的地位也就难以保住了。无怪桓公闻管仲之言后，而惧，结果还是下拜，接受祭肉。桓公尊王，诸侯也尊王，桓公才能"挟天子以令诸侯","诸侯称顺"。这次盟会，使得齐桓公确立了他在中原的霸主地位。

在"南夷与北狄交，中国不绝若线"之际，霸者之出，是一件大事。但是，霸者的本义却不仅止于抵抗北方戎狄和南方的楚国。齐桓公的霸政，主要在于维护过去的邦国制度，防止诸侯国内部矛盾和危机的发生。桓公身死，齐侵鲁，鲁使展喜犒师，答以不恐之故也说："昔周公、太公股肱周室，夹辅成王。成王劳之，而赐之盟曰：'世世子孙，无相害也。'载在盟府，大师职之。桓公是以纠合诸侯而谋其不协，弥缝其阙而匡救其灾，昭旧职也。"桓公纠合诸侯是要继承和发挥诸侯子孙"世世无相害"的传统。只是周成王的盟誓，由于东周以后天子衰弱，这个禁令也只有由诸侯来"壹明"了。《左传》襄公十一年范宣子主盟时所说的"载书曰：凡我同盟，毋蕴年，毋雍利，毋保奸，毋留慝"也是继承了霸政，承袭了齐桓公。

管仲相桓公后，以其本身的才智，应当时的客观条件，以"尊王攘夷"的口号，把黄河中游的诸侯国联合起来，北御戎狄，南制强楚，扭转了"南夷""北狄"交伐中原的危急形势，保卫了比较进步的中原文化。所以，孔子曾赞扬管仲的功绩说："微管仲，吾其被发左衽矣。"

管仲在一定程度上重视社会现实，使他政治保守性强，经济改革精神强，因而管仲的改革具有二重性。管仲是一个过渡性的人物，其法家之倾向，虽受时代限制，但也不失为中国古代史上的一位有作为、有见识的政治家。

齐桓公无嫡子，公元前643年立内宠郑姬子公子昭为太子。但桓公死后，卫国女长卫姬与易牙、阉人貂勾结宫中权势作乱，立公子无亏为君，太子昭逃往宋国，齐霸遂衰。

宋襄公于鲁僖公十八年（公元前642年）联合曹、卫、邾伐齐，送太子昭回国即位，是为齐孝公。战胜齐国后，宋襄公以为自己强大，想借齐、楚威势称霸中原，于鲁僖公二十一年（公元前639年）把齐孝公召来，同他一起与楚国在鹿上（今安徽阜阳市南，或说在今山东巨野县西南）结盟，楚国假意允许了，暗里却布了天罗地网。到了这年秋天再会，宋襄公自矜信义，不带兵赴会，楚、郑、陈、蔡、许、曹等国诸侯约宋襄公到盂地（在今河南睢县），楚国乘机拘捕了他，并且起兵伐宋。

公子目夷从会上逃回，力抵楚军，坚决不降。楚见捉一国君并无用处，遂把宋襄公送给鲁国，鲁僖公乘机出面说情，放他归国。本想趁齐国内乱夺取霸主的宋襄公，结果落得如此下场。

宋襄公并未从此吸取教训。宋襄公在公元前638年伐郑。楚救郑，与宋战于泓水（今河南柘城县北）而胜。宋泓水一战，损失惨重，国势从此一蹶不振，不久，宋襄公因伤而死。宋襄公的霸业，因去良机而败，成了一个历史上的笑柄。

再看晋文公的霸业。宋襄公图霸失败，楚的势力正在骎骎北上，北狄也因宋襄公伐齐而救之，并与齐在邢结盟。楚北上与北狄南下的形势，比齐初年还要险恶，齐既不能再兴，二次尊王攘夷的事业，也就自然落在了晋。

晋受封较早，始封君是周成王弟叔虞，都于唐（今山西翼城县境）。叔虞子燮父时迁都如今的太原晋水边，改国号为晋，就是后来的晋国。它的疆域，居今晋南和汾、浍流域一带，表里山河，"景霍以为城，而汾、河、涑、浍以为渠"，"晋居深山，戎狄之与邻"，四面都是戎狄小国，虽然地大势固，但影响了它与中原的交往。到了西周末年，晋始起强盛，晋文侯曾与郑武公共同辅助平王东迁。公元前745年文侯死，子昭侯立，封文侯弟桓叔成师于曲沃，建立了一个强宗。此后的晋，实际就一分为二了。春秋初年的67年间，内乱从来就没有停息过。直到公元前679年，曲沃武公灭晋而自立，买得周王的册封，终于取代大宗列为正式诸侯，结束了长期的分裂局面，从而统一了起来。

晋武公死，其子诡诸继位，是为献公。由于他参与过其父攻灭大宗的斗争，颇知旁系支庶宗族的危害，就用计策离间桓、庄之族，使他们自相残杀，从此晋国内部消除了威胁君位的力量，专力向外扩张领土。

鲁闵公元年（公元前661年），晋献公始作二军，起兵灭掉耿（在今山西河津市境汾水南）、霍（在今山西霍县）和魏（在今山西芮城县）三国，把耿、魏赐给了赵夙和毕万，这就伏下了后来三家分晋的根苗。次年，命太子申生进攻狄人东山皋落氏。鲁僖公二年（公元前658年）命里克、荀息率军进攻虢国。于是，晋国西到黄河与秦相接，西南到今三门峡一带，扼有桃林塞险关，南到晋豫交界地，东达太行山麓。成了北方的大国，开始参与中原诸侯的会盟。

献公灭掉群宗后，晋国的力量一时集中在公室，加之他整军经武，兼弱攻昧，已经积累了向外争霸的潜能。可惜他晚年沉迷女色，不大振作，又废嫡立庶，酿成内乱，相继在位的是碌碌无为的惠公和怀公。因而，晋国一直处于动荡不安的状态之中。

鲁僖公二十四年（公元前636年），流亡在外19年的公子重耳，在秦的援助下回国即位，为历史上有名的晋文公。他举贤任能，勤理军政，"救乏振滞，匡困资无。轻关易道，通商宽农。懋穑劝分，省用足财"，实行了有利于发展生产的政策。这样就为"政平民阜，财用不匮"、晋国大治打下了开创霸业的基础。

鲁僖公二十三年（公元前637年），周王室发生了王子带之乱，周襄王出居郑国汜地（今河南襄城县境）避难，并派人到秦、晋求援。晋文公君臣认为这是勤王的绝好机会。于是辞掉秦师，出兵杀王子带，护送襄王回国。襄王为了酬谢文公的功劳，赐他阳樊（今河南济原县东南）、温（今河南温县）、原（今河南济原县北）、欑茅（今河南修武县）四邑，"晋于是始起南阳（今河南西北位县、济原一带）"，提高了晋在中原诸侯中的威望。

晋文公即位时，宋襄公已经死去两年，当时不仅鲁、郑、宋等国都屈服于楚，甚至连中衰后的齐国也受到楚国的威胁。晋文公要想称霸中原，首先必须矛头直指楚国。鲁僖公二十七年（公元前633年），楚围宋，宋告急于晋。晋大夫先轸对文公说："极施（指文公出亡过宋时，曾受宋君的厚赠）救患，取威定霸，于是乎在矣。"狐偃也对文公说："楚始得曹而新昏于卫，若伐曹、卫，楚必救之，则齐、宋免矣。"文公听从此言，便把晋国旧有的二军扩充为三军，先去侵伐楚的与国曹、卫，并将侵占的曹、卫之田送给宋，又叫宋赂取齐、秦的救援。楚师子玉遣使至晋，表示愿释宋围，但要晋军同时退出曹、卫。而晋私许曹、卫撤兵，使曹、卫背楚从晋，晋又拘留楚国的来使，以激怒楚，于是，鲁僖公二十八年（公元前632年），晋国联合了秦、齐、宋，出兵车700乘，与楚在城濮（山东范县临濮集）大战。战始时，楚军占优势，晋军为了争取主动，"退三舍"（即去90里处驻扎下来）。但楚军主帅坚持开战，"楚众欲止"士气不甚旺盛。战争中，晋军下军副将胥臣选择楚军力量薄弱的右军陈、蔡两国攻击；晋的中军与上军则集中力量打击楚的下军，因而打败了楚军的左右两翼，取得了胜利。这次战争史称"城濮之战"，是春秋前期最大的一次战争，使楚国在扩张中第一次遭到严重打击，有力地制止了楚的北上。

晋文公打退了狄族，保护了王室；打击了北侵的楚国，再一次缓和了紧张局势。城濮之战以后，诸侯服晋，晋文公就在践土（今河南原阳县西南）同齐、鲁、宋、卫等七国之君结盟曰："皆奖王室，无相害也！有渝此盟，明神殛之，俾队其师，无克祚国，及而玄孙，无有老幼。"这次会盟中，周襄王也被召参加，并册命晋文公为"侯伯"。从此，晋国正式确立了霸主地位。

原来，晋国"僻处山戎，不与诸姬等齿"，春秋以后才不断攻伐戎狄和同姓。晋司马女叔侯云："虞、虢、焦、滑、霍、扬、韩、魏，皆姬姓也，晋是以大。若非侵小，将何所取？武、献以下，兼国多矣，谁得治之？"晋国的霸业，自文公以下，就是在不断摧毁邦国的基础之上建立起来的。公元前635年，晋文公靖王子带之乱，纳周襄王，王赐阳樊、温、原、欑茅之田，表现得最为明白。晋文公接收阳樊时，《国语·周语中》云："阳人不服，晋侯围之。仓葛（韦昭注：阳人也）呼曰：'……今将大泯其宗祊，而蔑杀其民人，宜吾不服也！'""蔑杀其民人"是不承认其人民的"国人"身份，"泯其宗祊"是摧毁其国的统治阶级，将全部征服民降为"野人"，征服地沦为邑。这种作风，大概是晋国的一贯做法，晋献公灭虢平虞取魏以来就是如此，所以阳樊人"不敢服"。因为"阳人有夏商之嗣典，有周室之师旅，樊仲之官守焉。其非官守，则皆王之父兄甥舅也"，他们"谁非王之亲姻"，不是"裔民"。按照过去的礼法，晋国本该维护他们的存在才是，然而文公还是"出其民"，占有其地。由此可见，晋文公以后，虽仍维持霸主盟会的虚表，然而，齐桓公以来的所谓霸主精神已经丧失，只是另一种政治形态出现的前奏，弱肉强食，已为人们公开承认了。公元前541年，晋楚会盟。鲁伐莒，莒人告于会，楚欲戮鲁使，晋国执政赵鞅曰："疆场之邑，一彼一此，何常之有？……自无令王，诸侯逐进，狎（更）主齐盟，其又可壹乎？恤大舍小，足以为盟主，又焉用之？封疆之削，何国蔑有？主齐盟者，谁能辩（治）焉？"这里已经看不到齐桓霸政时的那种精神，而且也不被人们所理会。赵鞅为盟主，正式宣布了会盟共存精神的结束，代之而起的是光天白日下的残杀与征伐，战国时代的兼并战争，即将来临！

再来看看秦穆公称霸西戎。秦姓嬴，原东方部落，周初迁西方，最后达今甘肃天水附近。秦国的始封君非子，地处戎狄之间。周厉王时，犬戎势力强大，便向东扩，周宣王命非子之孙秦仲为大夫，讨伐犬戎，最终战死。

秦仲孙襄公，护送平王东迁有功，平王将岐山以西的土地赐予了秦。以后，秦与戎狄斗争不止，并扩张了土地。襄公的儿子文公，战败犬戎，占据了关中地区，并决定在汧渭水交汇处建都，到宪公时，迁都平阳（今陕西宝鸡市东），德公时迁都于雍（今陕西凤翔县南），实现了秦文公的迁都计划。雍是交通要道，对于秦的发展颇为有利。鲁庄公六年（公元前688年），秦武公向西灭邽、冀戎（在今甘肃天水市附近）。建立了县制，次年灭小虢（在今陕西宝鸡市附近）等地，拥有了八百里秦川。这里有良好的自然条件，有发达的冶铁技术，这一切都为秦进一步的发展提供了雄厚的基础。

德公迁雍以后是宣公（公元前675—前664年）和成公（公元前663—前660年），在这十几年里，秦对戎狄的斗争，没有多大的进展。秦穆公时，积极东扩，加强自己的实力，逐渐强大了起来。

鲁僖公三十二年（公元前628年）晋文公死，太子继位，是为襄公。这时，秦穆公乘机，派孟明视（百里奚子）、西乞术、白乙丙三人带兵侵郑。秦军经过周，到了滑国，遇到去周做买卖的郑国商人弘高和奚施。他们知道，秦国来意不善，弘高一面派奚施向郑君报告消息，一面"以乘韦先，牛十二犒（秦）师"，而且假托郑国君命说："寡君闻吾子将步师出于敝邑，敢犒从者。"郑穆公得到奚施报告，派人去侦探秦驻地，知道确有侵略阴谋，便说："吾子淹久于敝邑，唯是脯资、饩牵竭矣。为吾子之将行也，郑之有原圃，犹秦之有具圃也，吾子取其麋鹿，以间（闲）敝邑，若何？"孟明视得知郑已有准备，"灭滑而还"，但秦军行经殽地（今河南浴宁县西北）时，碰到晋军和姜戎的夹攻，秦全军覆没，主帅孟明视、西乞术、白乙丙等被俘。鲁文公二年（公元前625年）秦伐晋，战于彭衙（今陕西白水县东北），晋将狼瞫率领人马，冲进秦阵，打乱部署，随之掩杀，秦大败而逃。此时，晋人嘲笑道：这是一次"拜赐之师"。又过了一年，秦穆公亲自领兵伐晋，渡过黄河，烧掉乘舟，以表决心，不胜不归。晋见秦欲决死一战，不敢应战。这次战争秦虽然得胜，但是秦力量终究不如晋国，尤其是晋占领了被称为"桃林之塞"的秦之门户（在今河南灵宝市，西接陕西潼关县界，这就是后来秦的函谷关），秦东进的道路被晋所扼，穆公乃用由余向西方戎狄地区发展，遂霸西戎，"兼国十二，开地千里"。秦穆公称霸西戎成功。

楚庄王有北向称霸之意。当时，秦东进，被晋阻止；楚北上，晋却无力阻挡，终使楚庄王称霸中原。

楚穆王死后，子侣立，称为庄王。公元前 613 年，庄王即位，贵族之间的斗争，使他不能坐稳江山，又天灾接连发生，国内经济困难，周围的群蛮、百濮和庸人又都在趁机骚扰，形势十分严重。不久，楚灭庸后，解除了西部的威胁，地盘扩展到今天的湖北西北，与秦接壤。这样一来，即方便了秦楚交往，又使楚有可能将注意力转向北方。

楚庄王，乃雄才大略之人，改革政治，勤于生产，整饬军备，提高战斗力，因而楚庄王虽然连年用兵中原，但国力充足，"民不罢劳，君无怨讟"，"商农工贾，不败其业，而卒乘辑睦"。

鲁宣公三年（公元前 606 年），楚庄王大胆北进，征伐陆浑之戎（河南嵩县），进军到伊洛地带，观兵于周疆。周定王派大夫王孙满前去慰问，而楚庄王却趁机向王孙满询问周王室九鼎的大小轻重。九鼎是王权的象征，楚庄王问鼎轻重，则有恣肆其强横，俨然欲取天子而代之的架势。因此，王孙满用话折服地说："在德不在鼎，德之休明，虽小，重也。其奸回昏乱，虽大，轻也。天祚明德，有所底止。……周德虽衰，天命未改。鼎之轻重，未可问也。"庄王听了王孙满的一席话，虽然强硬，但也知道周王室不可轻视，便班师回国。

公元前 605 年，楚令尹斗越椒，驻军椒野（今河南新野县），阻止庄王回国。庄王求和不成，战于皋浒（今湖北襄樊市西），杀死斗越椒。此举，庄王便知，要图中原必先平定南方。公元前 601 年，群舒皆叛楚国，于是庄王起兵伐灭舒、蓼，画正疆界，一直到了滑水（今安徽合肥市东），与吴越两国结了盟，方才回去。楚在江淮流域的势力渐趋巩固后，便再回头，征伐北方。

鲁宣公十一年（公元前 598 年），楚庄王伐郑，攻到栋地。郑大臣子良说："晋、楚不务德而兵争，与其来者可也。"辰陵盟后，郑又附晋，庄王大怒，起兵围郑，三月而破，郑降于楚。晋闻讯后，便派大兵相救。于是晋楚大战于邲（今河南荥阳北）。此时晋政令不行，将帅不和，晋终于战败逃归。

在晋、楚争霸中，宋跟随晋最紧，这对交通齐鲁和称霸中原不利，因而楚庄王就想找个借口进攻宋。鲁宣公十四年（公元前595年），楚又围宋，达九月之久，宋向晋告急，晋畏楚，不敢出兵。此时，鲁、宋、郑、陈都归服了楚。鲁成公二年（公元前589年），楚庄王虽死，但楚仍在蜀地（今山东泰安西），召集了12诸侯会盟。秦、齐大国都曾到会，可见楚势力之大。楚在春秋时期，先后兼并了12国，疆土最大，所以《国语·楚语上》说："赫赫楚国，而君临之，抚征南海，训及诸夏，其宠大矣。"

晋、楚之争，看来仿佛十分混乱，但其中却有井然之条理，是一种格局的循环，也就是说，晋、楚两强大战，晋胜，附楚的一些小国，便自动或不自动地转为附晋。这一来，楚国不肯甘休，便和这些小国讨账，小国从了楚，晋又不肯罢休，也和这些小国算账。这说明晋、楚都强，不明高低。晋、楚两强终于又来一战，决一雌雄。

晋中衰，一向站在晋一边的齐也逐渐对晋怠慢起来。齐顷公时，一面和楚联结，一面不断对鲁、卫两国用兵。鲁成公二年（公元前589年），鲁、卫由于不堪齐的侵伐，而向晋乞师，晋派大军到靡笄山（今山东历城县附近）下，晋、齐正式宣战，在鞌地（山东济南市西）交锋，齐师战败，使得齐国的地位大为削弱。晋取得重大胜利，又重新增强了霸主地位。

在晋、齐鞌之战中，楚虽然表面中立，实际上是支持齐的。同年，楚侵卫，又攻占鲁的蜀邑。对于楚这样的气势，晋不肯甘心。公元前588年，晋国约集了鲁、宋、卫、曹等伐郑。这时，楚不敢与晋争，晋也不敢与楚战。在这种晋、楚均势的情况下，晋接受了由楚逃来的申公巫臣的建议，南联吴。"吴始伐楚、伐巢、伐徐"，闹得子重、子反在战场上"一岁七奔命"，"蛮夷属于楚者，吴尽取之"，使楚国受到了很大的牵制。

鲁成公十一年（公元前580年），晋厉公立。他很想重整晋之江山。"初立，欲和诸侯，与秦桓公夹河而盟。归而秦倍盟，与翟谋伐晋。三年，使吕相让秦，因与诸侯伐秦。"晋人一向称的齐、秦、狄、楚四强，除楚之外，都为晋所制服。鲁成公十二年（公元前579年），宋执政者华元，因与楚国令尹子重、晋国中军元帅栾书友好，听说晋、楚均有议和之意，便从中促成了历史上所说的第一次弭兵会议。但是，由于晋、楚两国都无诚意，这次弭兵仅使两国矛盾得到了一时的缓和，到鲁成公十六年（公元前 575 年）春，楚首先背约向郑、卫进攻。次年，晋因郑服从于楚而伐郑，郑国求救于楚，楚恭王率军救郑。晋军渡过黄河，与楚军在鄢陵（今河南鄢陵县）相遇，两军大战，楚国败北而归。晋的胜利助长了晋厉公的骄傲情绪。他于鲁成公十七年（公元前 574 年）"欲尽去群大夫，而立其左右"，杀掉了郤至、郤锜、郤犨，想以此加强君权。但是，由于晋国公室弱而卿大夫强的趋势已难扭转，所以第二年厉公反被栾书、中行偃以其党袭捕，"囚之"。厉公被杀后，栾书派人"迎公子周于周来，至绛，刑鸡与大夫盟，而立之，是为悼公"。

晋悼公继位以后，"始命百官，施舍己（免）责（债），逮（惠及）鳏寡，振（起）废滞（免职或长期没有迁升的），匡乏困，救灾患，禁淫慝，薄赋敛，宥罪戾，节器用，时（有一定时限）用民"，因而国基得以稳定；然后又任命一批才能称职、德行称爵的官吏，做到了"举不失职，官不易方（常道），爵不逾德，师不陵正，旅不逼师，民无谤言"，为晋国复霸打下了基础。

晋悼公对待戎族，采取了魏绛的和戎政策，即"戎狄荐居，贵货易土，土可贾焉，一也；边鄙不耸，民狎其野，穑人成功，二也；戎狄事晋，四邻振动，诸侯威怀，三也；以德绥戎，师徒不勤，甲兵不顿，四也；鉴于后羿，而用德度，远至迩安，五也"。也就是用财物去骗取戎族的大片土地，以代替过去的军事杀伐，派魏绛去安抚诸戎，与戎族结盟，从此晋国免除了后顾之忧，便可抽出兵力和楚国争夺郑、宋，争霸中原了。

鄢陵之战以来，郑一直服从于楚。鲁襄公二年（公元前 571 年），晋在虎牢（今河南汜水）筑城以逼郑。由于郑国经不起晋国的压力，"郑人乃成"，又转向于晋。这时，晋、楚俱弱，但因晋略占上风，楚不能与晋对抗，晋悼公才能复霸，但其最大成效也就在于征服了郑而已。此时，由于各国公室业已衰弱，大夫日强，春秋时代的历史逐渐发展到了一个新的阶段，中原争霸至此也就接近尾声矣。

2. 七雄的争斗

公元前 403 年，晋国分成韩、赵、魏三个独立的国家。公元前 386 年，田氏公开夺取了齐国的政权。这四个国家，加上秦、楚，再加上燕，旧史习惯上称作"战国七雄"。七国的地理形势是：楚在南，赵在北，燕在东北，秦在西，齐在东，韩、魏居中。这一时期，各国不再打出"尊周"的旗帜了。周成为很小的国家。春秋时期北方各国跟楚的对抗，转变为七个大国互相对抗的形势。七国间进行着剧烈的战争并各自兼并着四周小国，一直到秦灭了六国。

晋文公称霸后，晋内部的斗争，到了春秋末年，在过去的几十家卿大夫中，只剩下了智氏、范氏、中行氏和韩、赵、魏六家，谓"六卿"。这六家又互相兼并，范氏和中行氏倒下后，只有智伯瑶为首的智氏、韩康子虎为首的韩氏、赵襄子无恤为首的赵氏和魏桓子驹为首的魏氏四家，掌握晋的命运。四卿中赵、智两氏较强。韩、魏两氏为了生存，只有联合起来，在赵、智二氏中做一选择。公元前 455 年，在智伯的胁迫下，韩、魏和他一起攻赵，把赵襄子围在晋阳，决汾水灌城。临到城快要攻破时，韩、魏突然和赵氏勾结起来，捉住了智伯瑶，杀了智氏全族，瓜分了智氏的全部土地。不久，三家又将公室的土地和人民，除曲沃（今山西闻喜县）、绛州（今山西翼城东南）外，都瓜分了。这时的晋，反倒在韩、魏、赵三家之下。公元前 403 年，周威烈王正式加封韩虔为韩侯（即韩景侯）、赵籍为赵侯（即赵烈侯）、魏斯为魏侯（即魏文侯）。韩、赵、魏三国原来是晋的三家大夫，所以又称作三晋。

公元前 386 年，三晋建侯后 17 年，齐国的蜕变也已完成。如前所述，所谓田氏即陈氏（陈、田古音相同，春秋记载用陈，战国记载用田）的始祖，乃是陈国的一个公子，名完，与齐桓公同时。陈公子完避乱奔齐，甚得桓公的宠悦，仕为"工正"。五世后，传到孔子所要讨伐的陈恒。陈恒联合齐国的鲍氏，灭了当时专权的栾、高二氏，并且没收了两家的土地。

陈恒死后，其子陈乞继做齐相，更把齐都邑的大夫尽换了自己的宗人，再传两世到陈和（田和）即田太公。这时正值姜齐的末代国君齐康公即位，他沉湎酒色，不理朝政。公元前391年，田和把康公迁到海边，只留一城之地作为他的食邑。公元前387年，田和与魏武侯在浊泽相会，把自己正式列位诸侯。第二年，田和即被周天子封为齐侯。三家分晋和田氏代齐，表面看来，好像只是统治阶级内部的争权斗争，但是如把它放在当时整个历史环境中来看，这便是春秋战国间，新与旧的封建势力斗争的典型。春秋时代的一百余国，到了战国初年约有十几个国家，其中秦、齐、楚、燕、韩、赵、魏，就是战国"七雄"。

（1）秦国，东到黄河、函谷与三晋为邻；南有巴蜀与楚国相接；西及西北与西戎和匈奴诸部为邻。国土约占有今之陕西关中和甘肃的东南部以及四川、青海、宁夏等部分地区。

（2）魏国，东有淮、颍与齐和宋国相邻；南部有鸿沟与楚国为邻；西及黄河西岸与秦为邻（河西地在公元前328年入秦）；西南与韩为邻；北与赵国为邻。国土约占今之山西南部、河南北部以及陕西、河北的部分地区。

（3）赵国，东有清河（今河北清河西）与齐为邻；南有漳河与魏为界；西有黄河与秦相望；北有燕国以易水为界；西北与匈奴为邻，约占今之山西北部、中部和河北的中部和西南部以及内蒙古自治区的一部分。

（4）韩国，夹在魏与秦、楚之间，四周都是比较强大的国家，约占今之河南中部、西部和山西东南部。

（5）楚国，东到大海，南有苍梧（即湖北南部的九嶷山）与百越为邻；西至巴、黔而与秦为邻；北达中原，与韩、魏、宋、齐相接，约占有今之湖北全省及河南、安徽、湖南、江苏、浙江等省的一部分。

（6）齐国，东濒大海，南有泰山与鲁、宋为邻（后齐灭宋而占有其地）；西有清河与赵为邻；北有渤海与燕为邻，主要占有今之山东北部、河北东南部。

（7）燕国，东有辽东与朝鲜为邻；南和齐国交界；西有云中、九原与赵国相邻；北有东胡、林胡、楼烦诸部，约占有今之河北北部、山西东北部和辽宁、吉林的一部分。

这七雄疆域，是后来的事。在战国初期，疆域应当是九分天下。"七雄"之外，在中原地区还有一些小国，首先需要说到的是"二周"，即"东周"和"西周"。在周考王即位时，封其弟揭于旧王城以继旧周公的地位，就是河南桓公，也就是西周之始；其孙惠公在考王晚年又封其少子班于巩，后来就称在巩的周为东周。此后，王畿就分裂为东周和西周，一直到秦灭西周、东周为止。当时，还有很多少数民族分布在四周，北面和西北有林胡、楼烦、东胡和义渠；南方有百越；西南有巴、蜀，等等。

3. 变法为强大

战国继春秋之后，社会的变化更大。有眼光的政治家觉察到这种变化的动向，要求从政治上推动这种变化，因而采取主动的步骤。这就是战国政治史上的一个课题，即变法运动。在战国初期，魏国有李悝变法，楚国有吴起变法。战国中期，商鞅在秦国的变法有更大的历史影响。

战国初期，魏国很有朝气，是一个强盛的国家。魏文侯是一个有作为的国君。他延揽各地人才，任用李悝变法。李悝用人只问才能，不问身份，看谁对国家有功劳，就给谁禄位。他给农民的收支算了一笔账，指出农民生活上的困难，并提出增加生产的要求。他创行一种调整粮价的办法。在收成好的时候，以平价购进粮食，在收成坏的时候还以平价卖出，以避免粮价过高或过低。这样，生产者和消费者都可以不受粮价波动的影响，而相当安定地生活下去。李悝的这些办法，对于稳定社会秩序，加强国家的权力，促进魏国的富强，都起了一定的作用。

吴起是一个著名的政治家和军事家。他先后在鲁国和魏国打过胜仗，在魏国还有一些政绩，但他在这两国都受到贵族们的排挤和迫害。公元前382年，吴起离魏去楚。楚悼王任他为令尹，制定了新的法令，裁去无用的官职，废除公族中疏远者的特殊待遇，把国家经费节省下来训练战士。他还规定，贵族受封的土地，在三代之后要交还国家。这些改革有利于国家，但受到一些贵族的极端仇恨。公元前381年，悼王死了，贵族们要杀害吴起。吴起逃到悼王尸体附近藏着。贵族们为射死吴起，把悼王尸体也射上了不少箭。楚肃王继位，把射中悼王尸体的贵族，杀了70多家。这对楚国的旧势力是一个很重的打击，对楚国的发展很有好处。

公元前 359 年，商鞅在秦国开始变法。这是战国时期的头等大事，可以说是战国历史进入中期的标志。商鞅是卫国人，姓公孙，商是他的封地地名。商鞅受到秦孝公的信任，实行变法。变法主要内容是奖耕战，明法令，加强国君的统治地位。他改变了过去的土地固定占有制度，鼓励个体农民生产，实行"重农抑商"的政策，规定：土地可以买卖；家里有两个成年男子不分家的，加倍征收他们的赋税；粟帛生产得多的，受到免除徭役的优待；经商及因怠惰而贫穷的，连同妻子儿女没入官府当奴隶。他废除了贵族的传统特权，建立军功爵的制度，规定：军功爵有 20 级，依军功的大小给予爵位及官职，而田宅、臣妾及服装也都各有等级。宗室贵戚中没有立军功的，一律从簿籍中除名。有军功的人得以享有荣誉。没有军功的，即使富有，也不得炫耀。他建立了君主专制的政治制度。他把许多基层单位合并成三四十个县，每县设有令和丞，由国君直接任免。他实行编户制，五家为一伍，十家为一什，使互相监视纠举。知道犯法情况而不告发的，腰斩；告发的，跟杀敌同样受赏。藏匿犯人的，跟降敌同样受罚。他还做出统一度量衡的规定。

商鞅的变法措施，遭到很多人的反对。太子驷也犯了法，商鞅说，变法的阻力来自上面，应当制裁太子。但太子是国君的继承人，不可施刑。他惩治了太子的两个老师。对其他破坏变法的人，他也都做了处置。新法推行后效果很好，但也像吴起一样，商鞅招致了很大的仇恨。公元前 338 年，秦孝公死，一些仇恨变法的人诬陷商鞅造反，把商鞅和他的家族都杀害了。

商鞅变法，历时 20 多年，大大加强了秦的国力，使秦成为各国畏忌的富强国家。为秦的帝业开辟了道路。

随着土地私有制的出现，阶级关系的变动，相伴的上层建筑，也势必相互反映。战国初年，各国的变法举动，正在顺应着当时的经济基础的变化，出现了政治的改革。

（1）李悝的魏国变法

《汉书·地理志下》说，魏国的"河东土地平易，有盐铁之饶"，其"俗刚强，多豪杰侵夺，薄恩礼，好生分"。宗法制度下的经济基础，在于宗法贵族对于土地所有权的掌有，"盐铁之饶"是井田制度破坏后的经济活动，在土地私有出现后，才能有"侵夺"和"分"，所以"多豪杰侵夺"和"好生分"，则表示了魏国土地私有制的形成。"恩礼"是贵族社会的伦理规范，"薄恩礼"正是宗法制度薄弱的现象。《韩非子·饰邪》曰，在这样的历史条件下，战国初年"当魏之方明立辟，从宪令（行）之时，有攻者必赏，有罪者必诛，强匡天下，威行四邻"。

公元前445年，魏文侯即位，用人唯贤，先后起用魏成子、翟璜、李悝为相，乐羊为将，吴起为西河郡守，受他尊重的还有卜子夏、田子方、段干木等人。战国时期的招贤养士之风就是魏文侯开始的，这用士参政的做法，标志着废弃了"任人唯亲"的世卿制度，由"任人唯贤"的官僚制度代替。魏之所以能"强匡天下，威行四邻"，正是李悝所倡导的"务尽地力"和"撰次诸国法，著法经"做法的结果。李悝的"务尽地力"，一是重新划分土地，正式承认土地私有，发展农业生产，从而巩固地主阶级政权的经济基础。他指出：在百里见方的范围内，有九万顷土地，"除山泽邑居，叁分去一"，还有"六百万亩"。农民"治田勤谨，则亩益三升（斗）；不勤，则损亦如之"。这一进一出，就要相差"粟百八十万石"。土地私有，有力地刺激了生产的积极性，造成了兼并。正如《史记·平淮书》中所言："魏用李克，尽地力为强君。自是之后，天下争于战国，贵诈力而贱仁义，先富有而后推让。故庶人之富或累巨万，而贫者或不厌糟糠；有国强者或并群小以臣诸侯，而弱国或绝祀而灭世。"土地私有的出现，也造成了贫富不均的情形。这主要是商品货币关系的发展，商人对粮食操纵的必然结果。商人贱价向农民买入，高价卖给市民，造成了"籴甚贵伤民，甚贱伤农；民伤则离散，农伤则国贫"。由于农伤，所以农夫"常困"而"有不劝耕之心"。为此，李悝又实行了"平籴法"，这个政策，除了鼓励生产和保障农民的基本利益外，其政治意义在于经济上的国君集权。"仁义"和"推让"是宗法制度的道德观念，而李悝的经济政策的实施，就有力地打击了宗法的道德观念，司马迁言："贵诈力而贱仁义，先富有而后推让。"

李悝的《法经》，今虽不传，但从《晋书·刑法志》中可以得知其内容分为《盗法》《贼法》《囚法》《捕法》《杂法》和《具法》六篇。李悝"以为王者之政，莫急于盗贼"，因而把惩罚"盗""贼"作为封建统治的首要任务，把《盗法》《贼法》列为《法经》之首。李悝认为："盗贼须劲捕，故著《囚》《捕》二篇。"《杂法》包括惩罚"轻狡、越城、博戏、借假、不廉、淫侈、逾制"等多种违法行为的条文，规定了对于淫乱、赌博、盗窃官府印信、贪污贿赂以及僭越逾制和议论政府法令等的惩治办法。《具法》"以其律具其加减"，就是根据不同情况，对于犯法者加重或减刑的规定。李悝的《法经》内容中虽然也有针对统治阶级内部的条文，但其主要部分在于镇压和防止农民的反抗斗争。这是一部加强地主阶级专政的法典。这部《法经》"商君受之以相秦"；"汉相萧何，更加悝所造……谓九章之律"；"魏因汉律，为一十八篇"，"晋命贾充等，增损汉魏律，为二十篇"；"宋、齐、梁及后魏，因而不改，爰至北齐……隋因北齐……唐因于隋，相承不改"。由此可见，李悝的《法经》不但为后世法家提供了法典依据，而且对后来的中国有着深远的影响。此外，李悝还主张废除旧的世卿世禄制，改为按功劳大小分别授予职位和爵位，这有利于新兴地主阶级的利益。

在军事上，李悝起用吴起，严格挑选兵士，"以武卒奋（奋，兴起。）"。这种"武卒"，"衣三属之甲、操十二石之弩；负矢五十个，置戈其上，赢三日之粮，日中而趋百里。中试则复其户，利其田宅"。春秋时代，本无常备兵，至吴起设置后，需"中试"，并且有一定的待遇为"复其户，利其田宅"，就使当时的战斗力有了提高，魏在战国初年就成了最为富强的国家。

（2）吴起在楚国的变法

吴起，卫国左氏（山东定陶西）人，"曾学于曾子，事鲁君"。他是当时著名兵家，有兵书传后。《韩非子·五蠹》说："藏孙、吴之书者家有之"，便是其证。鲁是儒家思想最盛的国家，吴起因受谗去鲁。由鲁至魏，时魏君文侯，吴起曾为魏国将兵，大败秦师，后任西河守，抵御秦、韩，甚为得力。他"与士卒最下者同衣食，卧不设席，行不骑乘，亲裹赢粮，与士卒分劳苦"，因此大得军心。魏文侯死，武侯立，在"世变主少，群臣相疑，黔首不定"的情况下，吴起又由魏入楚。在楚，吴起被任为"宛守"，防御魏、韩。

楚是个"蛮夷"国家，地广而有"川泽山林之饶"，商业不发达，所以"亦亡千金之家"。可知楚受宗法影响较少，且无商人势力。到了战国中叶，楚的"大臣太重，封君太众"，他们"上逼主""下虐民"，

134

以致"贫国弱兵"。公元前404年和公元前391年，楚曾两次受到三晋的进攻，吃了败仗。第二次由于向秦送了厚礼，才在秦的帮助下讲和。楚悼王在这种内外交困的情况下，便任用吴起做令尹，主持变法。

吴起变法的主要内容是：限制旧贵族，改变世袭的分封制，"废公族疏远者"。吴起主张对封君的子孙"三世而收爵禄"，减削官吏的禄序，精减裁汰"无能""无用"和"不急之官"。根据楚国地广人稀的特点，他认为多余者是土地，不足的是人民，而过去旧贵族把人民集中到地少人多的地区的做法，应该加以纠正，因而下令"贵人往实广虚之地"。这就有力地打击了旧贵族的势力，也有利于开发荒地。

吴起为了整顿楚官场歪风，还提出了"使私不害公、谗不蔽忠、言不取苟合、行不取苟容、行义不顾毁誉""塞私门之请、一楚国之俗"和"破横散从（纵），使驰说之士，无所开其口"的主张，要求大家能够为"公"而忘"私"，"行义"而不计毁誉，一心为地主政权效力。

吴起的改革造成了深远的影响。安徽寿县1958年发现的《鄂君启节》是楚怀王时封君鄂君启的通行证，上面记载对封君的各种限制，如车船的大小、载重、行程等等，这应该是吴起变法的直接结果。这时的楚，在诸侯中逐渐强盛起来，"南平百越，北并陈、蔡，却三晋，西伐秦"，成了南方的一个强国。

吴起的变法，曾遭到旧贵族的坚决反对，变法进行仅一年，悼王死，旧贵族就在悼王丧所迫不及待地攻杀吴起。楚肃王即位后，按照楚国法律，"丽兵于王尸者，尽加重罪，逮三族"，结果"坐射起而夷宗死者七十余家"，旧贵族的势力遭到了很大的削弱。

（3）齐国邹忌的改革

公元前357年齐威王即位，虽然已离田和正式列为齐侯30年，但是齐国仍处于内忧外患的境地。不久，邹忌就"以鼓琴见威王"，用"鼓琴"的节奏，来说明"治国家而饵（安定）人民"的道理。齐威王曰："善。"三个月后就授给他"相印"。

邹忌为相后，对于国君，"请谨毋离前""请谨事左右"；对于人民，"请谨自附于万民"；对于臣下，"请谨择君子，毋杂小人其间""请谨修法律而督奸吏"，执行了顺从国君行事，选择"君子"担任官吏而防止"小人"混杂，修订法律，而监督清除奸吏的法家政策。

邹忌推荐人才给齐威王，威王把他们都视为"宝"。齐威王二十四年，齐威王与魏惠王一起在郊外打猎时，魏惠王夸耀自己有"径寸之珠"十枚，可"照车前后各十二乘"，所以是"宝"。但是，齐威王则说他的"宝"与魏惠王的宝不同，是几个得力的大臣，他们是"守南城，则楚人不敢为寇东取"的檀子，"守高唐，则赵人不敢东渔于河"的肦子，"守徐州，则燕人祭北门，赵人祭西门"的黔夫，"使备盗贼，则道不拾遗"的种首，他们"将以照千里，岂特十二乘哉"！这都是邹忌推行法家"谨择君子"政策的结果。

齐威王时，为了整顿吏治，曾经奖励了治下"田野群，民人给，官无留事，东方以宁"的即墨大夫，惩办了治下"田野不辟，民贫苦"，却贿赂国王左右，使誉言日闻的东阿大夫和欺骗国君的官吏，使齐国"人人不敢饰非，务尽其诚，齐国大治"。这又是邹忌推行法家"谨修法律而督奸吏"政策的具体实施。同时，又由于邹忌的进说，齐威王奖励群臣吏民进谏："能面刺寡人之过者，受上赏；上书谏寡人者，受中赏；能谤议于市朝，闻寡人之耳者，受下赏。"据载，"令初下，群臣进谏，门庭若市"，数月之后，还有人进谏，一年之后，"虽欲言无可进者"。这段记载，难免有夸大之处，但其提倡臣下进谏的做法，对于地主阶级的政治改革是有好处的。

齐威王时又用军事家孙膑改革军事，鼓励人民习武，规定在战争中"得一首者，则赐赎锱金"，加强了军事力量。

由于齐威王进行了改革变法，实行君主集权和法治，齐国也逐渐强大起来。公元前353年，首先于桂陵败魏国；公元前343年，又大败魏国于马陵，"于是齐最强于诸侯，自称为王，以令天下"。

（4）申不害的韩国改革

战国初期，韩国曾经进行过政治改革，但是改革不够彻底，《韩非子·定法》曰："晋之故法未息，而韩之新法又生；先君之令未收，而后君之令又下。"这反而造成了政治上的混乱。大约在公元前354年，韩昭侯用申不害为相，"内修政教，外应诸侯"，实行了进一步的改革。

有关申不害的生平事迹，记载不多，司马迁在《老子韩非列传》中也只有69个字的叙述。但他改革的后在影响，应该是十分可观的。

申不害，原是京（今河南荥阳南）人，出身微贱，韩昭侯时为韩相，

15 年而卒。他是个讲究"术"的法家，其理论"本于黄老而主刑名"，可能是从黄老学派发展起来的。司马迁说，申不害"著书二篇，号曰《申子》"（《史记·老子韩非列传》），而《汉书·艺文志》著录《申子》六篇，已亡佚。现在我们所能看到的只有别人引用的零章断句，比较完整的有魏徵《群书治要》卷三十六所引的《大体篇》。申不害言"术"，也讲"法"，如云："法者，见功而与赏，因能而受官"，主张"明法正义"，"任法而不任智"。《韩非子·定法》中又说："晋之故法未息，而韩之新法又生"，生"法"者固然是韩昭侯，但相昭侯生"法"者，却不能不说是申不害。只是"申不害不擅其法"，使得"故新（指法）相反，前后（指令）相悖"（《韩非子·定法》）而已。申不害所说的"法"用今天的话说，就是法治的意思；所谓"术"，则是一种用以贯彻执行"法"的手段和方式。他在韩国曾努力把"法"的思想付诸实施，作为他治理韩国的准则，把"术"用到韩国推行政治改革、贯彻法治的实践中去。

申不害认为：君主治国，务要集权，主张"明君使其臣并进辐辏"，不允许"一臣专君，群臣皆蔽"，要防止大臣"蔽君之明，塞君之听，夺之政而专其令"，以致"弑君而取国"。因此，他主张要做到"君设其本，臣操其末；君治其要，臣行其详；君操其柄，臣事其常"。

申不害在主张君主"设其本""治其要""操其柄"时，特别强调"术"。他所说的"术"，就是韩非所说的"因任而授官，循名而责实。操杀生之柄，课群臣之能也"，主要是指任用、监督和考核臣下的方法。申不害主张"为人臣（君）者，操契以责其名"，即君主委任官吏，要考察他们是否名副其实。怎样才能真正做到"循名而责实"呢？在他看来，就是要靠"术"这个手段，也就是韩非所说的"'术'者，藏之于胸中，以偶众端，而潜御群臣者也。故法莫如显，而术不欲见"。申不害主张要"去听""去视""去智"（《吕氏春秋·任数》），就是装着不听、不看、不知，实际上却可以听到一切、看到一切、知道一切，这就可以做到"独视""独听"和"独断"。所以申不害说："独视者谓明，独听者谓聪。能独断者，故可以为天下主。"

为了更好地驾驭臣下，考核臣下，申不害还主张国君要"无为而治"，就是要"藏于无事"，"示天下无为"（《申子·大体》）。他要国君平时不要让臣下看出自己的欲望和弱点，使臣下猜不透国君的企图，臣下也就不可能投国君之所好而弄虚作假，从而臣下就只好去尽力做好分内事，不能越职乱来。申不害所说的"治不逾官，虽知弗言"的目的，就是防止臣下篡夺国君的大权。申不害讲究的统治之"术"，虽然使国君可以驾驭臣下，但是大臣也可以用来争权夺利，所以"申不害虽十使昭侯用术，而奸臣犹有所谲其辞矣"。司马迁说："终申子之身，国治兵强，无侵韩者。"但是申不害的变法效果，远不如魏、齐、秦等国，无怪乎韩国在三晋中，以至于战国七雄中，始终处于弱下的地位。

（5）秦国的商鞅变法

商鞅，姬姓，是卫国的公族，故又称卫鞅或公孙鞅。鞅在秦时，受到秦孝公的信任，受封商邑，因称商鞅。生年不确考，死于公元前338年。商鞅是李悝的学生。商鞅年轻时爱好刑名之学，先到魏国，为魏相公叔痤家臣。公叔痤临死前，推荐商鞅给魏惠王，并要他重用商鞅为相。公叔痤还说，如果不用商鞅，就把他杀掉，不能让他离开魏国。魏惠王则以为公叔痤病重，在说胡话，因而就没有理会此事。

秦是一个文化比较落后的西方部落，曾"破西戎，有其地"，周幽王时，为犬戎所败。平王东迁，秦国"救周有功，赐受郏、丰之地，列为诸侯"。其民"好稼穑、务本业"，"号称陆海，为九州膏腴"。其地"迫近戎狄，修习战备，高上气力，以射猎为先"。可见，秦是一个受封历史较短，没有多大宗法势力的农战之国。公元前362年，秦献公死，秦孝公即位。他愤于"诸侯卑秦，丑莫大焉"，遂下令"有能出奇计强秦者，吾且尊官，与之分土"，卫鞅就在此时进入秦国。

商鞅到了秦国以后，先住在孝公的宠臣景监家里。他前两次见到孝公，劝孝公学尧舜禹汤的仁义，行所谓帝王之道。孝公听得直打瞌睡。事后，孝公对景监说："你的客人太迂腐了。"商鞅从景监那里得知了孝公对他不满意，便要求孝公作第三次的接见。这一次，商鞅大谈富国图霸的道理。秦孝公被打动了，越听越爱听。孝公又对景监说："你的客人果然是个人才。"孝公和商鞅谈了好几天，便决定重用商鞅，准备实行变法。变法绝不是一件简单的事，在秦的群臣中引起了很大的争论。通过这场论争，以杜挚、甘龙为代表的因循守旧的势力失败了，商鞅说服了孝公，使孝公坚定了变法的决心。

公元前356年，秦孝公任命商鞅为左庶长，实行了第一次变法。变法的主要内容如下：

<1> 编制民户，加强刑赏。

以五家为一伍，十家为一什。什伍各家，互相纠察。一家作奸犯法，别家必须告发。隐瞒不告发，就要同罪连坐。新法规定，不告发奸人的，腰斩。告发奸人的，跟斩得敌人首级同赏。藏匿奸人的，跟投降敌人同罪。新法还规定，旅客必须有凭证才能留宿客舍。收留没有凭证的旅客，客舍主人要问罪。

商鞅主张对轻罪用重刑。他认为这样可以迫使民众轻罪不敢犯，重罪就更不敢犯了。商鞅为了保护私有的耕作牛马，对盗窃牛马的人判处死刑；为了统一度量衡，规定"步过六尺者有罚"。商鞅对轻罪用重刑，目的在于贯彻他制定的法令，把民众的反抗斗争镇压下去。

<2> 鼓励小农生产，崇本抑末。

新法规定，凡是一家有两个以上的成年男子就必须分家，各立户头。否则要加倍出赋税。努力搞好生产，粮食和布帛生产多的，可以免除劳役。从事末利，游手好闲而贫穷了的，把全家罚做官奴隶。商鞅如此奖励一家一户男耕女织的生产方式，有利于封建生产力、封建生产关系的发展。这种以一家一户为单位的小农经济，是封建政治的经济基础。

《商君书·垦令》一连列举20条鼓励垦荒的措施，其中有不少抑商的政策。例如规定商人必须向官府登记各种奴隶（厮、舆、徒、童）的名字和数目，以便官府摊派徭役；还规定提高市上酒肉税额，要让税额比成本高10倍；更规定加重关卡和市场上的商品税，不准私自贩卖粮食，牟取暴利。还主张"一山泽"，由国家统一管理山泽之利。所有这些抑商政策，目的在于防止商人损害、破坏小农经济，扶助小农经济的成长。

为了新法在民众中贯彻执行，商鞅还采取了相应的措施。据说，他在国都的南门外立了根三丈长的木头，并宣布：如有人将木头搬到北门，就赏钱十金。老百姓都很奇怪，没有人去搬动木头。后来又宣布增加赏钱到五十金。有个人就将木头搬到了北门。商鞅也就赏钱五十金给这个搬木头的人。通过这件事，商鞅向人们表明他说话算数，新法是有权威性的。此后，商鞅就把新法公布了出来，大家便去执行。

<3> 奖励军功，按军功重新规定给予名位的标准。

立军功的人，按功劳大小得君上爵赏；私斗的人，按犯罪轻重受刑

罚。奖励军功的具体办法是：凡在战争中，斩得敌人一个首级的，赏给爵位一级；要做官的，委任五十石俸禄的官。斩得敌人两个首级的，赏给爵位两级；要做官的，委任一百石俸禄的官。官爵的提升是跟斩首敌人首级的军功挂钩相称的。没有军功的宗室子弟，一律废除他们的名位，按军功重新规定尊卑爵秩的等级。有军功的人可以享受军功爵的待遇，可以享受荣誉。

由于秦国变法初步成功和在对外战争中不断取得胜利，公元前352年，商鞅以功升为大良造，这是相当于中原各国的相国兼将军的官职。

公元前350年，商鞅进行了第二次变法。这次变法进一步从经济和政治上进行变革，目的在于进一步谋求富国强兵。主要有下列5点：

〈1〉废除井田制，"开阡陌封疆"。

《史记·商君列传》说商鞅"为田开阡陌封疆而赋税平"。"开"就是开拓的意思。《战国策·秦策三》载蔡泽的话说：商君"决裂阡陌，教民耕战"。"决裂"的目的是废除井田制，董仲舒曾指出：商鞅"改帝王之制，除井田，民得买卖"。商鞅这次对土地制度的改革，一方面用法令形式废除了井田制，就是所谓"坏井田，开阡陌"；另一方面重新设置了新的阡陌封疆，用法令形式保护了封建土地所有制，所以后世人说商鞅"灭庐井而置阡陌"。《秦律》严禁对土地权的侵犯。云梦秦简《法律问答》有一条律文："盗徙封，赎耐。"就是把私自移动田界看作"盗"的行为，要判处耐刑（剃去鬓发），但允许出钱赎罪。接着又对律文解释说："何知为封？封即田阡陌，顷畔封也，是非而盗徙之，赎耐。何重也？是不重。"说明田界不准"盗徙之"，这是对土地权的侵犯，应该判处耐刑，并认为这种刑罚"不重"。

〈2〉推行县制。

把许多乡、邑、聚（村落）合并为县，建置了41县，设县令、县丞等官，还设有县尉。县令是县之长，县丞掌管民政，县尉掌管军事。公元前349年，"初为县，有秩史"，就是在县官之下，开始设置有定额俸禄的小吏。县制的普遍推行，是为了把全国政权、兵权集中到朝廷，建立君主专制的、统一的封建政治体制，以便于巩固封建统治，发展地主经济。

〈3〉迁都咸阳，修建宫殿。

这时秦国为了争取中原，图谋向东发展势力，把国都从雍迁到咸阳。

咸阳位于秦国的中心地点，靠近渭河，附近物产丰富，交通便利。而旧都雍，旧贵族的势力较大，不利于变法的开展。同时仿效中原各国国都的规模，修建冀阙（古时宫廷门外的一种高建筑，用以悬示教令）与宫殿。

〈4〉统一度量衡，"平斗桶（斛）、权衡、丈尺"。

这对秦国统一赋税制、俸禄制度，都有一定作用。传世有已颁布的商鞅方升（现藏上海博物馆）。这件珍贵的文物，应是商鞅为统一度量衡而作的标准量器。

〈5〉革除残留的戎狄风俗，禁止父子兄弟同室居住。

秦国的西南和西北都是少数族，秦国统一了他们的地区，因而在秦国戎狄风俗较多。商鞅依照中原的风尚、习俗，革除残留的戎狄风俗，这对秦国的富强是有好处的。

公元前340年，商鞅计擒魏将公子卬，大破魏军，迫使魏国交还一部分过去夺去的西河地。商鞅由于这个大功，受封于商（今陕西省商县南）15个邑，号为商君。

商鞅的新法虽得秦国民众的欢迎，却严重地触犯了旧贵族的利益，遭到旧贵族的顽强反抗。新法推行不久，就有数以千计的旧贵族涌进国都，都说新法不好。以太子的师傅公子虔、公孙贾为首的一批旧贵族，也出来捣乱并唆使太子犯法。商鞅对秦孝公说：国家的法令，人人都得遵守。新法推行受到了阻碍，主要是上面的人不遵守。现在太子犯了法，也得依法惩办。由于太子是国君的继承人，不便用刑罚，太子的老师可得担当他的罪名。于是就把太子的老师们判了罪，在公孙贾的脸上刺了花（黥刑）。但是旧贵族不仅没有死心，反而随着变法的深入，斗争日益复杂尖锐。当新法推行已有了明显效果时，那些起初说法令不便的人，又说法令便于执行了。商鞅说：这些人都是"乱化之民"，把他们都流徙到边城去，从此就没有人再敢公开议论法令。

第二次新法公布后，旧贵族再次出来捣乱，商鞅把为首的祝懽杀掉，把屡教不改的公子虔的鼻子割掉（劓刑）。旧贵族企图暗害商鞅。商鞅在出门的时候多带卫士严加戒备。当时有一个游士，名叫赵良，来对商鞅说："秦国人对你恨透了，你的寿命如同早晨的露水一样，长不了。你不如把封邑还给国君，隐居到偏僻的地方去种庄稼"。又说："你不要仰仗着国君为你撑腰。国君一旦死去，秦国会重重地收拾你，你的灭亡，跷着脚就可以等到。"商鞅没有被吓倒，仍然坚持变法。

公元前 338 年，就在赵良劝告商鞅过后的第 5 个月，秦孝公死去。曾经犯过法的太子驷继位，这就是秦惠文王。旧贵族见报复的时机已到，便对秦惠文王说："秦国的妇女孩子都只知道商鞅的法，商鞅的威望比秦国国君高，这是很危险的事；而且商鞅本来是君的仇雠，还不赶快收拾他？"秦惠文王在旧贵族的煽动下，派官吏去逮捕商鞅。商鞅闻讯逃走，找到旅店住宿。旅店主人不知道他是商鞅，拒绝说：商君定下的法律，留住没有凭证的旅客要受连坐的罪。商鞅不得已，企图逃往魏国，魏拒绝了他。商鞅只得回到封邑，打算用武装反抗，但变法后的秦国军队是强大的，战斗的结果，商鞅被杀，尸体遭到了最残酷的刑罚，被车裂。并且全家都被屠杀。

商鞅虽然被杀害了，但是他的新法还在秦国施行，并对秦国的富强继续起着积极的作用；他的变法成果仍然延续不变，终于使秦走上日益强大的道路。《秦律》，就是在这个变法基础上修订补充而成的，就商鞅"统一度量衡时定下的标准"而言，直到 120 多年后的秦始皇还在继续用着。这一切，正如王充所说："商鞅相孝公，为秦开帝业。"即奠定了其后秦统一六国的基础。商鞅的变法产生了巨大的历史作用，自此法家思想就一直是占统治地位的政治思想。

4. 兼并欲统一

在秦开始变法的第三年，齐国的威王即位。他整顿吏治，奖励那些能够垦辟田野，使人民富足的官吏，而惩处那些不能推动生产，使人民贫困，还要行贿、欺君的人。他又任用邹忌为相，任用军事家孙膑改革军事，提升了齐国政治上、军事上的地位。

由于秦、齐两国的强盛，在战国初期有很大优势的魏，现在处于秦、齐夹攻的局面下，逐渐削弱。公元前 354 年，魏攻赵。次年，齐派兵救赵。齐军在孙膑的筹划下，袭击魏大梁（今河南省开封市），迫使魏军回救，而在中途拦腰截击，大败魏军于桂陵（今河南省长垣县西）。这是中国战史上有名的"围魏救赵"的战役。公元前342年，魏攻韩，齐派兵救韩。孙膑诱敌轻进，在马陵（今河北省大名县东南）大败魏军，俘虏了太子申。魏主将庞涓自杀。秦在商鞅变法的过程中就不断向魏进攻。公元前352年，攻破魏的安邑（今山西省夏县）。公元前340年，商鞅亲自领兵攻魏，俘虏魏国大将公子卬。此后秦军屡次东进，魏被迫割阴晋（今陕西省华阴市）给秦，这地方是秦军东出的孔道。魏又陆续尽献河西地，使秦占据了黄河天险。

齐、秦跟魏的斗争，削弱了魏，并为秦打开了东向发展的门户。秦又西败义渠戎，南灭蜀，增强了力量。秦的强盛，使六国害怕起来，便有人倡议"合纵"。合纵，是从燕到楚，南北连成一条纵线，组成反秦联盟。事实上，六国矛盾很大，纵约极不稳固，后来被秦的"连横"拆散。连横，是利用东方六国的矛盾，使它们分别靠拢西方的秦，连成一条横线，攻击他国。齐、楚曾经有合纵之约。秦破坏了两国纵约，又连续发兵攻楚，使楚屡次丧军失地。公元前299年，楚怀王跟秦会盟，被挟至咸阳，死于秦，楚便衰弱下来。

秦、楚战争期间，赵和齐、燕的情况也有很大变化。赵武灵王在公元前307年实行军事改革，建立了强大骑兵，并改用胡服，以利骑射。齐在公元前314年，乘燕国内乱，攻破燕的都城，杀燕王哙，并在燕国驻兵。后来燕昭王于公元前284年，派大将乐毅攻齐。5年之间，攻下齐70多城，只剩下两城在齐人手里。公元前279年，燕昭王死，嗣王猜忌乐毅，以骑劫代替乐毅。齐守将田单乘机向燕反攻，大破燕军，杀死骑劫，收复了失地。齐燕间的战争，首尾35年，大大消耗了两国实力，削弱了东方各国抗秦的力量。在两国战争的后期，秦连续大举攻楚，占有楚地大半。公元前278年，秦攻破楚的郢都。此后，战国历史就进入晚期，成为秦独力收拾分裂局面的时期。

战国晚期，秦先集中力量进攻韩、赵、魏。公元前260年，秦、赵有长平（今山西省高平市）之战。在这一战役中，秦先用反间计，使赵国起用只会纸上谈兵的赵括，代替有经验的老将廉颇作主将。秦的大将白起用诱敌深入、分割包围、切断赵军后路等办法，使赵军腹背受敌，无法冲出重围。结果，赵括被打死，赵国损失了军队40多万。

在军事攻势之外，秦又用远交近攻的政策和收买暗杀等办法，加速自己的胜利。公元前246年秦王嬴政立，这就是后来的秦始皇。公元前230年，秦首先灭韩。此后9年之间，先后灭了赵、魏、楚、燕、齐。齐国的贵族们接受秦国的黄金最多，它是在完全不抵抗的状态下投降的，这是公元前221年的事。

战国时期，国势强盛、互相雄长，也只有秦、楚、齐、魏、韩、赵、燕七国，史称"战国（指有力作战的国家）七雄"。这时的七个强国，都想通过战争吞并其他国家，为此，七雄进行着激烈而决定生死存亡的战争。

战国初的60年间，魏国气盛，在它周边的秦、齐、韩、楚、赵，没有不被侵扰的。各国称王后，周王室的余威完全消灭。此时的秦国，既已"出柙"，六国的外交政策，即所谓"合从（纵）"和"连衡（横）"，或简称"从""衡"。自魏衰后，六国中与秦相埒，力量足够的也唯有楚和齐。如果这两国再倒坍，秦统一天下便可注定。秦在战国中期的合纵连横变化中，逐渐强大起来。到了秦孝文王、秦庄襄王时，秦的统一已是大势所趋，水到渠成，最后便是秦始皇吞并六国了。

5. 魏、齐争霸与"会徐州相王"

魏国李悝变法后，开始强盛起来了。文侯、武侯两世，魏灭中山国，东面屡败齐人。西面侵入秦之河西，派李悝、吴起守西河、上郡，一再挫败秦的进攻。到武侯子惠王时，实行改革，更加强盛。公元前361年，惠王从安邑（今山西夏县）迁都大梁（今河南开封市），从此更加紧了对宋、卫、韩、赵等国的进攻。

魏强大的同时，齐有改革，秦有商鞅变法，齐、秦也都强大起来了。

公元前354年，赵夺去了魏的附庸卫国，魏就起兵伐赵，率宋、卫联军围攻赵都邯郸，次年破之。于是，赵向齐求救，齐威王派田忌为将，孙膑为师，前往救援。孙膑认为魏的精锐部队在赵，内部空虚，乃"引兵疾走大梁"，魏军回救本国，齐军乘虚，一举拿下，在桂陵（今河南长垣西南）取得大胜。但在公元前352年，魏惠王调用了韩军，联合打败了齐、宋、卫的联军，齐不得已向魏求和。次年，魏便迫使赵在漳水之上结盟，并把邯郸归还赵，魏在东线取得了胜利。

此时秦国正在图强，公元前354年曾大败魏军于元里，攻取了河西的少梁；公元前352年又攻入魏的河东，一度攻取了安邑；次年又包围固阳，迫使归降。后来，魏和齐、赵先后结盟讲和。到公元前350年，魏又回头向秦反攻，曾围攻上郡的定阳（今陕西延安市东），结果秦孝公在彤（今陕西华县西南）与魏惠王相会修好，因而魏在西线也取得了胜利。

此时的魏国，也很强盛，但他的力量还是敌一国有余，而敌天下不足。在公元前344年，魏自称为王，"广公宫，制丹服，旌建九斿，以七星之旗"，"乘夏车，称夏王"，俨然摆出天子的场面来。同时，魏惠王还有心去做盟会中的霸主，于是在公元前344年召集逢泽（今河南开封市南）之会。邀了宋、卫、邹、鲁等国国君和秦公子少官参加会盟，并同去朝见周天子。逢泽之会可以说是魏惠王势力发展的顶点，也可以说是战国时期连横局面的开始，这是黄池以后从来未曾有过的大型盟会。

公元前342年，魏向韩三战，而三胜，直入韩。韩向齐求救。齐威王在次年魏、韩打得筋疲力尽时，派田忌、田婴为将，孙膑为军师，以十万大军应战。孙膑利用魏军骄傲轻视齐军的漏洞，采用了"减灶诱敌"的计策，逐日减少营地军灶数目，三天之内从十万灶减到五万灶，再减到三万灶，制造齐军大量逃亡的假象，迷惑敌人。魏果然中计，庞涓因之曰："我固知齐军怯：入吾地三日，士卒亡者过半矣。"于是，只以少数精锐轻装部队兼程追赶。到了马陵（今山东范县西南），正好天黑，马陵道狭而旁多险阻，魏军进入齐国伏兵的包围圈，顿时"齐军万弩俱发，魏车大乱相失"，结果庞涓自杀，太子申被俘，魏军主力被歼，遭到了惨重的失败。

公元前341年，齐、秦、赵从三面向魏进攻，魏曾向秦反攻，失败了。公元前340年，魏派公子卬，与秦商鞅交战，卬中计被俘，这是魏的又一次惨败。公元前338年，秦孝公死，卫鞅亦被杀。但继位的秦惠王（当时尚称惠文君）承袭了富强的基业，到秦惠王八年，魏割黄河以西地方入秦，到秦惠王十年，魏再割黄河以西的北部地方上郡入秦。自此以后，秦、魏就以黄河为界，重新恢复了春秋时期秦、晋的旧界。

魏因受齐、秦的夹击，不断失败，因此展开了多边外交。在公元前334年，采纳了相国惠施"以魏合于齐楚以按兵"的建议。通过齐相田婴的关系，率领韩和其他小国国君，到齐的徐州（今山东滕州东南）朝见齐威王，尊他为王，齐威王也承认魏惠王的王号，此谓"会徐州相王"。战国时代的七国，除楚早已称王外，魏在逢泽之会，自称为王，齐的称王也由此次会盟开始。魏、齐的地位相等了，共分霸业，缓和了两国的矛盾。

　　齐、魏两国在"徐州相会"，则是赵、楚、秦等国不能容忍的事，公元前333年，赵肃侯便派兵围攻魏的黄城（今河南内黄西）；楚威王亲率大军，进围徐州，打败了齐将申缚；秦国也以魏为"腹心疾"，不断攻魏，并使公子繇作为质子送到魏。张仪前往魏，游说魏惠王曰："秦王之遇魏甚厚，魏不可以无礼。"魏因而把土郡15县包括少梁在内，一起献给秦，互相言好。这样，黄河天险也就为秦所掌握了。

　　公元前325年，魏、齐徐州相王后的第九年，秦、韩也相继称王。韩由于经过昭王、申不害的治理，国力比赵、燕强，所以韩比赵、燕先称王。

　　公元前323年，秦派张仪及齐、楚大臣在啮桑（今江苏沛县西南）相会，目的是拉拢齐、楚，向魏进攻。此为张仪的连横政策。同时，公孙衍出任魏将，号为犀首，采取合纵的策略，发起"五国相与王"。魏、赵、韩、燕、中山五国参加，从这年起，赵、燕、中山也开始称王。

　　各大国拉拢与国，开展激烈的斗争，便产生了所谓合纵连横的运动。"从（纵）者，合众弱以攻一强也；而衡（横）者，事一强以攻众弱也"。所谓一强，是指秦。秦在西方，六国皆在其东。六国中任何一国与秦的结合是东西的结合，东西为横，故称"连衡"；六国共相结合是南北的结合，南北为纵，故称"合从"。然而秦最怕合纵成功，直到后来六国都被证明失去了单独对秦的力量时，秦还唯恐"天下之一合，而轧己也"。合纵，虽然对六国有利，但各国没有一个不想侵夺别国领土而扩大自己的。再加上秦国连横政策的破坏，正如秦惠王所说，六国"诸侯不可一，犹连鸡之不能俱止于栖之"，各国之间，不断侵伐。

6. 合纵连横中楚、齐的削弱

魏衰后，东方六国中与秦抗衡的，只有楚、齐两国。随着形势的不断发展，楚、齐在纵横捭阖的变化中，也逐渐削弱了。经过长期的战争，魏、齐争战变成了齐、秦争强，魏已衰。公元前318年，公孙衍"五国伐秦"以楚怀王为纵长，但实际出兵与秦作战的，只有韩、赵、魏三国。次年，秦派庶长樗里疾，与三晋在修鱼（今河南原阳西南）交战，把三晋联军打得惨败，齐又倒戈，"国中自七尺以及六十，野自六尺以及六十有五皆征之"（"七尺"为20岁，"六尺"是15岁，"五尺"当是十四五岁的成童，有"童五尺"之称）。这次赵、魏纵约，不待秦破坏，先已瓦解。越一年，秦灭蜀，并灭巴，国土增加了原有的一倍以上，与楚的巫郡、黔中相接。公元前314年，正当燕有内乱，齐宣王命令匡章带了"五都之兵"，会同征发来的"北地之众"，向燕进攻，仅以50天，就攻下了燕都，燕王哙身死，子之被擒后，处醢刑而死。齐宣王虽然自己夸耀"以万乘之国，伐万乘之国，五旬而举之"，但齐之破燕，破坏了国际均势，各国环顾不安，酝酿救燕，加之齐军在燕"杀其父兄，系累其子弟，毁其宗庙，迁其重器"，过于残暴，结果"燕人叛"，齐军终于撤退。正当中原各国因齐攻破燕，而图谋伐齐存燕时，秦又进攻中原。公元前314年，秦攻取了魏的焦（今河南三门峡市西）和曲沃（今三门峡市西），又大败韩军于岸门（今河南许昌西北），使韩不得不向秦屈服。于是秦、韩、魏三国和齐、楚两国，就形成了两个对立的集团。秦为破坏齐、楚联合，使张仪入楚，以商于（今河南淅川内乡一带）之地600里的许让为条件，诱得楚怀王与齐绝交，但旋即食言。怀王大怒，于公元前312年，发兵攻秦，战于丹阳（今河南丹水北），楚国大败，秦俘楚将及副将等70余人，斩首8万，取楚汉中郡（楚汉中在湖北境内）。怀王愈怒，再以倾国之兵袭秦，战于兰田（湖北钟祥西北），又是一败涂地。韩、魏两国还趁火打劫，攻楚至邓（湖北襄樊市北）。在这两次战争中，秦取得了楚的汉中，使关中和巴蜀连成一片，从此排除了楚对秦本土的威胁，使秦更加强盛了。

约在公元前306年，齐再提合纵，自为纵长，邀楚参加，楚怀王因受秦之欺骗，又两次被秦打败，因此同意。但秦恐怕齐、楚联合，于己不利，将上庸（今湖北竹山）之地六县还给楚，楚竟变卦，并与秦互相婚姻。公元前303年，齐、魏、韩联兵讨楚，背约。楚怀王使太子质于秦，请得秦的救兵，三国才退去，楚才得缓。但在次年，楚太子斗杀秦大夫，逃归。秦正好借此机会，联合齐、韩、魏，攻楚方城。接着又给了楚两次惩创，之后秦又忽然和楚"亲善"起来，并且请求楚怀王亲至秦、楚交界的武关会盟。楚怀王原想不去，又怕得罪秦，加之儿子的催促，便应命前往。他一入关，秦的伏兵便把关门闭起，把他劫持到咸阳，朝章台宫，如同藩臣一般。秦要楚割让巫郡、黔中，以为释放的条件，楚答应了，但秦要先得地而后放人，楚怀王愤而拒绝。在秦羁留了两年，公元前297年，楚怀王欲逃归，事泄后，秦截住楚道，他便从间道走赵，正要往魏，秦兵追至，将他押回。次年，楚怀王病发而死。楚愤然与秦绝交。又过三年，秦大败韩军，"斩首二十四万"之后，投书楚怀王之子楚顷襄王曰："楚倍秦，秦且率诸侯伐楚，争一旦之命。愿王之饬士卒，得一乐战。"顷襄王吓得心惊胆战，立即"与秦平"。次年，又"迎妇于秦"。在秦、齐两大强国合纵连横的斗争中，地处南方的楚，成为首当其冲的对象。楚不但陆续失去了大片土地，而且怀王被拘死在秦，国势从此衰落不振。

公元前295年，秦免除了赵武灵王所信任的楼缓之相位，改用魏冉为相。次年，齐也采取祝弗的计谋，驱逐了亲魏的大臣周最，改任秦的五大夫吕礼为相。秦为便于攻取韩、魏的土地，齐为便于灭宋，相互联合起来。由于秦、齐两国联合，韩、魏遭到秦的大规模进攻。公元前293年，秦将白起在伊阙（今河南洛阳市东南）打败韩、魏两国军队。斩首24万多人。公元前288年左右，魏昭王通过赵国李兑的关系，献地于赵惠文王，企图依靠赵攻秦。当时，宋又起内乱，赵、齐联合攻宋。秦乘机攻赵。此时，李兑发起赵、韩、魏、楚、齐五国攻秦，但齐并不能切实合作，无功而罢。

自楚衰退，齐、秦在列国中形成了东西对峙的局面。秦为打击邻近的赵，公元前288年，秦昭襄王约合齐湣王，同时把尊号升高一级。秦王为西帝，齐王为东帝。这一提议，既表示了他们的特殊地位，同时又有秦、齐平分天下的意思，以达到离间齐与东方其他国家的关系的目的，企图阻止它们的联合。此在马王堆帛书《战国纵横家书十三》中可见描述。但是，不久齐湣王接受了苏秦的计谋，认为"伐赵不如伐宋之利"，要天下"爱齐而憎秦"，以便"间举宋"，乃废除帝号，表示和各国平等。齐湣王受劝，复称王后，秦昭襄王也随之取消了帝号。秦、齐两国互尊为帝的时间虽然不长，但由此可见当时两国势均力敌的情形。

齐虽骤衰，齐湣王的帝号虽已取消，但齐湣王的野心并没有减弱。过了两年，即公元前286年，齐湣王起用韩珉为相，多次向宋发动进攻，宋终于被攻灭。接着，又南割楚之淮北，西侵三晋，并且打算吞灭西周。所以，泗上邹、鲁等小国的君主，个个震恐，向齐称臣。尽管如此，齐的国力却大为损耗。燕昭王为了伺机报仇（公元前314年的齐破燕都而占据三年的仇恨），发奋图强，"卑身厚币，以招贤者"，"吊死问生，与百姓同其甘苦"，经过28年努力，使得"燕国殷富"，便于宋灭后二年，即公元前284年，联合秦、楚和三晋，大举伐齐。燕将乐毅率师，长驱进击，攻入齐都临淄。燕昭王亲自到济上慰劳军队，封乐毅于昌国（山东淄博市东南），号昌国君。乐毅破齐后，把30年前齐军在燕京的暴行照演一遍。这泱泱大国的首都六七百年所积的珠玉财宝、车甲珍器被劫一空。齐湣王出走，连历邹、鲁等国，到处碰钉子，又回齐国，结果为楚国淖齿所杀。别国士兵饱掠飚归后，燕兵继续前进，六月之间，攻下齐国70余城，除了莒和即墨外，齐国的郡县都成为燕的郡县，齐国国土仅剩五分之二。

莒和即墨之所以能够支持，因有田单在。田单出身于国君疏远的宗族，原为临淄的市掾。燕军破齐后，他东走安平（今山东临淄东北）。燕军攻破安平，他的宗族依靠特制的铁笼来防御，得以安全退保即墨。即墨大夫战死，田单被推为将军。公元前279年，燕昭王被杀，其子惠王即位。燕惠王猜忌乐毅，改用骑劫为统帅，乐毅逃往赵国。骑劫改变了乐毅的"修整燕军，禁止侵掠，求齐之逸民，显而礼之，宽其赋敛，除其暴令，修其旧政"的指导方针，对于齐的降卒滥施劓刑，还挖掘城外坟墓，焚烧尸体，激起齐人的强烈反抗。田单为了迷惑燕军，使老弱妇女登城守望，又派人把黄金千镒送给燕将，麻痹他们。接着田单用"火牛阵"大败燕军，杀死骑劫，把燕兵全部驱逐出境。田单因此封为安平君。《荀子·议兵》言，田单是"世俗之所谓善用兵者也"。从公元前284年六国攻齐到田单复国，

149

前后五年之久的齐、燕之战，对于齐、燕两国都没有好处，得到好处的短期来说是楚、魏，楚、魏两国共同分取了淮北之地。长期而言，秦为大利。因为楚本来积弱不振，即使得到了领土，好处也有限；魏只是在齐、秦两国夹攻之间稍稍缓一口气，威胁尚在。秦国却扫除了东方的劲敌，于是战胜攻取，都是秦的天下了。

秦国独强。楚、齐强国衰落之后，山东六国中算得上强大的只有赵了。公元前270年，因为赵不履行交换城邑的协议，秦派了中更胡阳越过韩的上党，向赵的险要地区阏与（今山西顺县）进攻，赵派赵奢前往援救。赵奢在离邯郸30里处，驻屯了28天，坚壁增垒，麻痹秦军，待掌握秦军动态后，乘其不备，以两天一夜的时间，赶至前线，以一万人占据了北山，居高临下，大破秦军。

公元前266年，秦昭襄王采纳了范雎（后化名为张禄）的远交近攻策略，以便"得寸则王之寸，得尺亦王之尺"的兼并方针，以及"毋独攻其地，而攻其人"的消灭敌人有生力量的策略，公元前265年，秦军大举向韩进攻，切断了韩本土与上党郡之间的联系。公元前262年，韩把上党郡17县献给赵国。赵派廉颇率领大军驻守长平（今山西高平西北），防备秦军，秦也派白起进攻长平，开始了战国以来从未有过的大战。由于廉颇筑垒固守，赵、秦两军在长平相持了三年，不分胜负。公元前260年，秦以反间计说赵孝成王曰："秦之所恶，独畏马服子赵括将耳。"赵王因以赵括代廉颇。赵括为将后，一反廉颇的措施，向秦军发动进攻。白起采用了迂回的运动战术，先在正面佯败后退，诱赵军深入，待赵军到了秦军的壁垒下，被阻，后方也被秦军25000人切断，赵军被秦军分割为两部分。赵军战斗不利，筑壁垒坚守以待后援。秦昭襄王得悉秦军完成了对赵军的包围，亲赴前线，并征发河内15岁以上的壮丁开到长平，用来堵截赵的援兵和接济的粮食。赵军被围，46天不得食，分为四队轮番向秦反攻，仍不能冲出重围。最后赵括亲自带兵搏战，被射而死。于是，赵军大败，全军40多万全部被俘，白起除"遗其小者二百四十人归赵"外，"前后斩首虏四十五万人"。这次战争中损失严重的赵，从此也衰弱了。

公元前259年，秦军攻取了赵的太原郡，全部占有了韩的上党郡。这年九月，秦派五原大夫进攻包围了赵都邯郸。长平之战惨败的赵民，对进攻邯郸的秦军作了英勇的抵抗，秦军不断失利。秦昭襄王改用王龁代替王陵，秦相范雎又起用郑安平为将军，于是郑安平成了进攻邯郸的主帅。公元前257年，魏、楚两国图谋救赵。魏安釐王派将军晋鄙带了18万大军驻在汤阴（今河南汤阴），魏军因畏惧秦，犹疑不定，不敢前进。魏相信陵君魏无忌，为了救赵，设法偷了魏王的虎符，假传王命，带了勇士用铁锥击杀了晋鄙，夺得了军队指挥权，挑选8万精兵攻秦。同时，楚春申君黄歇也派景阳领兵救赵。邯郸城下的秦军，在赵、魏、楚三国军队的内外夹击之下大败。秦将郑安平在赵军围困下带了两万人降赵。赵邯郸之围虽解，但自此以后，山东各国均已削弱，没有一个国家能够单独抵御秦国的进攻了。

7. 割据结束与秦的统一

秦虽在邯郸之围失败，但没有伤及元气，其主力损失不大。待稍加整顿后，公元前256年，秦昭襄王向西周君发起了进攻。西周君被迫尽献属邑36、人口3万户和未散的宝器。同年，周赧王死而无后，断祀，九鼎迁秦。

公元前249年，秦庄襄王又把都于巩的东周灭掉，于是周王室先于六国而亡。

公元前256年，秦昭襄王已老衰，名将白起又被疑忌诛死，而继承昭襄王的两个君主，一个享祚三日，一个享祚三年，秦王政又以冲令践位，这些都势必影响秦的统一大业。

嬴政为王时，秦国已是七国之最强。那时，他年仅13岁，大权落入了吕不韦之掌。吕不韦培植私党，"招致宾客游士，欲以并天下"，并"使其客人人著所闻，集论以为八览、六论、十二经，二十余万言"，启动舆论工具，制造个人迷信，扩展声望。庄襄王死后，吕不韦与嬴政的矛盾逐渐显著、激化。始皇九年，太后的宠臣嫪毐作乱，被夷三族，太后迁于雍。此事虽然涉及吕不韦，但因他奉先王，功大，并宾客辩士为他游说的众多，因此没有法办。始皇十年，以齐人茅焦之说迎太后于雍，复归咸阳，免去吕不韦相职，并令出咸阳，就国河南。十一年，吕不韦就国岁余，而宾客使者相望于道，嬴政恐吕不韦生变，致函曰："君何功于秦？秦封君河南，食十万户。君何亲于秦？号称仲父。其与家属徙处蜀！"吕不韦恐诛，饮鸩而死。从此，秦实权才真正回归嬴政。

公元前237年，嬴政亲权，重用尉缭和李斯。这时尉缭献计说："以秦之强，诸侯譬如郡县之君，臣但恐诸侯合纵……愿大王毋爱财物，赂其豪臣，以乱其谋，不过亡三十万金，则诸侯可尽。"李斯也出类似计谋，秦王乃"阴遣谋士赍持金玉，以游说诸侯。诸侯名士可下以财者，厚遗结之，不肯者，利剑刺之。离其君臣之计，秦王乃使其良将随其后"，加紧策划灭亡六国的行动计划。

公元前233年，韩王安被秦胁迫，六国之中，韩最弱，只好对秦公称臣。公元前231年，韩把仅有的南阳献给秦，秦使内史腾，做南阳假守。次年，秦内史腾攻韩，俘获了韩王安，灭了韩国，把所得韩地建置为颍川郡。

公元前229年，秦将王翦、杨端和率领大兵攻赵，为李牧、司马尚所败。赵王宠臣郭开受了秦国贿赂，使言李牧、司马尚欲反，赵杀李牧。次年，王翦大败赵军。赵公子嘉率其宗族几百人奔代郡，自立为代王。但六年以后，公元前222年，代仍被秦军所灭。

公元前227年，秦派王翦、辛胜攻燕，燕、代两国发兵在易水以西抵抗。次年，秦更大举攻燕，攻下燕都蓟城，燕王喜迁都辽东郡。秦将李信追击，燕王喜杀太子丹求和。公元前222年，秦派王贲攻燕的辽东，虏燕王喜，亡燕。

公元前225年，秦派王贲攻魏，魏坚守大梁。秦引黄河水灌之，三月后大梁城坏，魏王假出降而亡。

公元前225年，秦派李信、蒙武攻楚，初步得到胜利。楚军乘秦军不备，跟踪反击"三日三夜不顿舍，大破李信军"。此后，秦改派王翦领兵60万，向楚进攻，大破楚军于蕲（今安徽宿县东南），迫使项燕自杀。接着，秦军攻入楚都寿春，俘楚王负刍。公元前222年，王翦更平了楚的江南地，降服了越君，置会稽郡，楚亡。

秦先后灭韩、赵、魏、燕、楚五国之后，齐相后胜接受秦的贿赂，又使宾客受秦金，共劝齐王"去从（纵）朝秦，不修攻战之备，不助五国攻秦"。五国既亡，秦兵于公元前221年破齐国，俘齐王建，齐亡。

秦从公元前232年到公元前221年，仅用了13年的时间，便将山东六国消灭，完成了空前的统一大业。

秦国之所以能够完成统一中国的重大历史任务，虽因素众多，但是当时各国人民渴望脱离战乱之苦；秦在经济上、政治上、军事上的强大优势，是最为重要的原因，大势所趋，历史潮流势不可挡。

秦始皇统一六国，在中国历史上第一次建立了统一的多民族的国家，使整个中国从战国割据混乱的局面下摆脱出来，具有重大的进步意义。秦始皇不仅完成了中原地区的统一，还进一步在秦、楚两国经营西南少数族地区的基础上完成了西南地区的统一，还统一了今天的江浙南部和福建一带东南沿海瓯越和闽越地区；统一了今之两广一带的南越地区；又击退了匈奴贵族对中原地区的扰乱，在我国历史上第一次建立了幅员辽阔的统一的多民族的国家。这不仅符合历史发展的要求，也符合各族人民的共同愿望，同时对中国社会的发展有着较为深远的重大影响。

8. 向封建制的过渡

东周初年和春秋战国时期，生产力有了显著变化，生产关系发生了变革，这是奴隶社会向封建社会过渡的时期。

铁器的使用和推广，是东周初年和春秋战国时期社会生产力新发展的标志。铁的发现和开始使用在商代。西周晚期，铁已成为常见的东西。春秋战国时期，人们找矿、采矿的知识已较丰富。有记载说，山上发现赭色，下面有铁。还说，出铁的山有3609座。在今山东省临淄县的冶铁遗址，广达十数万平方米。在今湖北省大冶市铜绿山的当年的采矿遗址，有井巷支架，相当完整，还有运输、通风、排水等设施。采了的矿石在矿井下初选后，用辘轳逐级提升。

春秋时的冶铁技术已有所发展。冶铁炉装着鼓风的"橐"。"橐"是一种皮囊，一面有一个陶质把手，一面有管子接通冶铁炉。鼓动把手，皮囊里的空气就通过管子送进冶铁炉。这样，就加强了炭火的燃烧，提高了炉内的温度。春秋晚期，吴国的剑匠干将能够炼铁铸成利剑。公元前513年，晋国铸了一个铁鼎，鼎上铸着刑书的条文。铸鼎的铁是作为军赋向民间征收的。这说明在冶铁技术经过相当时期发展以后，铁器在晋国民间的使用已比较普遍了。

战国时期的铁兵器，有甲、杖、剑、锥、戟、刀、匕首等。今河北省易县燕下都遗址出土的钢剑、钢戟，经检验，是用块炼铁经渗碳后锻打而成，有的还在高温下淬火，得到很硬的马氏体。另外，当时已发现磁石吸铁及指南北的性能，并有用磁石制作的指向器具，叫作"司南"。

铁制的农具，在春秋中期，齐国已在使用。战国时期，常用的铁制农具有犁、锄、铲、镰等。常用的铁制手工业工具有斧、削、锯、锥、凿、锤等。妇女用的铁制工具有针、刀、锥等。燕国已用铁范大量铸造农业、手工业工具和车具。

铁制农具的应用，使在农业上比较广泛地使用牲畜成为必要。春秋时期用牛耕田，已经是人们习见的事。战国时期还有用马耕的。铁耕和牛耕，是深耕细作的有利条件，对发展农业生产力起重要的作用。

春秋战国时期，跟发展农业生产力有密切关系的，还有水利工程的兴修。吴王夫差为了北上争霸，于公元前486年掘邗沟，自今江苏省扬州市江都区至今江苏省淮安县，沟通了江淮。后又续掘深沟，北连沂水，西接济水，贯通了淮河和黄河。这是一个很大的水利工程，但主要的是用于水运。战国时期，魏国西门豹引漳河水灌溉田（今河北省临漳县），使大片盐碱地变成良田，显示了水利工程对增加农产的重要作用。秦国李冰在今都江堰市修建了都江堰，把岷江分成内外两支，消除了水患，便利了航运，并灌溉田地，使成都平原成为沃野。秦又用韩国水工郑国修渠沟通泾水和北洛水，长300多里，引含有大量淤泥的水灌溉田地，把渠道两岸四万多顷（一顷约合6.67公顷）卤地变成良田，使关中成为沃野。战国时期又使用桔槔灌田，利用杠杆原理，把低处的水比较省力地提到高处。

战国时期的农民已能识别土壤，改造土壤。他们把土壤分为九种，挑选适合的农作物种植。他们懂得较广泛地使用肥料。除粪肥外，还用草木灰或沤制绿肥。他们知道用动物骨头、麻子煮汁拌种，称为"粪种"。在种植及管理上，他们讲究不疏、不密、行正、通风、选苗、培根、除草及扑灭蝗、螟等害虫，当时已有"农家之学"。现存的《吕氏春秋》等书都有专讲农业的篇章。

煮盐业、漆器工艺和青铜制造业，在战国时期都有发展。齐、燕的海盐，魏国安邑一带的池盐和巴蜀地区的井盐都很有名。漆器工艺在战国中期以后，广泛地应用于乐器、武器、棺，以至于日常生活用具。青铜铸造业出现了镂刻、金银错、镶嵌、鎏金等新技术。

东周初年和春秋战国时期农业上社会生产力的提高，逐渐改变了生产力的性质。除了生产工具的变化外，原来在农业中集体劳动的奴隶逐渐为个体农民所代替，原来在村社中劳动的农民也逐渐为个体农民所代替。

由于奴隶们逃亡和怠工造成的劳动力的缺乏，是奴隶社会晚期的奴隶主们最头疼的事。在春秋中期，齐国的诗篇反映了这种情况，说：

"不要耕那大田了啊，野草正有劲地长哩……"

"不要耕那大田了啊，野草正壮实地长哩……"

东周王朝有一个使臣到陈国去，他批评陈国的情况说：按照制度，田野里不应有茂草，而现在的田野都被草遮盖了。这两个材料说明当时的一些地区，因劳动力缺乏而出现田野荒芜的景象。在这种情况下，奴隶主们被迫放弃使用奴隶进行生产的传统了。事实上，比起对奴隶的剥削，对个体农民的剥削对他们更为有利。

在村社里，以前那种按照土质肥瘠定期分配耕地的办法，也逐渐成为不必要的了。村社农民可以在自己使用的耕地上安排耕地和休耕，不必再跟村社里调换耕地。这样，某一个农民跟某一块耕地就形成了长期的使用关系。这样，许多村社农民都变成了以一家一户为单位的个体生产的农民了。我们所知，以行政力量推行这种办法最早的，是晋国。它是在公元前645年开始进行的。

作为劳动力的个体农民的特点有两个。第一，劳动者依附于土地。这既不同于奴隶跟土地间的关系；也不同于村社农民跟土地的关系；第二，以耕织结合的一夫一妻的个体家庭作为一个生产单位，通常被称作"户"。这种特点，更加强了农民对土地的依附。

社会生产力的变革，必然会引起生产关系的变革。这种新的生产力，已不是奴隶制生产关系所能适应的生产力，而是封建制生产关系才能适应的生产力。这种生产力的体现者必须是有一定的人身自由和占有私有经济的人，而不是"会说话的工具"。因而，在这种新生产力出现的同时，必然伴随着新的生产关系的出现，而对旧的生产关系造成破坏作用。当剥削者以个体农民作为主要剥削对象的时候，他已不能像对奴隶那样去占有生产者，而只能不完全占有生产者。在这种条件下，他已经转化为地主了。个体农民和地主间对抗的出现，表明封建制生产关系出现。

春秋中期以后，特别在战国时期，有些王侯由奴隶主转化为地主。大量的地主，是因军功而得到土地，成为地主的。个体农民中，也有可能分化出一些地主。在土地可以买卖的地方，商人也可以成为地主。

封建的土地所有制，是地主土地所有制。地主之间有不同的政治身份或社会身份，这反映在土地所有权上，也就有不同的等级。自从春秋战国时期出现封建所有制以后，可以说这种所有制一直是等级所有制。

商鞅变法，鼓励成年男子们分家，优待粟帛生产得多的人家，编制民户，压制商业，都在推动男耕女织的个体家庭的发展，要把劳动力紧紧地束缚在土地上。商鞅变法，设立20级军功爵，依军功大小给以不同的爵位和田宅，并贬抑没有军功的宗室贵戚，都是要以行政的力量促进奴隶主阶级和地主阶级间的消长，并促进新的生产力和封建等级土地所有制的发展。

生产关系的变革不是风平浪静的，往往要经过曲折复杂的斗争。阶级斗争和剥削阶级之间的斗争，总是不可避免的。吴起和商鞅的变法，一开始就要展开跟旧贵族的斗争。他们因变法而遭到仇杀，也可以说明斗争的尖锐。奴隶逃亡及所谓"盗贼"，所谓"民溃"，都是阶级斗争的形式。春秋战国时期的这种斗争，是连绵不断的。史书中记载的"臣妾多逃""其众多逃"，都是奴隶或平民的逃亡。史书解释"民溃"是"民逃其上"，是平民及奴隶忍受不了统治者兵役力役的压榨而群起溃逃。公元前641年，梁国（今陕西省韩城市南）的统治者强迫民众修城，又用恐吓手段驱使已经疲惫的民众去挖护城河，因而引起了"民溃"。秦国乘机灭掉了它。这次事件过了122年，公元前519年，楚国役使民众修筑郢城时，还把它作为教训，可见影响之大。"盗贼"对各国统治是有威胁的。在楚国的道路上随时可能遇上"盗贼"，晋国的都城里有"盗贼"公开活动。相传春秋战国之际，有一个著名的群众的首领，名叫跖，各国统治者却叫他作"盗跖"。他带领了几千人，所向无敌，给各国统治者以沉重的打击。像这样的斗争，不一定有多少奴隶参加，但它打击了奴隶主阶级，动摇了奴隶制的统治。

东周初年和春秋战国时期的工商业，在社会经济中不像农业那样占有支配地位。记载中所见当时工商业者，大都是活动能力相当大的人物。春秋时期有两个关于商人的故事。公元前627年，郑国商人弦高，到周去做生意,路遇偷袭郑的秦军。他用4张熟皮子和12头牛,假托君命,犒劳秦军。秦人认为偷袭的消息已经泄漏了,便把军队撤回。公元前597年,晋、楚之战,晋国大夫被楚俘虏,郑国的商人打算把他藏在货车里,运出楚境。但这个计划还没有实行,楚国就把他释放了。这两个故事,都是郑国商人的故事。他们不像普通的商人,恐怕都是有政治身份的。孔子的弟子子贡,很能做生意,但他不是商人。他的商业活动,往往跟他的政治活动相联系。战国晚期的吕不韦,是一个善于经营的大商人,也是一个政治投机家。他曾策划、资助在赵国做人质的秦公子异人回国做王,就是庄襄王,吕不韦因此做了秦国的丞相。

战国时期的商品,以农副产品为主,如粮食和丝、麻、帛、葛。还有土特产和统治阶级享用的奢侈品。魏国的大商人白圭,是以囤积居奇致富的人。年成好的时候,他买进谷物,卖出丝、漆;而荒年就卖出粮食,买进帛、絮。冶铁、煮盐,是当时很能赚钱的行业。赵的郭纵和卓氏,齐的程郑,梁的孔氏,曹的邴氏,都以冶铁致富。鲁的猗顿和齐的刁间以煮盐或兼营渔盐而发了财。这几个大商人都进行商品生产,并在生产过程中使用了奴隶。奴隶制在盐铁生产中,在后来还继续存在了一个相当长的时期。

第十二讲 学派的出现与百家争鸣

　　新士人是一个新的、有着广泛社会联系和很大社会影响的知识分子阶层。他们在政治上不像过去的士那样"一朝委质，终身为臣"，在经济上也不再依靠奴隶主贵族的恩典和施舍度日。他们有独立的人格，也有了独立的思想，他们可以按照自己的意思去著书立说或发表言论，成了这一时期不同阶级和阶层的思想代表，因而有各学派和百家争鸣局面的出现。

　　一个百家争鸣的时代，是一个人才辈出的时代。

　　春秋晚年，孔子开创了私人讲学的风气，并创立了儒家学派。战国初年，墨子创立了墨家学派。跟孔、墨相先后，老子及其追随者创立了道家学派。这三个学派的出现，揭开了百家争鸣的帷幕。它们在整个战国时期的学术领域里，一直占有重要的地位。

　　战国时期，有好几个学派对历史问题有兴趣。在孔子以后，有墨子、老子、庄子、商鞅、孟子、荀子、韩非子、邹衍，《易·大传》都有所论述。这可以说是当时政治领域、学术领域的百家争鸣的一个组成部分，它促使萌芽状态中的历史观点有所发展。

1. "知其不可而为之"的儒家

　　孔子名丘，字仲尼，鲁国陬邑（今山东曲阜）人，生于公元前551年，死于前479年。他的祖先是宋国的大奴隶主贵族。他的曾祖父因政治上失败，逃到鲁国。到了他父亲的时候，这个贵族家庭已经没落了。他年轻的时候，曾给公家管过仓库，管过牛羊。后来，长期过着私人讲学的生活。

据说他先后共有学生 3000 人，其中优秀的有七十几个。他经常带着一些学生周游列国，受到各国当权人物的接待和客气的咨询。但他没有在政治实践上得到亲自检验自己政治理想的机会。他 50 多岁的时候，在鲁国当上一个掌管刑狱、纠察的官，并参与了鲁国国政，但只有三个月便离职了。晚年，在鲁国整理了一些文化典籍。据说，《尚书》和《诗经》是他整理出来的，讲占卜的《周易》附有他的解说，《春秋》是他编写的，还有《礼》和《乐》都是经他审定过的。《乐》早已失传了，其他五部书成为孔子学派尊奉的经典。《春秋》是现存最早并相当完整的编年史，对后来的历史著作有很大的影响。他死后，学生们把他的言论编成了《论语》一书。

孔子的讲学活动和周游列国的活动，在一定程度上反映了当时没有贵族身份而要求参与政治的人的意愿。这种人是时代动荡中新兴的一种社会力量。他们可能基本上出身于平民，也包括一些虽出身贵族但已不能保持原有身份的人。孔子说，学习好了，就可以做官。他自称讲学的目的就是要学生取得参与政治的条件。他称许他的弟子，说某人"可使从政"，某人"可使为宰"，都表达了这样的意思。

孔子的私人讲学，是跟贵族官学的对立。孔子论性，说"性相近"，这是对奴隶社会把身份等级说成先天性的东西的异议。孔子论政，把"举贤才"作为一个重要内容，这是对职官世袭的异议。所有这些，都表明了孔子思想中的进步因素。

西周以来作为贵族行动规范的礼，在孔子看来，不应该仅仅是一种形式。他认为，最重要的是礼跟仁的结合。如果离开了仁，礼就只能成为形式，就没有什么意思了。

但孔子是一个改良主义者，他的这些思想都是不彻底的。他的私人讲学，是新事物，但他传授的都是原来贵族们学习的那一套东西。他不同意贵族身份等级的先天性，但还是要维护贵族等级制度。他主张举贤才，但并没有明确地反对职官世袭制度，对于贤才本人还要求他们安贫乐道。他强调仁，把仁作为理想的道德标准，但又把仁说成一种对亲疏远近和贵贱等级有差别的爱，并且只有君子才能是仁者，小人只能作为施仁的对象。他强调礼要跟仁结合，但仁还是要落实在礼上，而受到礼的约束。在礼跟仁的问题上，孔子不是掌握了新内容以否定旧形式，而是执着旧形式以订正旧内容。因此，尽管孔子要求参与政治的活动反映了一些进步的意愿，但归根到底，他还是维护奴隶主贵族的利益，而不能摆脱旧制度的桎梏。他把春秋时期的动乱看作"天下无道"。他怀念西周，把西周看作"天下有道"的时期。他也知道自己的想法走不通，但感情上放不下，所以当时就有人说他"知其不可而为之"。

孔子的父亲叔梁纥在鲁做下级官吏，臂力很大。《左传》所述，襄公十年（公元前563年）随从鲁军攻偪阳（今江苏邳州市西北）。当部分鲁军攻入城内的时候，守城的人把悬门（犹今之闸门）放下来，要把鲁军隔成两截。孔子的父亲用双手扶举悬门，悬门没能下来，攻入城内的鲁军得以退出城外。孔子的父亲又曾与另外两人率甲士300人，打退了齐军的侵扰。相传，叔梁纥晚年娶颜氏女徵，生下孔子，孔圣人诞生了。看来，孔子出身于一个原是贵族而久已没落的家庭。

孔子幼年丧父，和母亲一起生活，家境贫困。但鲁人好礼的习俗很早就影响着孔子。他"为儿嬉戏，常陈俎豆，设礼宾"。

15岁时，他立志学问，曾自称"吾十有五而志于学"。《论语》记有他的话，"吾少也贱，故多能鄙事。""发愤忘食，乐以忘忧。""学如不及，犹恐失之。""我非生而知之者，好古，敏以求之者也。""十室之邑，必有忠信如丘者焉，不如丘之好学也。""三人行，必有我师焉。择其善者而从之，其不善者而改之。""多闻，择其善者而从之。""见贤思齐焉，见不贤而内自省也。"这些串串妙语，倒也成为后人仿效的圣言。可见当初孔子这种博学、好闻、审思、明辨的精神是早年养成的。相传孔子"见于郯子而学之"，并告诉人说："天子失官，学在四夷。"又相传孔子曾礼于老聃、访乐于苌弘。

孔子20岁时，曾做过季氏的委吏，看管仓库，计算账目。又做过乘田，管理畜牧，这都属于家臣一类的小官。孟子说："孔子尝为委吏矣，曰，会计当而已矣。尝为乘田矣，曰，牛羊茁壮长而已矣。"孔子博学的名声大起来，有人愿意把子弟送来，做他的门徒。后来他曾说，我到30岁的时候，仿佛对任何事都有个主意了，这就是所谓"三十而立"。孔子30岁左右，有了第一批弟子，其中包括后来著名的弟子颜渊的父亲颜路、曾参的父亲曾点、比孔子小9岁的子路等，都属于孔子的第一批门徒。

孔子在齐鲁时，《左传》昭公二十五年（公元前517年）记载，鲁国专权的季氏因和郈氏斗鸡引起争端。鲁昭公企图夺回政权，便联合郈氏、臧氏伐季氏。季氏与孟氏、叔孙氏共同攻伐昭公。昭公战败，流离在齐国的边境上。这年，鲁国在襄公庙里举行禘祭，跳万舞的人多数到季氏那里跳去了。依照古礼只有天子才能用八佾舞（佾，舞列，天子八，诸侯六，大夫四，士二；每佾八人），可是鲁国的大夫季氏也以八佾舞于庭，并且先占有了公室的舞者。孔子非常愤慨地说："是可忍也，孰不可忍也！"此失"礼"之事，使孔子大怒，慷慨激昂。这一年，孔子35岁，由鲁国到了齐国。孔子在齐国听到了虞舜时的古乐，叫作"韶"的乐曲，他学习得十分专心。他说，想不到这音乐能达到这样了不起的地步！

齐景公有一次向孔子问政，孔子回答说："君君，臣臣，父父，子子。"齐景公赞赏地说："说得好呀！如果君不像君，臣不像臣，父不像父，子不像子，虽然有粮食，我能吃得着吗？"还有一次，齐景公又向孔子问政，孔子讲述了节俭的道理。齐景公听了也很满意，曾经打算把尼谿地方的田地封给孔子。因晏婴劝阻，没能实现。后来孔子再见到齐景公，景公虽然还很恭敬，却不再问政了。后来，景公终于向孔子说："我老了，不能任用你了！"因为齐国有人说了孔子的坏话，排挤他，于是，在齐国住了近两年的孔子不得不离开了齐国。

这年，37岁的孔子返回鲁国，继续私人讲学。有人问孔子，你为什么不参与政治？他回答："《书》云：'孝乎惟孝，友于兄弟。'施于有政，是亦为政，奚其为政？"这大概是因为孔子认为季氏专权，不愿为政。他认为通过教育，可以影响政治，也是为政，不一定非要做官。当孔子40岁的时候，自谓"四十而不惑"。

《左传》定公八年（公元前502年），公山不狃等五人联合阳虎，想把"三桓"的继承人都换上他们自己的人。阳虎诱捕了季桓子，并要杀掉他。季桓子用计逃脱。第二年，阳虎失败，逃到齐国，后又去了晋国。公山不狃占据了费邑，背叛了季氏。在这期间，阳虎曾劝说孔子出仕。孔子承诺了，说："吾将仕矣。"公山不狃也曾召孔子做官。孔子想去。子路不高兴，说："末之也已，何必公山氏之之也？"孔子说："夫召我者，而岂徒哉？如有用我者，吾其为东周乎！"孔子不赞成家臣的跋扈，但他希望有一个实现自己政治理想的机会，有时似也难免屈就。

鲁定公九年（公元前501年），孔子在鲁国当了中都宰。因有成绩，升为司空，又由司空为司寇。司空是管建设工程的官，司寇是掌管刑狱、纠察的官。季平子原来"葬昭公于墓道南"，跟鲁国诸先公墓相隔较远，对鲁昭公有贬斥之意。"孔子之为司寇也，沟而合诸墓"，即扩大墓域，使昭公与鲁群公墓合为一块墓地，又正名了昭公之位。

《左传》定公十年（公元前 500 年），孔子以相礼资格参加了齐景公提议的齐鲁两国君主的夹谷之会，从齐国收回了郓、灌、龟阴之田（在今山东汶水北）。此举提高了鲁国的地位，也提高了孔子的声望。孔子抓住鲁君受三桓控制，而三桓又受家臣威胁的时机，想借此削弱贵族势力而提高君权。

鲁定公十二年（公元前 498 年），孔子提出"隳三都"的建议。三都为郈（今山东省东平县东南）、费（今山东省费县西北）、郕（今山东省宁阳县东北），本是三桓势力盘踞的城堡。孔子以"家不藏甲，邑无百雉之城"的道理，来说服三桓和定公，出现了"行乎季孙三月不违"的局势。孔子便派子路去拆毁三都的部署。叔孙氏先把郈的城墙拆除。季孙氏将隳费，当司寇的孔子又派申句须、乐颀二人跟国人联合，击退了公山不狃、叔孙辄的反抗，迫使他们逃往齐国，遂隳费。及至将隳郕时，孟孙氏伪装不知，而他的家臣公敛处父出面违抗。定公亲自率师围城也未能攻克。这样，三家贵族中有两家在表面上被削弱了，孔子在内政上暂时取得了胜利。

孔子在"隳三都"前后，《左传》定公十二年说他曾"与闻国政三月"，夹谷有三，此夹谷乃今山东省莱芜市之夹谷峪。《论语》所记鲁定公同孔子的对话，大约就在这一期间。定公问："君使臣，臣事君，如之何？"从问话中可看出，定公想正君位。孔子回答说："君使臣以礼，臣事君以忠。"又一次，定公问："一言而可以兴邦，有诸？"孔子回答说："说话不能这样简单机械，不过大家说：'为君难，为臣不易。'如知为君之难也，不几乎一言而兴邦乎？"定公又问："一言而丧邦，有诸？"孔子又回答说："话不能这样简单机械，不过大家都说：'予无乐乎为君，唯其言而莫予违也。'如其善而莫之违也，不亦善乎？如不善而莫之违也，不几乎一言而丧邦乎？"这仍然是"君君，臣臣"的意思。

孔子隳三都的主张，客观上起了强公室弱季氏的作用。公伯寮在季氏面前诽谤子路，实际上也是诽谤孔子。孔子得知后，无可奈何地说："道之将行也与，命也；道之将废也与，命也。公伯寮其如命何？"孔子与季氏的矛盾尖锐起来。齐国也恐"孔子为政必霸"，送来一队"女乐""文马"。定公与季桓子接受下来，悠游玩赏，怠于政事。子路劝孔子离开鲁国，孔子还犹豫，直到他去参加祭祀，祭肉也不见送来，才匆忙地率领着弟子离开了鲁国。

孔子离鲁后，周游列国14年。他曾到过卫、匡、蒲、曹、宋、郑、陈、蔡、晋、楚，并反复进出于卫国。鲁定公十三年（公元前497年）孔子55岁，离开鲁国去卫国了。弟子冉有赶来，在进入卫国的路上，他们有一段对话。子曰："庶矣哉！"冉有曰："既庶矣，又何加焉？"曰："富之。"曰："既富矣，又何加焉？"曰"教之。"从这段对话里，可以看到孔子对教育的重视，并以"富、庶"为前提，也很注意物质利益。卫灵公对孔子表面上敬重，依照鲁国的生活待遇给以俸禄。不久，卫灵公听信人言，怀疑孔子来卫有什么野心，便派公孙余假监视。孔子只住了10个月，就离开了。

孔子将要到陈国去，路过匡（今河南长垣县境）。匡人误认为他是曾经骚扰匡地的阳虎一伙，就把和弟子他们包围起来。颜渊随后才赶到，孔子见了他就说："吾以女（汝）为死矣。"颜渊说："子在，回何敢死！"弟子们有些恐惧，孔子却镇静地说："文王既没，文不在兹乎？天之将丧斯文也，后死者不得与斯文也；天之未丧斯文也，匡人其如予何！"孔子离开了匡城，曾在晋国边境上逗留，随后又返回卫国。卫灵公对孔子只是表面敬重。后来，孔子谈论卫灵公的昏乱无道时，季康子说："既然这样，为什么不败亡？"孔子说："他用仲叔圉接待宾客，祝鮀主管祭祀，王孙贾统率军队"，"夫如是，奚其丧？"在孔子的眼中，卫灵公虽无道，但他任用了几个能干的人掌管国家的主要部门，所以卫国尚能维持它的统治。

孔子在卫国，有一次正在击磬。有个背草筐的人从门口经过，说："这个敲磬的人有心思呀！"又说："可鄙呀！硁硁的磬声好像是说没人知道自己。既然没人知道，就算了吧！"卫灵公向孔子问军队陈列之法，孔子回答说："俎豆之事，则尝闻之矣；军旅之事，未之学也。"第二天，卫灵公再跟孔子谈话的时候，就不正视孔子了，只是仰着头看空中的大雁。孔子觉察到必须离开卫国了。

孔子带领弟子离卫,过曹。于鲁哀公三年到达宋国境内。当他同弟子们在大树下演习礼仪时,宋国的司马桓魋令人把大树刨倒,还要迫害孔子,弟子们劝说孔子快走。孔子说:"天生德于予,桓魋其如予何?"但他还是改换了服装和弟子们逃出宋的地界。到郑国时,才和走散的弟子们重聚。子贡告诉孔子,有人看见您的狼狈样子,说"累累若丧家之狗"。孔子笑曰:"形状,末也。而谓似丧家之狗,然哉!然哉!"

鲁哀公三年,孔子经宋到陈国。陈君湣公很平庸,常受吴、楚两国的欺凌。陈湣公只把孔子看作博学的人。一天,一只被箭射穿的隼鸟落在湣公的庭院,死掉了。石箭头和一尺八寸长的楛木箭杆还在隼鸟身上。陈湣公打发人去问孔子。孔子说,这箭是有来历的,它是北方肃慎族的。从前武王克商以后"肃慎氏贡楛矢石砮,其长尺有咫",武王想使后人知道这件事,在箭杆上刻有"肃慎氏之贡矢",把它赐给陈国。官吏到府库里去查找,证明孔子所说正确。

鲁哀公六年(公元前489年),孔子在陈国暂住了3年后,离开陈国。在到蔡国的路途上,正赶上"吴伐陈,楚救陈"的战乱,遭受绝粮的困境,弟子们也多饿病。子路很不高兴地来见孔子,说:"君子亦有穷乎?"孔子说:"君子固穷,小人穷斯滥矣。"孔子还照常讲学、弹琴、歌唱,在镇定中度过困厄。孔子到了原属蔡地,已成楚地的负函(今河南信阳境)。叶公当时镇守负函,已闻孔子之名,却不了解孔子。他向子路打听孔子的为人,子路不答,孔子知道后,对子路说:"女奚不曰:其为人也,发愤忘食,乐以忘忧,不知老之将至。"叶公还曾问孔子怎样管理政事,孔子告诉他:"近者悦,远者来。"意思是,让近处的人安居乐业,远方的人来投奔。这时叶公管理迁到负函的蔡人,孔子希望他施行德政。楚昭王本想重用孔子,准备在孔子到楚国后封给他700书社,每个书社约有25户。令尹子西劝阻楚王说:孔子有实现周公事业的想法,现在叫他"得据土壤,贤弟子为佐,非楚之福也"。昭王听了这些话,就打消了原来的念头。孔子停留在楚国边境期间和返回卫国的路途上,遇到了一些不知姓名而和自己意见不同的人物。有个好像疯狂样子的楚人,跑到孔子的车旁,唱道:"凤兮!凤兮!何德之衰?往者不可谏,来者犹可追。已而,已而!今之从政者殆而。"孔子下车,想跟他谈谈,他却赶快躲开了。

在返回卫国的路上,孔子跟弟子们一时找不到渡口,看见长沮、桀溺两个人在一起耕地，便叫子路去打听过河的码头。他们问清楚了车上的人是鲁国的孔丘，子路是孔子的门徒以后，长沮说："孔丘应该知道渡口在哪里。"桀溺对子路说："现在的世道到处乱哄哄，谁能把它改变过来呢？你与其跟着躲避那个、选择这个的人跑，还不如跟随我们不问世事的人呢。"他们继续翻地，不再说话了。子路回来告诉了孔子，孔子听了，怅然良久，才说："鸟兽不可与同群，吾非斯人之徒与而谁与？天下有道，丘不与易也。"

还有一次，孔子和弟子们走在路上，子路落在后边了，他不知道孔子走了哪一条路。他遇见一位拄着拐杖、背着竹筐的老人，便问道："子见夫子乎？"老人说："四体不勤，五谷不分，孰为夫子？"他插起拐杖，开始拔草。子路赶上孔子，把这事告诉了孔子。孔子说："这是个隐士。"再打发子路去寻找，老人已经走了。

孔子在周游列国期间所遇到的这些人物的言论，是对孔子的讥讽、惋惜，这是他在齐鲁很少遇见的。孔子并没有因此改变自己的主张。

鲁哀公六年（公元前489年），孔子从楚国的边境返回卫国，这是卫出公四年。出公，名辄，是卫灵公的孙子，太子蒯聩之子。蒯聩因谋杀南子，被灵公驱逐出国。灵公死后，辄被立为国君，蒯聩又回国同他争位。孔子到卫国时，政局已经大致稳定，"孔子弟子多仕于卫，卫君欲得孔子为政"。有一次，子路问孔子："卫君待子而为政，子将奚先？"子曰："必也正名乎！"子路曰："有是哉，子之迂也，奚其正？"子曰："野哉，由也！君子于其所不知，盖阙如也。名不正则言不顺，言不顺则事不成，事不成则礼乐不兴，礼乐不兴则刑罚不中，刑罚不中则民无所措手足。故君子名之，必可言也；言之，必可行也。君子于其言，无所苟而已矣。"子路无话可说了，但弟子们还想了解孔子有无在卫出仕的意图。冉有问子贡说："你看老师会帮助卫国的国君吗？"子贡说："我去探问一下老师的口气。"子贡便走进孔子屋里，问："伯夷、叔齐何人也？"孔子说："古之贤人也。"子贡又问："他们兄弟两人互相推让，都不肯做孤竹国的国君，都跑到国外，后来是不是怨悔啦？"孔子说："求仁而得仁，又何怨？"子贡出来对冉有说，老师不会帮助卫君。看来，孔子与子路、子贡的两次谈话，都是针对卫出公跟他的父亲蒯聩争夺君位的批评。孔子能够在卫国住下来，大概是由于卫出公以待贤者的礼节来奉养孔子，即孟子所谓孔子"于卫孝公，公养之仕也"。

鲁哀公七年（公元前488年），吴与鲁会于鄫（今山东枣庄市东，苍山县西北），鲁国被迫献百牢。吴又要求季康子去禀见，幸赖子贡的交涉才免受屈辱。第二年，吴又攻鲁，幸有包括有若在内的700英勇武士坚决抵抗，吴兵才退走。季康子感到孔子的弟子中确有人才，就派人请冉求回鲁。哀公十一年（公元前484年），冉求率领"季氏之甲"击退了侵鲁的齐军，立了战功。季康子问冉求说，你的军事才能是学来的，还是生就的？冉求回答说："学之于孔子。"季康子又问孔子是怎样的人，冉求对孔子倍加称赞。季康子问冉求，是否可以请孔子回来。冉求说，想请他回来，只要不听信小人的坏话，就可以了。季康子便派人带了重礼迎孔子回国。就在这一年，孔子结束了14年的奔波，返回鲁国，已经是68岁的老人了。

孔子30岁左右就从事私人讲学。归鲁后，仍然专心从事文化教育事业。他对传统的《诗》《书》《礼》《乐》，加以整理，用来作为教诲弟子的教材。孔子晚年喜读《易》，曾"韦编三绝"。他还利用官史作《春秋》，上起鲁隐公，下迄鲁哀公，计十二公，以编年体裁和简约的文辞，记载了242年的史事，传授后学。

孔子的一生，学而不厌，诲人不倦。晚年，他说："吾十有五而志于学，三十而立，四十而不惑，五十而知天命，六十而耳顺，七十而从心所欲不逾矩。"

孔子在政治上有抱负，有见解。但他没有在政治实践上检验自己政治理想的机会。晚年归鲁后，遇有大事，鲁国的当权者也经常征求他的意见。鲁哀公曾问孔子："何为则民服？"孔子回答说："举直错诸枉，则民服；举枉错诸直，则民不服。"季康子患盗，问于孔子。孔子对曰："荀子之不欲，虽赏之不窃。"季康子想用多杀坏人、亲近好人的办法来稳定社会秩序。他询问孔子的意见。孔子回答说："子为政，焉用杀？子欲善而民善矣。君子之德风，小人之德草，草上之风，必偃。"

孔子回鲁后，他唯一的儿子孔鲤死去了，老年丧子，终是痛苦之事。几年后，又眼见他最得意的弟子颜渊死去。他听到这一不幸的消息后，伤心得连声说："噫！天丧予！天丧予！"孔子哭得十分悲痛。跟随他的人说："子恸矣！"孔子说："有恸乎？非夫人之为恸而谁为？"

哀公十四年（公元前481年），齐国的国君简公被大夫陈恒杀害了。70岁高龄的孔子斋戒沐浴后朝见哀公，说："陈恒弑其君，请讨之。"哀公说，你向季孙、仲孙、孟孙三个大夫去说吧。孔子又向三位大夫说了，但他们都不同意出兵讨伐。孔子说："以吾从大夫之后，不敢不告也。"第二年，孔子最亲密的弟子子路又在卫国政变中惨死。

哀公十六年（公元前479年），73岁的孔子在弟子们的悲哀声中死去。鲁哀公亲致悼词。

孔子开创了私人讲学的风气，把文化知识向更多的人开放，在教育史、文化史上是有不小贡献的。但他在政治上是保守的，是不能适应历史潮流的发展的。

孔子创立的学派，被称为儒家。

2. 显学之称的墨家

墨子比孔子的时期略晚一些，创立了跟儒家齐名的墨家学派。儒墨在当时并有显学之称。

墨子，是鲁国人，一说宋国人，名翟。他的活动年代，大约在公元前468年至公元前376年。他的思想反映了平民群众的利益，有一些重要论点是跟孔子对立的。他和他这个学派的言论，汇集在《墨子》一书里。

墨子主张兼爱，提倡无差别的爱，要求把别人的身、家、国看成像自己的一样。这跟孔子所讲的仁不同。墨子非礼、非乐，主张节葬、节用，都是对贵族生活的否定，也是跟儒家学说的对立。

墨子在政治上提出"尚贤"的主张，反对王公大人的"无故富贵"，主张推举有才能的人管理政治，"虽在农与工肆之人，有能则举之"，跟孔子主张"举贤才"而不明确反对职官世袭，也是有区别的。

墨子相信有意志、能赏善罚恶的天和鬼神是存在的。他说，桀、纣、幽、厉是违反天意而遭受处罚的暴王，禹、汤、文、武是顺天意而得到奖赏的圣王。墨子以为天和鬼神对人的赏罚是根据人的表现做出的，富贵贫贱并不是先天规定、一成不变的。他抬出有意志的天来劝说王公大人行善政，"使饥者得食，寒者得衣，劳者得息"。当然，这只是善良的愿望。但他反对命定论，是有进步意义的。

相传，墨子在鲁国，曾经向史角的后人学习，又曾受过儒学的教育，后来他发现儒家所讲的礼，如厚葬久丧，烦琐繁杂，不适于一般平民大众。此后，墨子便离开儒家而独立创建了墨家学派。

墨子的出身不可考，但他的思想却反映了平民群众的利益。当着墨子的面，楚惠王的使者穆贺说他的学说是"贱人之所为"；荀子批评他的学说是"役夫之道"。从此看来，他受到儒家的诋毁和蔑视，与儒家格格不入。

墨子生活俭朴，"量腹而食，度身而衣"。墨子的弟子生活也跟他相差不多，吃藜藿之羹，穿短褐之衣。这跟孔子"食不厌精，脍不厌细"的讲究生活大不相同。《庄子·天下》载，墨子称禹为"大圣"，"以裘褐为衣，以跂蹻为服，日夜不休，以自苦为极，曰：不能如此，非禹之道也，不足谓墨。"墨子是个巧匠。在《墨子》书中，有许多关于生产技术、科学知识的记载，也对《诗》《书》等古代典籍广征博引。墨子自称："翟上无君上之事，下无耕农之难。"可见，他不是贵族统治者，也不是直接生产者，而是一个有文化知识又接近"农与工肆之人"的人物。

墨子曾经做宋国的大夫。为了推行他的政治主张，他还曾游历过齐国、卫国，屡次游历过楚国，曾到过楚郢和鲁阳（今河南鲁山县），后又到过越国，但是没有成功。因此，人有"墨子无煖席"的说法。楚惠王（公元前488—前432年）年间，公输般从鲁国至楚国，为楚国制造了战船用的器械钩具，打败了越国人。他又为楚国制成攻城的工具云梯，准备去攻打宋国。墨子得到楚国要攻宋国的消息，便从鲁国赶赴楚国，脚都走出了厚茧也不休息。墨子的脚走坏了，便撕开衣裳，用衣裳的布条包裹脚伤，走了十日十夜，才到达楚都。他先劝说公输般，强大的楚国去攻打无罪而又弱小的宋国，是很不仁义的。他折服了公输般之后，又去见楚惠王。墨子向他陈述楚国攻打宋国，以强欺弱不义。楚王、公输般无话可说，但仍旧要攻打宋国。墨子为了在楚王面前较量城池的攻防战术，便解下身上的皮带为城，用木片当武器。公输般九次改变攻城的方式，而墨子九次抗拒成功。公输般用尽了攻城械术，而墨子却防御有余，公输般失策了。公输般打算杀了墨子再去攻打宋国。墨子当面向楚王揭穿了这一图谋，并且说："我的弟子禽滑釐等三百人，已操持着我的防守器械，在宋国城墙上等待楚国的攻打。"这样，楚王只得说："吾请无攻宋矣。"不攻打宋国了。

墨子是一位富有实践精神的思想家，他主张"非攻"，不仅阻止了楚国攻宋国，还多次行动去推行他的"非攻"主张。一次，齐国将要讨伐鲁国。墨子见齐将项子牛和齐王，经过劝说阻止了这场战争。又一次，楚国要攻打郑国，又经墨子的劝说而作罢。

墨子曾经派遣弟子公尚过前往越国。越王让公尚过用车50辆，去鲁国隆重迎接墨子，要用原来吴国的地方500里封给墨子。墨子就对弟子公尚过说："如果越王要听我的话，依我的道理办事，我就随你前往。我要求'量腹而食，度身而衣'，自己与群臣相比，应该相待一致，为什么只封给我土地呢？如果越王不听我言，不采我道，而我怎能前往呢？这是我做人的准则。"墨子不肯做违反自己政治主张的事，他更不肯谋私利。墨子教导他的弟子"倍（背）禄而乡（向）义"。孟子虽诋毁墨子"兼爱"的主张是"无父""禽兽""邪说"，但也不能不承认"墨子兼爱，摩顶放踵利天下，为之。"墨子这种不辞劳苦、舍己为人的行为，至今仍然可贵，可歌可颂！这应该是墨家学说之精华所在！

从思想体系上说，孔子和墨子都是唯心论者。但墨子在认识论方面有唯物主义的因素。他提出认识事物的三条标准，其中有两条是根据众人耳闻目见的实际情况和客观效果进行验证。墨家的后学，继承这个优良传统，发展了墨家认识论中的唯物主义因素，并在自然科学领域里有所贡献。

墨家是一个有组织的学派。墨子死后，墨家仍旧有一个领袖，叫作钜子。墨家有自己的严格纪律，还富有实践精神。

3. 道家的《老子》

战国时期的学派，除儒墨两家外，还有道家，有法家，有由辨析名（名称）实（内容）关系而发展成出逻辑学和辩论术的名家，有以阴（代表消极的力量）阳（代表积极的力量）的消长来解释自然界和社会现象的阴阳家。道家的《老子》一书的作者和庄子，儒家的孟子和荀子，法家的韩非，是当时有名的代表人物。

老子，姓李，名耳，又称老聃，楚国人，大约跟孔子同时。今传《老子》书是战国时期的作品，不一定能表达老子的全部思想。

《老子》书否定了商周以来天或上帝的至上权威，用超越时空的绝对精神、宇宙本体"道"来代替。他的道，在没有天地以前就存在了，是产生宇宙万物的本源。这是客观唯心主义的论点。

在政治思想上，《老子》反对儒家所说的仁和墨家的尚贤。他主张无为而治，不干涉人民的生活，最好让人民无知无欲地生活下去。它主张恢复到"小国寡民"的社会。它说，在这样的社会里，不用进步的器具，不用舟车，没有战争，恢复到结绳记事，"邻国相望，鸡犬之声相闻，民至老死不相往来"的生活。这种思想可能是当时村社上层人物的没落情绪的反映。

《老子》书中有朴素的辩证法思想。它揭示了客观世界的一些对立矛盾，如祸与福、刚与柔、弱与强、多与少、上与下、先与后、实与虚、荣与辱、智与愚、巧与拙，等等。《老子》书的作者看到了事物的矛盾及其转化，但他认为事物的变化不是发展的而是循环的，对立面的转化是绝对的、无条件的。他企图在主观上消解矛盾，因而在政治上有无为而治的思想。

庄子，名周，宋国人。他的活动年代大约在公元前369年至公元前286年。现存《庄子》30余篇，其中有一部分是他自己作的。

庄子跟《老子》一样，也以"道"为宇宙本体。但庄子又说他自己跟道是一体。他不同于《老子》的客观唯心主义，而是一个主观唯心主义者。

在庄子看来，只有道是绝对的，其他事物都是相对的。他把彼此、物我、死生、寿夭、是非、祸福等等，看作一样的、等同的、没有区别的。他抹杀了一切对立事物的界限，就变成了相对主义和虚无主义。他认为儒家和墨家所争论的是非，本来是没有的。他否定一切文化知识的进步，说"绝圣弃智，大盗乃止""掊斗折衡，而民不争"。他理想的最美好的社会是与禽兽同群共存。

庄子的这种无是非、齐死生、忘物我，不分梦醒，反对进步，幻想回到人类远古的社会，反映了跟《老子》一样的悲观情绪。老庄的消极思想在中国历史上常常引起没落阶级的共鸣，但他们在否定一切现实中，也否定儒、墨两家所称道的"先王"，这在客观上起着某些解除思想束缚的作用。

老子这个人是谁？他是什么时候的人？司马迁作《史记》时并不清楚。《史记·老子韩非列传》提出了三个人：

一是姓李名耳，字聃，楚国苦县（今河南鹿邑县）厉乡曲仁里人。他曾做过周朝"守藏室之史"，是管理藏书的史官。相传孔子向老子问过礼。"老子修道德，其学以自隐无名为务"，因周朝衰微，他西出函谷关，不知所终；

二是跟孔子同时的老莱子，也是楚国人；

三是战国初年曾见秦献公的周太史儋。

司马迁道出一、二、三后，又用"世莫知其然否"一句话，不了了之。他后来说：老子是个隐君子。"老子之子名宗，宗为魏将，封于段干"。公元前273年，宗被白起击败，魏使宗献南阳，向秦求和。老子究竟是谁，是哪个时候的人，还是没有讲清楚。司马迁说："盖老子百有六十余岁，或言二百余岁，以其修道而寿养寿也。"这又是传疑之说，但老子还是长寿的。

又传说，老子经过函谷关时，关令尹喜知道他将隐去，请老子著书，"于是老子乃著书上下篇，言道德之意五千余言而去"。今存《老子》书，可能包含有老子的某些思想，而成书却在战国中期以后。理由是，孟子批判当时的各学派，没有提到过《老子》；荀子开始评论老子，说"老子有见于诎，无见于信"；《韩非子》有《解老》《喻老》两篇，阐发《老子》的思想。从《老子》书的思想内容看，是孔墨显学思想的批判和发展。

孔墨的思想范围主要是人类社会，而《老子》则追究到宇宙本源，《老子》提出抽象的"道"，从思维的发展来看是后出，也是春秋战国时期生产力水平提高与人们知识领域扩大的结果。

《老子》的思想跟孔墨两学派的思想相对立。孔子讲天命，墨子讲天鬼，孔墨都称道"先王"，他们都认为"天"有意志。《老子》不讲先王，从孔墨的先王观解脱出来。《老子》60 章说："以道莅天下，其鬼不神；非其鬼不神，其神不伤人；非其神不伤人，圣人亦不伤人。"5章"天地不仁""圣人不仁"。孔墨都是以私人讲学著称，而《老子》27 章说"不贵其师"；20 章说"绝学无忧"。孔子博学，墨子善辩，而81 章说"善者不辩，辩者不善，知者不博，博者不知"。孔子讲仁，而19 章主张"绝仁弃义"。墨尚贤，而 3 章认为"不尚贤，使民不争"。综上所述，可以看出《老子》显然是在批判孔墨思想的基础上而成，比较孔墨应为晚些。

从一些名词和制度考察，也可看出今本《老子》是战国年间的作品。例如"万乘"一词不见于战国以前的著作，而《老子》26 章说："奈何万乘之主，而以身轻天下。""上将军"的名称，战国以前也没有，而《老子》31 章说："吉事尚左，凶事尚右。偏将军居左，上将军居右。言以丧礼处之。"

《老子》书，采韵文体，全书五千字，分上下两篇，共 81 章（依王弼注本）。上篇又名"道经"，下篇又名"德经"，所以《老子》又有《道德经》之称。1973 年，长沙马王堆西汉墓出土了帛书《老子》两个本子，都是《德经》在前，《道经》在后，与通行本不同，而与《韩非子》所引《老子》相一致，看来，《老子》在战国时已经有了不同传本。由于这部书写得简短，后人对其中的哲学思想容易产生种种分歧的理解。

庄子家境贫困，住在狭窄的小巷里，靠编草鞋度日，饿得面黄肌瘦，有时不得不向人家借米救急，穿着打补丁的粗布衣服、用麻绳绑着的破鞋子。这是在《庄子》中描述的庄子。

庄子一辈子不做官，要永远自由、自在、自乐。他穷而好学，他的学问渊博，对当时的各学派都有些研究，进行过分析批判。楚威王听说他的才学高明，便派使者带着厚礼，请他去做相国。庄子笑着对楚国的使者说："千金，重利；卿相，尊位也。可你就没有看见祭祀用的牛吗？喂养它好几年，然后给它披上有花纹的锦绣，牵到祭祀祖先的太庙去充当祭品。到了这个时候，它就想当个小猪兔受宰割，也办不到了。你赶快给我走开，不要污辱我。我宁愿像乌龟一样在泥塘自寻快乐，也不受一国之君的约束，我一辈子不做官，让我永远自由快乐。"

还传有一个段子，说庄子藐视做官的人。庄子的朋友惠施在梁国做相。一天，有人报告说："庄周到梁国来了，要夺你的相位。"惠施听了非常害怕，派人在国中搜查了三天三夜。庄子却亲自来见他，给他讲了一个故事："南方有一种鸟，其名为鹓鸰，你知道吗？鹓鸰从南海飞到北海，非梧桐不止，非练实不食，非醴泉不饮。猫头鹰得到一只死老鼠，鹓鸰飞过后，仰面而藐视，猫头鹰说：'吓'。""现在你也拿你的梁国来'吓'我吗？"对于庄子来说，梁国的相位只不过是只死老鼠，惠施却像猫头鹰一样死死地守着相位，生怕被高洁的鹓鸰抢了去，这是多么可笑又多么可怜哪。

在世界观方面，庄子和《老子》所著内容一样，也以"道"作为天地万物的本源。但庄子发展了《老子》内容中的消极部分，由客观唯心主义变为主观唯心主义。

老子和庄子是道家学派的大师。《老子》书跟孔墨有一个很大的不同，就是抛弃了天和先王的形式，否定了以人为的努力改善社会状况，推进社会的发展，认为人类文明是罪恶的根源，最好"复归于朴"，保持氏族社会的状态。这是十足的倒退的历史观。它既以社会的发展为社会的倒退，又设想把当前的现实社会倒退到远古。他也肯定社会文明对历史的作用，但只认为这是不好的作用，从而否定其历史的价值。它也肯定人为在历史上的作用，但也只认为这是不好的作用，从而否定其历史的价值。先王和尧、舜、禹、汤、文、武，在《老子》书里都失去灵光，没有再被提起。

道是万物发生的根本，是超越一切而又不可感觉表述的存在。这说的不是物质，而是客观唯心主义所阐述的宇宙本体。但这是对天、帝、鬼神的传统观点的否定，这跟对先王史观的否定一样，在客观上起了解除思想束缚的作用。

庄子对天和先王的传统观点，比老子有进一步的批判。《庄子·秋水》说到物的贵贱、大小、有无、是非，都是从不同方面看到不同的现象。"因其所然而然之，则万物莫不然；因其所非而非之，则万物莫不非。"圣王跟暴君并没有真正的区别，对尧桀的不同评议，表现了说者的不同志趣。朝代继承之际，时代和习俗不同，因而"善其时，逆其俗者，谓之篡夫；当其时，顺其俗者，谓之义徒"。这揭露孔墨的先王史观，指出对于先王的理想化只是一种偏见。这对于传统的观点是一次无情的进攻。至于天，庄子是要"与造物者游"的，天在他面前是毫无尊严可说的。可以说，庄子作了破除迷信的贡献，但另一方面，他跟老子都主张无为，对于人在历史上的创造性又从理论上削弱了。

庄子也以道为宇宙本体。他不同于《老子》书的客观唯心主义，而是一个主观唯心论者。在庄子看来，只有道是绝对的，一切事物都是相对的。他抹杀了一切对立事物的界限，就发展成为相对主义和虚无主义。老子和庄子都视似旷达，但掩盖不了他们的悲观情绪。这可能是当时阶级升降中某一阶级的或阶层的没落情绪的反映。

4. 法家学派

商鞅是法家学派的代表人物，也是一个大政治家。他不同于孔墨，也不同于老庄，认为历史是不断发展的，应该看清历史发展的形势，采取果断的措施。对神意天志一概不提，对古圣先王不表示无保留的尊崇，只是抓住现实来考虑当前的对策，不只从变法本身的政治意义说，而且从历史观点说，都是比孔墨老庄进步的思想。至于所谓"智者作法，愚者制焉；贤者更礼，不肖者句焉"，这是突出权力人物在历史上的作用，而对于人民群众，则只看作应该被统治、被支配的无知群氓。商鞅的思想很明显是为新兴的地主阶级服务的，他的历史观点也是符合地主阶级的利益的。

商鞅到了秦国以后，先住在孝公的宠臣景监家里。他前两次见到孝公，劝孝公学尧舜禹汤的仁义，行所谓帝王之道。孝公听得直打瞌睡。事后，孝公对景监说："你的客人太迂腐了。"商鞅从景监那里得知了孝公对他不满意，便要求孝公作第三次的接见。这一次，商鞅大谈富国图霸的道理。秦孝公被打动了，越听越爱听。孝公又对景监说："你的客人果然是个人才。"孝公和商鞅谈了好几天，便决定重用商鞅，准备实行变法。

变法绝不是一件简单的事，在秦的群臣中引起了很大的争论。秦孝公在跟商鞅以及旧臣甘龙、杜挚一块商议变法的事情。秦孝公说："我想变更法度来治理国家，改革礼制来教导百姓，但是恐怕天下人议论我。"商鞅设法说服了孝公。但甘龙则不赞成。甘龙说："圣人不用改变民众习俗来推行教化，明智的人不改变旧法来治理国家。因袭民众的旧习来施教，不用费多大的力气就会得到成功。依据旧法度治理国家，官吏很熟悉，民众也能相安。如果现在要变法，不按秦国旧制，要改革礼制来教化民众，恐怕天下人要议论秦国国君。"

商鞅驳斥甘龙说："你所说的都是俗人之见。平常人总是按照旧习惯，学士们总是局限于自己的见闻。这两种人可以当官守法，不能跟他们讨论法以外的事情。夏、商、周的礼制不同，都成了王业；春秋时期五霸的法度也不同，也成了霸业。所以，智慧的人创造制度，而愚昧的人受法度的管束；贤人改革礼制，而庸人受礼制的约束。我们不能跟拘守礼的人商讨大事，不能跟受法度约束的人计议变法。"杜挚也反对商鞅的看法，说："没有百倍的利益，不变更法度。没有十倍的功效，不更换器具。我听说过，效法古人就没有错误，遵守旧礼就没有奸邪。"此时，商鞅毫不妥协，并说："古代的政教不同，我们效法哪个古人？帝王不相因袭，我们拘守谁的礼制？伏羲、神农教导民众而不杀人，黄帝、尧、舜杀人而不叫妻子连坐。至于文王、武王，则各自针对当时的形势，建立法度；根据事实的情况，制定礼制。礼制、法度，要随着时代的状况而制定。命令，要符合实际的需要。兵器、盔甲、器具，都要应用便利。所以说，治世不必一以贯道，理国不必拘泥古法。商汤、周武的兴起，正由于他们不拘守古法；殷纣、夏桀的灭亡，正由于他们不改革旧礼。这样看来，违反古法的人不一定受到非议，拘守旧礼的人，也不值得赞扬。君主不要疑惑了。"

孝公听了商鞅的一席话，便畅快地说："好！我听说在穷僻巷子里的人，遇事多感觉奇怪；认识片面的学士，对事常多辩论。愚人高兴的，正是智人感到可怜的；狂妄之人称快的，便是贤能人所担心的。我要对那些拘泥现状的人说，我不再疑惑了。"通过这场论争，以杜挚、甘龙为代表的因循守旧的势力失败了，商鞅说服了孝公，使孝公坚定了变法的决心。

法家重权术、重刑法，信仰暴力，轻视道德，商鞅、韩非、李斯显然可以使秦国迅速强大，但其政策也为秦的速亡埋下了种子。

5. 儒家大师

孟子和荀子都是孔子以后儒家学派的大师。

孟子的言论，汇集在《孟子》一书里。在历史观点上，孟子有肯定历史进化的说法。

孟子，名轲，邹（今山东省邹县）人，活动年代约在公元前372年至前289年。他一生的经历很像孔子，过着长期的私人讲学的生活，带着学生们周游列国。随从的学生最盛的时候，"后车数十乘，从者数百人"。他也是到处受到当权人物的款待，而他的政治主张不被接受。

孟子反对暴政，说这是"率兽而食人"。同时，他对社会矛盾的尖锐，特别是劳动力的逃亡，很关心。他继承孔子的仁的思想，而有所发展，提出施行"仁政"的主张。他认为，首先要使民有恒产，要使8口之家有100亩之田，打了粮食可以吃饱，养了家畜可以吃肉，种桑养蚕可以穿衣，还要有学校宣传孝父母、尊长者的道理。这样，就可以使人们做到"出入相友，守望相助，疾病相扶持"，他们也就会"死徙无出乡"了。孟子以为，这样做，就可以使国家强大起来。孟子提倡的这种恒产，实际上就是耕织结合，将劳动力束缚于土地的个体小农经济。这正是一条有利于封建化的道路，孟子的时候已有一些地区在施行，而孟子是主张以行政的手段去加以推动的。

孟子主张仁政的理论根据是性善论。他认为，人生下来就有仁、义、礼、智等善良本性，不过有的人把这种本性保持下来了，而有的人把这种本性丢掉了。按照他的说法，每一个国君都是能行仁政的，每一个老百姓都是可以接受仁政的。把能行和能接受都说成善，这实际上就是把不同阶级之间不同的道德标准，说成先天的东西。孟子说："劳心者治人，劳力者治于人。"就把这个意思说得更露骨了。

孟子强烈地反对当时的兼并战争。他认为那些善于战争的人，应当受到重刑。孟子也看到了战国的趋向是统一。但他说："不好杀人的人，才能统一。"意思是说，行仁政才能统一，暴力是不行的。

孟子还提出"民贵君轻"的古代民主思想。他认为，得民心的做国君，失民心的国君是人人得而诛之的独夫，而国君危害了国家的时候可以更换。

孟子是地主阶级思想家。他的思想体系是唯心主义的，所采取的办法是调和的。但他痛恨暴政，重视人民经济生活及其在政治上的重要性，是有进步意义的。

总的来说，孟子的历史观点是一治一乱的，他自己也曾说："天下之生久矣，一治一乱。"

我们可以说孟子是一个半截子古代进化论者，这是上半截，下半截是"一治一乱"论，孟子又成了一个历史循环论者。

因为孟子的老师不是很有名气，所以孟子就没有讲出他老师的姓名，但未能成为孔子的弟子，一辈子都很遗憾。孟子对孔子备极尊崇，他在《公孙丑上》说："自生民以来，未有盛于孔子也。""乃所愿，则学孔子也。"

孟子如同孔子一样，周游列国。他曾经游历齐、宋、滕、魏、鲁等国，前后20多年，游历的具体时间已说不十分准确了，只能依据《孟子》书的记载，说明大体上的时间和情况。

孟子第一次到齐国，是在齐威王（公元前356—前320年）年间；公元前329年左右，宋公子偃自立为君的时候，孟子到了宋国，滕文公那时还是世子，孟子对他说：你只要好好地学习"先王"，就可以把滕国治理好。不久，孟子接受了宋君馈赠的70镒金，离开宋国，回到邹国。后来滕定公死了，滕文公使人两次到邹国来向孟子请教怎样办理丧事。滕文公嗣位，孟子便来到滕国。滕文公亲自向孟子请教治理国家的事情。孟子说："民事不可缓也。"他认为人民有了固定产业收入，才有稳定的思想道德和社会秩序。而人民生活有了保障后，还必须对之进行"人伦"的教化，"人伦明于上，小民亲于下"。滕文公又派他的臣子毕战询问井田制的情况。孟子便讲了一遍井田制，最后说："我说的是大概情况，您和您的国君参照着去做吧！"

那时，许行是位有名气的农家，从楚国赶到滕国来。许行主张，君民并耕而食，反对不劳而获的剥削、压迫；主张实物交易，物品在数量、重量上相等的，价格相同。许行的思想在反对剥削上是有进步意义的，但他以小农的平均主义思想否定社会分工，是违反发展规律的。孟子抓住许行的这一弱点，大讲"物之不齐"的道理，并以"劳心""劳力"的划分来论证剥削制度、阶级压迫的"合理性"。

孟子看得很清楚，滕国那时自身都难保，就根本谈不上实行许行的政治主张。孟子在梁惠王后元十五年（公元前320年），离开滕国到了魏国。这时，孟子已经53岁。惠王见到孟子就问："你不远千里而来，有什么对我国有利的，可以说一说？"孟子最反对国君讲利，所以回答说："王，为什么一定非讲利不可呢，也可以讲仁义吗。"孟子是主张"仁义"的。

公元前353—前323年，魏国桂陵之战败于齐国；马陵之战，魏太子申被齐军俘虏而死；秦国商鞅领兵攻魏，俘魏大将公子卬，魏割让河西以及郡十五县给了秦国；楚使柱国昭阳领兵攻破魏军于襄陵，取得魏国八邑之地。魏国的连连失败，使得梁惠王心急如焚，与敌国不共戴天。梁惠王急于从孟子那里得到解决魏国失利的办法。这时，孟子却对梁惠王讲了一套施仁政于民的办法。孟子还说，如此这样，就是用木棒也可以抗击拥有坚甲利兵的秦楚军队。梁惠王所问，而孟子却非所答。在当时这些空洞的、不实用的道理，反而使得梁惠王心怒。孟子到魏国的第二年，梁惠王就去世了，他的儿子梁襄王嗣位。孟子见到梁襄王，对他的印象很坏，说他不像个国君。这时，齐威王已死，宣王嗣位，孟子便离开魏国到了齐国。

孟子约于齐宣王二年（公元前318年）再去齐国，受到礼遇。齐宣王见到孟子讲出他想效法齐桓公、晋文公，企图谋取霸业的想法。但却又与孟子的政治主张相背。孟子效法孔子的"先王""仁政"。他给齐宣王讲的"保民而王""制民之产"的道理，虽然注意到了封建地主阶级的长久利益，但并不符合"富国强兵"的当务之急。从而被齐宣王看成"守旧术，不知世务"的没用之人。孟子又被冷落了。

后来，燕王哙因让国给燕相子之，引起燕国的内乱。公元前314年，齐宣王乘机派兵伐燕，只用了50天就大获全胜。这时，齐宣王对孟子提出"诸侯多谋伐寡人者，何以待之？"等问题，想得到解决问题的办法，孟子对齐宣王的进言很多，但并没能让齐宣王采用，很显明不适用。齐宣王只是把他当作一位德高望重的学者来尊重，孟子本来打算依靠齐宣王来推行他的政治主张，但被齐宣王拒绝了。孟子此时也清楚地明了齐宣王的意思，便准备回乡。齐宣王派人告诉孟子："我欲中国（国都中）而授孟子室，养弟子以万钟，使诸大夫国人皆有所矜式。"实际上是齐宣王把孟子当作一块招牌，想得到尊贤重士的好名声。孟子因此离开齐国。

齐楚曾经有合纵之约。秦派张仪用土地之利，来诱骗楚怀王与齐绝交。楚与齐断交，楚后来也发现了秦的骗局。公元前312年，楚发兵与秦大战，两次大败于秦。当秦正要与楚交战时，孟子从齐国到宋国去，在石丘遇到宋轻。宋轻听到秦、楚要打仗，准备去说服秦、楚不要开战。孟子问宋轻，用什么主张去说服秦、楚？宋轻说："我将言其不利也。"孟子反对言"利"，仍然坚持主张"仁义"。他劝说宋轻不要以"利"说服秦、楚休战。

孟子再游宋时，宋君偃早已自立为王。孟子的弟子万章问孟子："宋，小国也。今将行王政，齐楚恶而伐之，则如之何？"孟子说，汤、武行王政，他们的征伐，是从水火中拯救百姓，诛杀残暴的君主，得到天下人的拥护，"而无敌于天下"。"苟行王政，四海之内皆举首而望之，欲以为君。齐楚虽大，何畏焉？"

孟子不久便离开宋国到了鲁国。这时候鲁平公（约于公元前322—前302年在位）正要使孟子的弟子乐正子为政。鲁平公要去拜访孟子，因为他所宠爱的小臣臧仓说了孟子的坏话，又改变了主意，不见孟子了。事后，乐正子把这事的经过告诉了孟子。孟子感慨而言："我之所以不见鲁侯，这是天意呀。臧氏之子又怎能让我没有见到鲁侯呢？"孟子这时已经六十几岁，他坚持"仁义"，蔑视一切，只好又回到老家邹国，不再出游了。

那时与儒家争鸣者，以墨家和杨朱学派的势力最大。孟子痛斥杨、墨学派，说："杨、墨之道不息，孔子之道不著。是邪说诬民，充塞仁义也。仁义充塞，则率兽食人，人将相食。吾为此惧，闲（卫）先圣之道，距杨、墨，放淫辞，邪说者不得作。"他认为如此这般地严厉驳斥杨、墨的异端邪说，是继承了大禹、周公、孔子三个圣人的事业，他要正人心，就必须辟杨、墨。孟子的弟子公都子告诉他，别人都说他好辩论。孟子却说："岂好辩哉？我出于不得已也。我能痛斥杨、墨者，是圣人之徒也。"

孟子一生的经历，也很像孔子，这可是效仿，也多为崇敬孔子的原因。孟子中年以后怀着政治抱负，带着学生周游列国。他到了哪一国，都无所顾忌地批评国君，甚至责备得国君"顾左右而言他"，而他的政治主张却不被接受。孟子晚年回到故乡，从事教育和著述。他说："得天下英才而教育之是最快乐的事。"孟子的弟子虽然没有孔子那么多，但是在战国时期，他已是著名的教育家了。

6. 阴阳五行学派

先从阴阳五行学说的起源讲起。阴阳与五行之说，原来是两派，都是从观察自然现象而来。这种思想的萌芽，都有朴素唯物主义的因素。但发展起来以后，就变为唯心主义的思想。

阴是云覆日，阳是日出，引申了就是暗和明，寒和暖，北和南，表和里，是一切对立和相反的事物。所以在自然中，天为阳，地为阴。在人类中，男为阳，女为阴。在性情中，刚为阳，柔为阴。后来抽象化了，把阴阳看作推动宇宙生成变化的两种基本元气，因而便支配着一切的事物，也就神秘化了。阴阳之说起源甚早。《周易》是以阴阳解说社会现象的专书，不是一时一人之作，最后成书或在战国中期以后，尚难断定。

五行说的起源，没有确切的文献可征。在春秋前，可能已有一种极朴素的五元素说，就是以水火金木土为构成宇宙万物的五种基本元素。春秋时有人把水火金木土谷六种人民日常生活所必不可缺少的财用，称为"六府"。

如晋郤缺说："六府三事，谓之九功。水火金木土谷，谓之六府；正德、利用、厚生，谓之三事。"后来又有五行的名称。《左传》昭公二十九年，记蔡墨的话说："有五行之官，是谓五官。木正曰句芒，火正曰祝融，金正曰蓐收，水正曰玄冥，土正曰后土。"《尚书·洪范》托名箕子对武王的话解说五行："五行：一曰水，二曰火，三曰木，四曰金，五曰土……"

《荀子·非十二子》说子思、孟子是五行的创始者。阴阳五行的合流大约在邹衍稍前。《史记·孟子荀卿列传》说邹衍："深观阴阳消息。"

《史记·封禅书》说："邹子之徒论著终始五德之运。"邹衍已是个阴阳五行学派的代表了。

邹衍，亦作驺衍，齐国人，活动年代比孟子稍晚。由于文献缺略，邹衍的生平行事，只能从《史记》的《孟子荀卿列传》《平原君列传》《封禅书》《吕氏春秋》、刘向《别录》等书的引述中去探寻。邹衍在齐国稷下住过，到过魏、赵、燕等国，受到各国诸侯的礼遇。特别在燕国，燕王为他筑碣石宫，以师礼待之。他曾在赵国批驳过公孙龙的"白马非马"论，使公孙龙被黜。因阴阳五行学说具有神秘因素，而关于邹衍的记载，也涂上了一些神话色彩，使人难以置信。如《后汉书·刘瑜传》"邹衍匹夫……有霜陨之异"。李贤注说："《淮南子》曰，邹衍事燕惠王尽忠，左右谮之，王系之，（衍）仰天而哭，五月为之下霜。"《列子·汤问》载："邹子吹律。"张湛注说："北方有地，美而寒，不生五谷。邹子吹律暖之，而禾黍滋也。"

邹衍的著作很多，皆已散佚。《史记·孟子荀卿列传》说邹衍著有"十余万言"。《汉书·艺文志》阴阳家著录《邹子》49篇，《邹子终始》56篇，也都亡佚。

在历史观方面，邹衍有《主运》一书。"主运"的意义和"五行"相当。《史记·封禅书》说："邹衍以阴阳主运显于诸侯。"《史记集解》引如淳的话说："今其书有主运，五行相次转用事。"邹衍的基本思想是五德终始论。这是他"深观阴阳消息"得的理论，也是他显名于当时的主张。五行说有相生和相胜的两种说法。相生的次序是：木生火，火生土，土生金，金生水，水生木。《吕氏春秋》《礼记·月令》，用五行来配四时：春木，夏火，秋金，冬水。因为土没有地方安置，便把它放在季夏。这种五行相生说是用来解释自然现象的，到了邹衍把相生说改为相胜说，把用来解释自然现象的五行，附会到社会现象上，叫作"五德"（德是属性的意思），用来解释历史上的政权兴衰，"递兴废，胜者用事"。就是五德终始说。

所谓五行相胜，就是：木克土，金克木，火克金，水克火，土克水。邹衍的五德终始说，在《吕氏春秋·应同》中还保存有比较完整的一段：

凡帝王者之将兴也，天必先见祥乎下民。黄帝之时，天先见大螾（蚯蚓）大蝼（蝼蛄）。黄帝曰："土气胜！"土气胜，故其色尚黄，其事则土。及禹之时，天先见草木秋冬不杀。禹曰："木气胜！"木气胜，故其色尚青，其事则木。及汤之时，天先见金刃生于水。汤曰："金气胜！"金气胜，故其色尚白，其事则金。及文王之时，天先见火，赤乌衔丹书集于周社。文王曰："火气胜！"火气胜，故其色尚赤，其事则火。代火者必将水，天且先见水气胜。水气胜，故其色尚黑，其事则水。

邹衍的五德终始，即五行相胜说，是依照土、木、金、火、水顺序，"终始"循环"转移"。他从五行相克出发，说明历史是依五行运转而有王者代兴。

为了适应五行的运转和天的机祥，就必须定出相应的制度，所谓"载其祥制度"。他说的制度是指其色尚黄（或青、白、赤、黑），其事则土（或木、金、火、水）等等。《史记·封禅书》载："及秦帝而齐人奏之，故始皇采用之。"《史记·秦始皇本纪》载："始皇推终始五德之传，以为周得火德，秦代周德，从所不胜。方今水德之始，改年始，朝贺皆自十月朔。衣服旄旌节旗皆上黑。数以六为纪，符、法冠皆六寸，而舆六尺，六尺为步，乘六马。更名河曰德水，以为水德之始。"这是依五行的配列，规定政令、服色、符法、冠舆等制度，这是五行学说影响政治的具体表现。这也是《中庸》所说"国之将兴必有祯祥"的具体表述。

邹衍的学说，从方法上考察，正如《史记·孟子荀卿列传》所指出的："必先验小物，推而大之，至于无垠。"乃仅凭臆测推想立说，他的理论依据是"天人合一""天人感应"的天命论。依五德终始说，历史是变化的，不是停止不动的，但变化过程不是发展，而是循环。把历史变化的原因说成由于五行相胜，是唯心主义的。五德终始说在一定程度上符合当时历史趋向大统一的客观形势，适应了新兴地主阶级建立新的统一封建政权的需要。按五德互相代替的学说，认为历代王朝不是万世一系，而是必然的改换，这对打破世袭制度有一定作用，他的学说到两汉演变为谶纬之学，专讲五行灾异，图谶符瑞，成为统治者争权夺利，欺骗人民的工具，并为中国两千多年来迷信的渊薮。

邹衍跟儒家的关系密切。《史记·孟子荀卿列传》说："然要其归，必止乎仁义节俭，君臣上下六亲之施，始也滥耳。"这些是符合儒家宗旨的。《盐铁论·论儒》引御史的话说："邹子以儒术干世主，不用，即以变化始终之论，率以显名。"这是说，他先是儒家，以后成为阴阳五行家的。他的五德终始说，也可能是由儒家思孟学派的五行说进一步演化而来的。

邹衍的学说体系"闳大不经"，包括天论、地理学说和历史观。邹衍的天论，"称引天地剖判以来"的自然、历史的变化发展，一直往上推到天地没有产生以前的不可考究的混沌状态。他的天论在当时很著名，被称颂为"谈天衍"。

邹衍的地理学说，认为儒者所说的"中国"，不过是天下的1/80。中国，他名为"赤县神州"。赤县神州内自有九州，就是《禹贡》中所说的九州。相当于赤县神州大小的州，还有八个，就是大九州。每一大州的四周，有裨海环绕。大九州的四周有瀛海环绕。再往外就是天地的边际。

邹衍大九州说的产生，可能跟齐国商业交通发达，尤其是便于海上交通的条件有关系。这一学说，反映了我国战国时期人们对世界地理的推测，认为中国只是世界的一小部分。这一学说扩大了人们的眼界，在人类地理认识史上也是一个进步。当然，他只是猜测、想象，而不是科学的。

7. 自然观（唯物与无神）

荀子，名况，字卿，赵国人，活动年代大约在公元前298—前238年。他曾先后两次在齐国讲学，又先后两次在楚任兰陵（今山东省枣庄市东南）令。他到过秦国，见过秦昭王，称赞秦的政治。晚年居楚著书。现存《荀子》一书，保存了他的著作。

荀子的自然观，发展了春秋战国以来的朴素唯物主义和无神论的思想。他认为天是列星、日月、四时、风雨、寒暑、阴阳等自然界变化的现象，它们有自己的法则，但并没有意志和目的。他说，天不会因为人们怕冷就取消冬天，地不会因为人们嫌远就缩小它的面积。自然界的运行法则，不因为有了贤明的尧才存在，也不因为出了暴虐的桀就消失。他说，人们对流星的坠落和树木发出的怪声都很害怕，其实这是天地阴阳的变化，是少见的现象，没有什么可害怕的。他认为，如果人们加强农业生产，又节约开支，天就不能使人贫穷；衣食周全，又经常活动身体，天就不能使人生病。如果人们荒废了农业生产而又奢侈浪费，天也不能使人们富裕；衣食不足而又很少活动，天也不能使人健康。他认为人有充分的主观能动作用，能够适应和利用自然法则，从而就能役使万物。荀子的这种思想反映了地主阶级在封建社会上升过程中的新兴气象。

这跟孔、孟、老、庄及墨家的思想面貌是很不同的。荀子也讲仁，但很重视礼。他认为学习应当从读《诗》《书》等"经书"开始，而学礼是学习的顶点。他批判地继承了孔子对礼的思想。他一方面仍然认为礼是维护贫富差别和贵贱等级的，但另一方面，他往往以法跟礼并提，把礼变成了法的同义语，并有时把法的地位提得更高。他说，有法，才能把国家治理好。荀子用性恶论来解释礼的起源。他说，人生下来就有物质欲望。物质欲望得不到满足，就有争夺。争夺使社会秩序紊乱，这就产生了维持社会秩序的礼。荀子对于礼的看法，体现了这个儒家大师趋向法家的特点。他的学生韩非，就更进一步成为法家旗帜下的大将了。

荀子的性恶论认为善是由后天学习得来的。他认为，如果努力学习，可以由"愚"变"智"，最好的还可以成为"圣人"。荀子的性恶论和孟子的性善论，针锋相对，但都离开人的阶级性而抽象地谈论人性，都是唯心主义的。但荀子从人的物质欲望上解释性恶，强调后天的学习，重视环境的影响，有着唯物主义的倾向。在当时是有进步意义的。

荀子认为，战国混乱的原因之一是"百家异说"，要社会安定就要做到"天下无二道，圣人无两心"。这种说法，实际上就是主张封建专制政体下的思想统治。

荀子所处的时代，君权集中和大规模的统一趋势已经日益明显。因此，国君"尊无上"和"一天下"在他的政治思想中占有重要地位。

《议兵》篇说："权出一者强，权出二者弱。"《大略》篇提出有权柄的"王者"居处在天下的"中央"地区，是合乎"礼"的规定。国君怎样才能"尊无上"呢？《君子》篇说："尚贤使能，则主尊下安。贵贱有等，则令行而不流（留）。亲疏有分，则施行（给予恩惠）而不悖。长幼有序，则事业捷成而有所休。"他认为尚贤使能，区别它们使之合宜，就是"义"，死和生都是为了维护它们，就是"节"，能忠实真诚地实行它们，就是"忠"。仁、义、节、忠都能做到，就完备无缺了。

荀子已经看到"一天下，是又人情之所同欲也"。主张"天下为一，海内宾"，宣扬"四海之内若一家"。在统一的根本途径上，《成相》

篇提出："治之经，礼与刑……明德慎罚，国家即治四海平。"荀子还认为，在政治上统一的同时，还必须有思想上的统一。《非十二子》篇说："一天下，财（同裁）万物，长养人民，兼利天下，通达之属莫不服从，六说者立息，十二子者迁化。"《解蔽》篇也说"今诸侯异政，百家异说"，应该"天下无二道，圣人无二心"。随着七国争雄局面走向统一，诸子争鸣局面也应趋向思想上的一致。

荀子在《议兵》篇提出，兼并统一还比较容易，保持巩固下来却难。"兼并易能也，唯坚凝之难焉。"那么，怎样才能达到兼并统一而且得到最大的巩固呢？他认为，"凝（团聚）士以礼，凝民以政。礼修而士服，政平而民安。士服民安，夫是之谓大凝。以守则固，以征则强，令行禁止，王者之事毕矣。"

在春秋战国时期学术发展中，荀子是一位富有时代色彩而善于总结的人物。他通过对诸子学说的批判，也包含对儒家不同派别的批判，吸取了这些学说中合理的因素，发展了儒家的思想体系，同时也因为儒家传统的限制而有不可避免的局限。荀子正面临新的历史时期的到来，他的思想特点也透露了一些这方面的征兆。

8. 时代在进步的认识论

韩非，韩国人，死于公元前233年，生年不可考。他是荀子的学生。他眼看韩国越来越削弱下去，曾多次向韩王提出革新的要求，都没有被采纳。他的著作传到秦国，受到秦王的赞赏。他后来到了秦国，但却为李斯等人所谋杀。他的著作，保存在《韩非子》一书里。

荀子和韩非生活的年代，是距秦灭六国很近的战国末年。这时，封建地主阶级已经取得了压倒优势，政治局势已经明显地趋向君主专制和大规模的统一。这反映到学术思想和政治思想上，是综合批判各个学派思想和法家思想居于统治地位的趋向。荀子和韩非对他们以前的一些学派，都进行了评论。荀子的《非十二子》和韩非子的《显学》《五蠹》，都是出色的评论文章。

韩非认为，历史是进化的，一个时代比一个时代进步。他把历史分作上古、中古和近古。上古时代，人民少而禽兽多。为了躲避禽兽的侵害，有一个圣人出来，在树上创造了鸟巢一样的住处，让人们有地方住。为了避免吃生冷的东西以致引起疾病，有另外一个圣人，发明了钻木取火，烧烤食物，使人们能吃得好些。中古时代，天下大水，鲧和禹先后治水，消除了水患。近古时代，夏桀和商纣的统治暴虐昏乱，于是商汤和周武王起兵讨伐。他说，如果在夏朝还有在树上筑巢居住和钻木取火的人，一定会被鲧、禹所耻笑；如果在商周还有把治洪水当作最迫切任务的人，一定会遭到商汤和周武王的耻笑。他说，如果在今天还有赞美尧、舜、鲧、禹、汤、武的人，一定也会被今天的圣人所耻笑了。他下结论说，圣人不向往久远的古代，不效法成规旧例，而是针对当代的社会情况，采取相应的措施。

韩非研究了政治史上的经验教训，提出了一套法、术、势相结合的封建统治主张。"法"是君主制定的成文法，是据以统治人民的条规。"术"是手段，是君主驾驭臣民的权术。韩非认为，法和术缺一不可。有法无术，不能防止臣下发展个人势力，从而削弱君主的权力。有术无法，也不能维持统治秩序的稳定。法、术以外，还要有势。"势"指君主至高无上的权势。韩非认为，国君有权势才能推行法、术。因此，法、术、势是缺一不可的"帝王之具"。他主张集一切权力于君主，君主凭势，用术，通过法来统治人民。

韩非的思想反对守旧、积极革新的精神是很鲜明的。他集中地代表了封建地主阶级的利益和要求，为即将到来的封建专制主义的皇权奠定了理论基础。

韩非继承和发展了荀子的思想，并改造了《老子》书的若干观点。他的《解老》《喻老》两篇，是对《老子》书最早的注解，反映了韩非世界观富有唯物主义的方面。

韩非认为构成世界万物的是"道"。"道者，万物之所以成也。"他认为，这个"道"，"天得之以高，地得之以藏，维斗得之以成其威，日月得之以恒其光，五常得之以常其位，列星得之以端其行，四时得之以御其变气，而功成天地，和化雷霆，宇内之物，恃之以成。"看来，他所说的"道"，不是存在于自然界万物之外，而是体现在万物之中，他所理解的"道"，不是精神性的东西，而是物质性的自然本身。

韩非又把"道"说成自然万物的总规律，而万物各具有本身的条理，即特殊规律。"道者，万物之所然也，万理之所稽也。""万物各异理，万物各异理而道尽。"万物之所然，是说"道"是万物之总规律；万理之所稽，是说"道"是各种特殊规律的汇集。万物各有其特殊的规律，"道"是集合万物特殊规律的总规律。因此，万物各有的特殊规律，在总合成"道"时，"道"就把一切特殊规律都包括完尽了。

　　韩非认为万物各异的特殊规律，是区别万物的根本。他说："凡物之有形者，易裁也，易割也。何以论之？有形则有短长，有短长则有大小，有大小则有方圆，有方圆则有坚脆，有坚脆则有轻重，有轻重则有白黑。短长、大小、方圆、坚脆、轻重、白黑之谓理，理定而物易割也。"这段话的意思是说，自然万物都有它的形状和性质：短长、大小、方圆、坚脆、轻重、白黑，这些特征和属性都有其一定的道理，因此使得它们区别开来，这个使得彼此区别的标准就是"理"。韩非又说，万物无时不在变化，所以总合万物之理的"道"也不能不跟着变化。由于"道"永远不停止地变化，韩非认为人们的行动不要墨守成规而不知变通。这一观点和他的进化历史观是有联系的。韩非第一次用"理"这个哲学范畴来表示自然万物均各具有特殊规律，说明人们抽象思维比过去提高了，只用"道"这一总范畴，已不能满足哲学理论的需要了。

　　韩非的认识论，继承了荀子的朴素唯物主义思想，认为人的认识能力是天生的一种性能。他说："聪明睿智，天也；动静思虑，人也。人也者，乘于天明以视，寄于天聪以听，托于天智以思虑。"这里所说的"天"，就是荀子在《天论》中所说的自然；"天明""天聪""天智"，也是发挥了荀子"天官""天君"的说法。就是说人的感觉和思维必须依赖天赋的感觉器官和思维器官。

　　韩非强调人们认识客观世界的可能性和必要性，认为要免除祸害，求得幸福，必须充分认识事物的规律性。他说："务致其福则事除其祸，事除其祸则思虑熟，思虑熟则得事理，得事理则必成功，必成功则其行之也不疑，不疑之谓勇。"他认为遵循着事物的规律来办事的人，没有不成功的；不认识规律，不依照事物规律而轻举妄动，就是有极大权势和财富的人，也一定遭到失败。

　　韩非在《解老》篇中对唯心主义的先验论，所谓"前识"进行了批判。

韩非提出检验认识是否合乎实际的"参验"方法，用以反对"前识"。他主张"偶参伍之验，以责陈言之实"。"参"，是比较研究；"验"，是验证。"参验"，就是根据实际效果来验证言论、行为的正确与否。他说："循名实而定是非，因参验而审言辞。"正确的言论，应该是名实的统一；实是检验名的标准。他认为使用"参验"方法，对事物进行考察、比较研究的时候，必须有客观的态度，不能有主观的成见。他重视"众端参观"。"众端参观"的意思是对众人所说所做的事，作参验比较，观察长短得失，不偏听偏信。他认为君主听言观行如果不从多方面比较验证，就得不到真实的言行，只听亲信的话，就会遭受蒙蔽。"观听不参，则诚不闻。听有门户，则臣壅塞。"

韩非用了许多生动的事例来说明认识之正确与否，必须通过实际的功效来检验。他在《显学》篇里说，判断一把剑是否锋利，只看锻剑时掺锡多少和火焰的颜色，就是铸剑的能手欧冶也难做到。但用铸成的剑去宰杀动物，那就随便什么人都能分辨出它的利钝。挑选好马，只看马的岁口、形状，就是善相马的伯乐也未必能判定马的优劣，可是，只要实地让它驾一次车，那就是普通人都能分别出马的优劣了。因此，他接着说："观容服，听辞言，仲尼不能以必士；试之官职，课其功伐，则庸人不疑于愚智。"他在《六反》篇说，当人们都在睡眠的时候，无法分辨出谁是盲人；人们都在静默的时候，无法区别出谁是哑巴。可是，只要叫他们看东西，提问题让他们回答，盲人和哑巴的缺陷便都无法掩饰了。韩非认为判断一个人的言论和行动是否正确，不能只凭他自己说的话，也不是只凭争论可以解决的，而一定要根据他言行的实际效果去判断，所谓"明主听其言必责其用，观其行必求其功，然则虚旧之学不谈，矜诬之行不饰矣"。

韩非发展了前期法家正视现实的改革精神，强调以实际功用和效果检证知识的真伪，否定无用的争辩。他在《五蠹》篇里说，现在的君主喜欢听花言巧语而不追究它是否合乎实际，对人的使用，欣赏他的虚名而不追究做事的功效。因此天下的"谈言者"总是夸夸其谈，而不切合实用。所以称颂先王、高谈仁义的人充满朝廷，而政治仍然不免于乱。他认为，改变这种风气的办法是使"境内之民，其言者必轨于法，动作者归之于功，为勇者尽之于军"。看来，韩非的认识论为他的法治学说提供了论据。在《孤愤》篇里，还表现出他对旧贵族的抗争。他指出贵族以学士的空谈作为替自己辩护的工具，"学士为之谈"，而"贵重之臣"又以"毁诬之言"阻碍"智术能法之士"与君主接近，从而"智术能法之士"和"贵重之臣"便形成"不可两存之仇"。韩非认为，要解决这种不可两立的矛盾，必须清除那些维护贵族的、没有经过参验的"愚诬之学"，唾弃那些"微妙之言"。

韩非用参验方法，来考察一般认识的真假，特别是他以自然界客观存在的事实作为参验的根据，是具有朴素唯物主义精神的。但他把法令作为考察政治上言行是非的标准，则又趋向了唯心主义。他认为，判断言行是非，要经过参验，而参验的标准是法令，符合法令的言行就是对的，违反法令的言行都是错误的。"明主之国，令者，言最贵者也；法者，事最适者也。言无二贵，法不两适，故言行而不轨于法令者必禁。"君主公布的法令，在当时虽然有它的进步性，但它是统治阶级意志的表现，是压迫人民的工具，它并不能反映政治上的真理，当然也不能作为参验的标准。韩非把参验的认识论庸俗化，使参验成为推行法令的手段。

韩非是战国末年法家思想的集大成者，也是我国古代一位卓越的思想家，他积极倡导的专制主义理论，为秦的统一提供了理论基础，对以后两千多年的政治，产生了深远的影响。韩非思想中的进步性和反人民性并存于他具有矛盾的思想体系中。他只看见争取国君、打击旧贵族以满足封建地主阶级的要求，而没有照顾到其他阶级，如工商业者，特别是广大农民阶级的要求。

9. 楚辞

战国中期的末叶，在文艺方面也出现了新的成就。这集中地体现在《楚辞》上。《楚辞》运用了楚国的方言、声调，创造性地写出了富有地方性和民间性、独具风格的长篇韵文和诗歌。

屈原，是以楚辞著称的诗人。他是楚国人，名平，大约生于公元前335年，死于公元前278年。他的作品写出了楚国的山河和物产、风俗和歌舞，写出了许多神话和传说，更重要的是集中而深刻地反映了战国中期和末期这个历史变革时代的楚国现实，并充分表现出诗人热爱自己的国家和人民的深厚感情。

屈原的青年时代，楚国还很强盛。具有贵族身份的屈原，想在政治上有一番作为。他受到楚王的信任，做过楚国的"左徒"，这是能参与国家内政和外交活动的大官。他主张举贤任能，立法强国，联齐抗秦。但楚王不能继续任用他。他被疏远了，放逐了。随着楚国政治的腐败，跟秦战争的一再失利，楚国逐渐衰落下来。屈原不肯跟楚国的腐朽贵族们同流合污，但又盼望楚王再度任用他。他烦闷得要丢掉一切，但看到人民的苦难，又镇定下来。历史的发展在趋向统一，但是楚国怎么办？所有这些矛盾，都是时代的矛盾，同时又都集结到具有贵族身份的屈原的思想中，这就不能不使他忧愤、苦恼，而从内心深处激发出《离骚》《天问》等瑰玮的杰作。最后，在楚国的郢都被秦攻陷，国家濒于危亡的时刻，屈原投江死了。

屈原以前的诗人，都没有姓名流传下来。屈原是第一个以个人的名字出现在中国文学史上的诗人，他的作品对于中国文学有深远的影响。

第十三讲　春秋战国的文官武将

春秋战国时期，社会动荡，列国卿大夫不乏贤能，管仲、孙武、蔺相如、孙膑等文官武将们，都是当时政治家中影响较大的人物。如齐桓公任用政治家管仲为相，推行富国强兵的政策，并利用周的传统地位，提出"尊周"的号召，团结一部分诸侯，对抗经常威胁诸国的楚和戎狄……

1. 政治家、思想家

公元前679年，齐桓公平定了宋内乱后，大会诸侯，树立了霸权，正处春秋历史进入霸权争夺的时期。齐桓公任用了政治家、思想家管仲。当然在那个社会动荡时期，列国卿大夫不乏贤能，因时乘势，显名当世。

管仲（？—公元前645年），名夷吾，字仲，颍上（今安徽西北部颍水之滨颍上县）人。相传，他是姬姓后人，其父名管严。管仲，早年经商谋生活，后又为齐公子纠的谋士。

春秋初年，齐襄公荒淫无道，他的弟兄们纷纷外逃。公子纠，由管仲、召忽辅佐，奔往鲁国；公子小白，由鲍叔牙辅佐，奔往莒国。

管仲和鲍叔牙是很要好的朋友。他们早年曾一起经商，所得银两，管仲经常多拿一些。鲍叔牙知道他家有老母，需要钱花，不以为他贪财，反而理解；管仲常给鲍叔牙出主意，但采用后多是失败，鲍叔牙认为不是管仲出的主意不好，而是处事的时机不成熟；管仲做过三次小官，都被辞退，也应为官运不佳，但鲍叔牙认为这是国君不贤明，不是管仲没有能力；管仲打仗，总是中途逃回，鲍叔牙认为，这不是胆小而是不愿在那些权力斗争中白白送死，而且家有老母，也需人奉养。鲍叔牙始终认为管仲是贤能之人，不可多得。

公元前686年冬，齐襄公被杀，大夫高傒派专人迎接小白继位。鲁国听到了襄公的死讯后，急忙派兵护送公子纠回齐继位。又派管仲带领军队拦截从莒回齐的小白。管仲截住了小白，并向小白射了一箭，认定小白中箭身亡。管仲便赶紧使人报鲁。鲁国送公子纠的兵马闻讯后，情绪松懈，行动迟缓，走了6天才赶到齐国都城临淄。这时才知小白没死，箭射在小白的带钩上了，小白当时装死，已当上了国君。这位小白就是齐桓公。

齐桓公即位后，发兵攻打鲁国。鲁国后来应了齐国的要求，杀了公子纠，又逼迫召忽自杀，管仲也被囚禁在牢里。

齐桓公继位后，打算任用鲍叔牙为相，鲍叔牙却极力向齐桓公推荐管仲。他对齐桓公说："臣不若夷吾者五。宽惠柔民，不若也。治国家，不失其柄，不若也。忠信可结于百姓，不若也。制礼义可法于四方，不若也。执枹鼓立于军门，使百姓皆加勇，不若也。"

尽管齐桓公难忘管仲的一箭之仇，但他为了争霸，又用人心切，终于同意了鲍叔牙的推荐，任命管仲为相。此也谓齐桓公胸怀争霸夺权大局，不记旧仇。

管仲相齐桓公，有40年。史称"其为政也，善因祸而为福，转败而为功"，促成齐的霸业，使齐桓公成为春秋时期的第一个霸主。

管仲相齐桓公，争成齐的霸业。其主要的功绩：一，在于促进了齐的富强；二，在于"尊王攘夷"，取得辉煌成就。

《史记·管晏列传》："管仲既任政相齐，以区区之齐在海滨，通货积财，富国强兵，与俗同好恶。"

这是管仲利用齐在地理条件上的优势，顺应人民的意愿和心理，达到富国强兵的目的。

《史记·货殖列传》："齐带山海，膏壤千里，宜桑麻。人民多文采布帛鱼盐。"

就齐的地理条件而言，既适于农业耕种，又宜于种桑、养蚕、织麻；而人民善于纺织，又有打鱼制盐之饶；再加上便于贸易。这是齐在经济结构上的传统特点，更为富国富民的先天条件。自从齐在周初建国以来，就为如此。齐太公在齐的主要措施，就是"因其俗，简其礼，通商工之业，便鱼盐之利，而人民多归齐"。（《史记·齐太公世家》）管仲"通货积财"，就是利用土地的肥沃发展农业桑麻，利用纺织和鱼盐经营的传统以发展农业、手工业、渔业、盐业和商业，综合发展，多种经营，人民也可安居齐而求发展。"货"是指手工制品和货币，而纺织品为大宗；"财"是指土地所出粮食，又以谷类为主。

《汉书·食货志》说："食，谓农殖嘉谷可食之物。货，谓布帛可衣及金刀龟贝所以分财布利，通有无者也。"

《大学》又说："有人此有土，有土此有财。"

上述这些，都可看清"财"与"货"的相互关系，而这"财"与"货"的的确确是富国强国，为齐图霸的极为重要的经济条件。长久而言，更是"与俗同好恶"的重要组成内容之一，是富国强兵的根本大计。一切出自"以经济建设为主"的大道理。

《管晏列传》又称述管仲的论议："仓廪实而知礼节，衣食足而知荣辱。上服度，则六亲固。四维不张，国乃灭亡。下令如流水之原，令顺民心，故论卑而易行。俗之所欲，因而予之；俗之所否，因而去之。"

这是管仲从多方面论述他的政治见解和施政方针。管仲首先把"仓廪实"和"衣食足"放在第一位。"仓廪实"，是解决国家的储备问题；而"衣食足"是解决人民的生活问题，其实国富民强才是"保家卫国"，达到齐桓公图霸的根本目的；也才可能"知礼节"和"知荣辱"，也才能有君上遵守法度之说；也才可以保持君上的亲属之政治地位的稳定；也才可以保持政局的安定。上文《管晏列传》中虽说"仓廪实而知礼节，衣食足而知荣辱"，但"礼义廉耻，国之四维，四维不张，国乃灭亡"的礼义廉耻的道德教育仍是维护国家生存的重要支柱。上述论议再好，不去贯彻执行也是空话连篇，此时政令应该必须坚决贯彻。这也应是"下令如流水之原"，下达的政令如同平原上的水流，势不可挡。与此同时还须注意到令顺民心，做好顺利易行。最后，才可做到"俗之所欲，因而予之；俗之所否，因而去之"。

管仲的这些政治见解和施政方针，表明他为国设想得周详，也有为促成齐的霸业，使齐桓公成为春秋时期第一个霸主的良苦用心。从管仲的这些政治见解和施政方针，也反映出他有努力施政治国的心愿，也可能延伸到法家前进的走向，但还说不上是变革和法家的变法思想。

在管仲施政方针的实施之下，齐全国分工重组，各有责任范围。他设盐官主管煮盐；设铁官负责制造农具；对农民"无夺其时"，"相地衰征"；对市场，"贵轻重，慎权衡"。为了"定民之居，成民之业"，管仲分全国为21乡，其中工商6乡，士15乡。工商专心本业，免服兵役。士乡即农乡，平时农夫耕田，战时当兵。士乡规定："五家为轨，轨为之长。十轨为里，里有司。四里为连，连为之长。十连为乡，乡有良人焉，以为军令。"每家出兵一人，"五家为轨，故五人为伍，轨长帅之。十轨为里，故五十人为小戎，里有司帅之。四里为连，故二百人为卒，连长帅之。十连为乡，故二千人为旅，乡良人帅之。五乡一帅，故万人为二军，五乡之帅帅之"。这是兵农合一的战斗力与农业劳动力的整体编制，对于加强齐的国力与兵力、生产和作战当然起着很好的作用。

管仲为齐桓公制定了"尊王攘夷"的策略，对于团结友邦、打击敌对势力，提高本国在列国中的地位，收到显著的效果。

《韩非子·有度》说："齐桓公并国三十，启地三千里。"

《荀子·仲尼》说他"并国三十五"。

据统计，齐桓公在位的40余年间，齐会盟诸侯26次，用兵28次。这都有管仲的建树，并功劳显著。

公元前663年，从东北方向侵入的山戎攻伐燕国。春秋时燕国刚刚建立，请求齐国救助。齐桓公同意了救燕，经过孤竹国去讨伐山戎。齐桓公打败了山戎之后，顺便把孤竹也灭掉了。这时齐国的势力向北也有所发展。

公元前661年，狄人又侵邢（今河北邢台县），严重地威胁了中原各国的安全。管仲因此对齐桓公说："戎狄豺狼，不可厌也；诸夏亲昵，不可弃也；宴安鸩毒，不可怀也。《诗》云：'岂不怀归，畏此简书。'"管仲的这段话，后来被人们总结为管仲为齐桓公制定的"尊王攘夷"策略的初衷，或者视为理论根据，这在当时起到了团结华夏诸侯的极好作用。实际上也是齐桓公称霸所遵循的可推行的路线。

公元前660年，北方的狄人已经越过太行山，逼近黄河以北，入侵卫（今河南淇县），并灭了卫，杀了卫懿公。卫那时只有男女共计730人，再加上其、滕两邑的居民，也就刚满5000人。他们逃到了曹（今河南滑县），又立了戴公。齐国便派兵替卫国戍守曹邑，并且送去许多物资用品。戴公死后，其弟文公继位，国又带领诸侯的军队，为卫国修筑楚丘城（今河南滑县），把卫国迁到这里。齐救邢存卫，是齐的两大功业，"邢迁如归，卫国忘亡"；阻挡了狄人的南侵，为诸夏做了屏藩，在诸侯间取得了赞誉。

那时，江南的楚和一些其他民族的部落，也都是周王室承认的诸侯，但是它们时而反抗，又时而顺服，被华夏诸侯认为是蛮夷之邦。当时齐桓公称霸，北要抗击戎狄，南要防范楚国。这时楚国的力量已经强大，陈、蔡、郑、宋等国无不受其威胁。因此，齐要想真正实现称霸，首先必须对付楚国。

乘着齐国抵御北狄的时候，已向黄河流域扩展的楚国，不断征伐郑国。公元前656年，齐桓公以蔡侵楚，讨伐蔡国，邀集诸侯在召陵（今河南郾城县）会师，向楚国问罪。齐国责问楚国为什么"包茅不入"，即祭天用的茅草不进贡，以致"王祭不供"，即以致祭品不齐全。又责问楚国，周昭王"南征不复"的原因何在。这下使楚完全承认了"贡之不入"确是楚的错误，至于昭王南征不复，"君其问诸水滨"，楚的态度虽相当强硬，但齐能会诸侯伐楚，向楚问罪，迫使楚国在召陵结盟，这便是齐国霸业的一个高峰时期。

公元前651年，齐桓公在葵丘（今河南兰考县东）邀集诸侯会盟。周王派宰孔来参加，赐给齐桓公"彤弓矢、大路"，这实际上是承认了齐桓公的霸主地位，使他获得了"专征伐"的权力。自此开始了"礼乐征伐自诸侯出"的局面。原来，在以前所谓"天下有道"的情况下，本应该由天子来召集盟会，发布作战命令，现在却由诸侯代替了。在戎狄不时侵扰、诸侯又相互攻伐的不利形势下，有一个齐霸主出现，相对稳定了当时的局面，这倒也是齐桓公的功劳。

那年，管仲病了。齐桓公便问他："群臣之中，有谁可以代替你为我效力？"管仲说："最了解臣的是国君。"齐桓公又问："易牙、开方、竖刁，这三个人怎么样？"管仲回答说："这三个人都是没有人性的小人，千万不要亲近他们！"

后来管仲死了，齐桓公没有听他的话。这三个小人趁齐桓公病危的时候，专权作乱，对齐国的危害很大。齐的霸业也就由此伴随着管仲的死去而逐渐衰落了。但是，管仲的历史作用和影响还是相当久远的。孔子因此而称道管仲说："管仲相桓公，霸诸侯，一匡天下，民到于今受其赐。微管仲，吾其披发左衽矣。"

公元前 643 年，齐桓公死。诸子之间为了争夺君位而不断地发生斗争，齐国便中衰了。

《管子》一书，内容复杂，不是管仲一家之言，也不是杂家自成体系之作，实际是战国时齐国稷下多家学说的汇集。包括儒家、农家、法家、阴阳家、兵家等不同学派的作品，托用管仲的名字，并非管仲之作。但书中关于管仲言行的记述不少，其中一些篇章的内容传世已久，其中《牧民》《山高》《乘马》《轻重》《九府》等篇，当为管仲言论。此在《韩非子》《贾子新书》和《史记》也有记载。

《史记·管晏列传》说："吾读管氏《牧民》《山高》《乘马》《轻重》《九府》……详哉其言也。既见其著书，欲观其行事，故次其传。至其书，世多有之，是以不论，论其轶事。"既然在司马迁时《管子》书是"世多有之"，他见到的《管子》，当是汉代容易见到的书，而上述诸篇为管仲自著，也应是司马迁时一种公认的看法。

战国末年，《韩非子·五蠹》说："今境内之民皆言治、藏商、管之法者家有之。"在《韩非子》中，有引用《管子》的地方，如《难三》："管子曰：'言于室，满于室，言于堂，满于堂，是谓天下王。'"又："管子曰：'见其可，说之有证，见其不可，恶之有形。赏罚信于所见，虽所不见，其敢为之乎？见其可，说之无证，见其不可，恶之无形，赏罚不信于所见，而求所不见之外，不可得也。'"分别见于今《管子》的《牧民》和《权修》，而文字繁简不同。

《论语》所引管仲有三归、反坫等，皆可从《管子》书中见到。《孟子》书中，曾引用过齐桓公与诸侯会葵丘的记事，其中如"诛不孝""无易树子""无以妾为妻""尊贤育才以彰有德""士无世官，无专杀大夫，无曲防，无遏籴，无有封而不告"（见《孟子·告子下》）等内容，也均见《管子》书《大匡》《霸形》等篇。

《管子》旧书，据《汉书·艺文志》，共 86 篇，今传本为 76 篇。

公元前 643 年，桓公死后，国内发生君位的争夺。不久以后，霸权转移到晋国。

2. 著名的军事家

春秋时期，战争频仍。无数次胜利和失败的战争经验反复出现，使人们得以比较研究，因而有认识战争规律的可能，也就会有军事家的出现。齐的司马穰苴，吴的孙武、伍子胥，都是著名的军事家。

春秋时期，战争频频。无数次战争的胜利和失败，导致战争经验的反复出现。战争实例使人们得以比较研究，认识战争的规律，才有可能在战争的实践中总结，也就会有军事家的出现。繁多的战争，就会出现较多的军事家，以及他们的军事理论。吴的孙武、伍子胥都是著名的军事家，其中，孙武和他的《孙子兵法》更处显要位置，闻名中外。

孙武，字长卿，齐国乐安（今山东惠民县）人，生卒年月不详，约与孔子同时。

孙武是齐国陈氏后裔。在齐国长期的权力斗争中，田氏家族是最后的胜利者。但他们仍旧保持"齐"的国名，历史学家称它为"田齐"，便于与齐有别，更好研究。田齐，陈氏开始称大。田完四世孙陈无宇生了陈恒和陈书。陈书字子占，为齐大夫，因伐莒有功，齐景公赐姓孙氏，食采邑于乐安，又生孙冯，孙冯再生子就为孙武。从此看来，孙武家族也是显赫。以田、鲍四族作乱时，孙武投奔了吴国，吴王阖庐（阖闾）封孙武为将军。

孙武初到吴国，经伍员引见，孙武以兵法拜见了吴王阖庐。吴王见孙武便说："你的《孙子》十三篇，我都看过了，可以小试一下列阵吗？"孙武马上回答说："可以。"阖庐说："可以用妇女来试一下阵势吗？"孙武又答道："可以。"于是他们出了宫，并挑选宫中美女百八十人，其中有吴王宠爱的宫妃二人。

孙武把她们分成两队，并用吴王宠妃二人分别为队长。孙武命令所有的女人都拿着戟，并命令她们说："你们知道你们的心、背和左右手吗？向前，就看心所对的方向；退后，看背所对的方向；左，看左手方向；右，看右手方向。"妇女们懒散地回答孙武说："好。"孙武列阵规定已经宣布，便把铁戟排列起来，即刻反复说明规定，三令五申，强调规定。然后，孙武击鼓发令向右，妇女大笑不止。孙武说："约束不明，申令不熟，将之罪也。"复三令五申，又击鼓，命令向左，妇女们又大笑。孙武说："约束不明，申令不熟，将之罪也；既已明而不如法者，吏士之罪也。"孙武准备斩队长。吴王看见要斩宫妃二人，大为惊骇，急忙传令说："我已经知道将军能用兵了。我离开这两个宫妃，吃饭都没有味道，希望不要杀了她们。"孙武说："臣既已受命为将，将在军，君令有所不受。"最后还是杀了这两个宫妃队长，并用其他人替补。孙武重新击鼓发令，妇女们左右前后跪起，都整齐规矩，合乎要求，再也没有敢出声的了。孙武遣使报告吴王说："兵已整齐，王可试下观之，唯王所欲用之，虽赴水火犹可也。"吴王说："将军回去休息吧。我不去看了。"孙武说："王徒好其言，不能用其实。"阖庐从此知道孙武能用兵。

公元前506年，吴王阖庐任用伍子胥为谋主，孙武为将，大举进攻楚国，并五战五胜，进驻楚的郢都（今湖北江陵县）。《史记·孙子吴起列传》说："阖庐知孙武能用兵，卒以为将。西破强楚，入郢，北威齐晋，显名诸侯，孙子与有力焉。"孙武及其《孙子兵法》大显神通，克强楚，慑齐晋。

孙武有兵书传世，后人称作《孙子兵法》。这书相当系统地表述了孙武的军事思想，是我国现存最古的兵书。

孙武是一个为吴国服务的职业军人及军事专家。他重视战争对社会的影响，重视战争给民众带来的危害，重视战争规律的研究，是个优秀的军事理论家。孙武明确指出："兵者，国之大事，死生之地，存亡之道，不可不察也。"又指出："凡兴师十万，出征千里，百姓之费，公家之奉，日费千金。内外骚动，怠于道路，不得操事者，七十万家。"

他认为，解决敌对势力间的矛盾，战争并不是最好的办法，"不战而屈人之兵"才是最好的办法。他反对凭着主观意图而轻率用兵。他说："非利不动，非得不用，非危不战。主不可以怒而兴师，将不可以愠而攻战。合于利而动，不合于利而止。怒可以复喜，愠可以复悦。亡国不可以复存，死者不可以复生。故明君慎之，良将警之，此安国全军之道也。"

孙武的军事理论提出"道"（道义）、"天"（天时）、"地"（地利）、"将"

（将帅）、"法"（军队的编制和制度）五项是决定战争胜败的基本条件，也可以视为战争的政治环境、战争与将帅的素质；敌我军情的掌握；因粮于敌和因敌制胜四个方面。

战争的良好政治环境，孙武称之为"道"。道的作用，是"令民与上同意也，故可以与之死，可以与之生，而不畏危。"（《孙子兵法·计篇》）"令民与上同意"，就是要得到民众的赞同拥护，这当然首先要有可以得到民众拥护的政治环境。得到民众拥护而达到"可以与之死，可以与之生，而不畏死"，这就是国民一条心，形成了坚强的战斗意志，为制敌取胜取得了重大的精神力量。《谋攻篇》把这说成："上下同欲者胜。"

《计篇》说，战争胜负的条件是："主孰有道，将孰有能，天地孰得，法令孰行，兵众孰强，士卒孰练，赏罚孰明。"这几条被称为战争"七计"，而"主孰有道"放在首位，"道"又是为"主"所有。《计篇》是《孙子》（旧题）卷一，计，计算。本篇指出，战前必须对敌我双方的政治、经济、军事、天时、地利和将帅才能等现有的客观条件做出仔细的分析，才可预计战争的胜负。例如《史记·伍子胥列传》载：吴王第一次讨伐楚，要攻楚都郢。孙武对吴王说："民劳，未可，且待之。"孙武的话是说，当时还没有具备良好的政治环境。后来吴王又想攻楚，征求意见。伍子胥和孙武两人都回答说："楚将囊瓦贫，而唐、蔡皆怨之。"孙武和伍子胥的话是说，楚国政治上的不良现象有利于吴国对它的征伐。这两个事例，从不同方面说明政治环境对战争的胜负有着极大的作用。

战争的胜负，又跟将帅指挥的得失有密切的关系。孙武强调将帅在战争中的作用，他说："知兵之将，生民之司命，国家安危之主也。"对于将帅的素质，孙武在《计篇》提出"智、信、仁、勇、严"五个字的具体要求。

智是智力的运用。在战前及战中，可以遇到各种复杂情况和各种临时的变化，将帅必须有战前的周密考虑和战时的应变决断，这都取决于将帅的智力运作。孙武说："是故智者之虑，必杂于利害。杂于利，而务可信也；杂于害，而患可解也。"杂于利害，即系顾到利和害。信，同伸。在有利条件下考虑到不利的因素，任务便可以完成。在不利的条件下考虑到有利的因素，祸患便可以解除。这都取决于智力的发挥起到的作用，以及战时做出的相关抉择。

至于信和勇，孙武没有更多的表述，而仁和严，则作为治军必要的相互配合的两个方面。《地形篇》说："视卒如婴儿，故可与之赴深溪；视卒如爱子，故可与之俱死。厚而不能使，爱而不能治，譬若骄子，不可用也。"《行军篇》说："卒已亲附而罚不行，则不可用也。故令之以文，齐之以武，是谓必取。"对士卒的体恤和纪律要求的严格，在良将身上是结合在一起的。

"知彼知己"的名言，是孙武针对强调敌我双方军情的掌握和了解而言的。他说："知吾卒之可以击，而不知敌之不可击，胜之半也。知敌之可击，而不知吾卒之不可以击，胜之半也。知敌之可击，知吾卒之可以击，而不知地形之不可以战，胜之事也。故知兵者，动而不迷，举而不穷。故曰：知彼知己，胜乃不殆；知天知地，胜乃不穷。"又说："知彼知己者，百战不殆；不知彼而知己，一胜一负；不知彼，不知己，每战必殆。"孙武所谓"知彼""知己"，都不是简单地只指敌方或我方而言的，而是把敌我双方联系在一起而言。"知彼知己"还必须联系到作战的地形和作战时的气候。军情的掌握上，孙武都看得很重。"知彼知己，百战不殆"是孙武传世之名言。从认识客观实际中的发展规律出发，并按照这些规律去决定自己的行动，去克服当前的敌人。此"敌人"可引入到任何有待解决的事物之中，只取决于"思"与"行"。

孙武的战略思想富蕴极强的辩证思维。虽不能从理论上形成辩证法体系，但在思想路线的实践上可以讲已有明显的辩证法特点，这在他表述"因粮于敌"和"因敌制胜"的运用上更为显著。古代作战，因交通之不便，往往困于军粮的运输。孙武提出因粮于敌的办法，使敌军之粮为我所用，因而削弱了敌人，充实了自己，且减省了由于运输而消耗的人力和物力。军粮以外，对于其他军事物资当然也可一般对待。《作战篇》说："善用兵者，役不再籍，粮不三载；取用于国，因粮于敌，故军食可足也。"又说："国之贫于师者远输，远输则百姓贫……故智将务食于敌，食敌一钟，当吾二十钟；䓪秆一石，当吾二十石。故杀敌者，怒也；取敌之利者，货也。故车战，得车十乘已上，赏其先得者，而更其旌旗，车杂而乘之，卒善而养之，是谓胜敌而益强。"

"因敌制胜"，是针对敌方的具体情况，创造出相应的条件，夺取战争中的主动地位，迫使敌人向对立面转化，从而取得胜利。在这里，孙武提出了"致人而致于人"的指导思想。他在《虚实篇》中说："凡先处战地而待敌者佚，后处战地而趋战者劳。故善战者，致人而不致于人。能使敌人自至者，利之也；能使敌人不得至者，害之也。故敌佚能劳之，饱能饥之，安能动之。出其所不趋，趋其所不意。行千里而不劳者，行于无人之地也。攻而必取者，攻其所不守也；守而必固者，守其所不攻也。故善攻者，敌不知其所守；善守者，敌不知其所攻。"孙武认为，战争跟其他事物一样，无时不在推移变化之中。《虚实篇》："五行无常胜，四时无常位"，"兵无常势，水无常形，能因故变化而取胜者，谓之神"。这就是说，能根据情况的变化，掌握战机而取得胜利，就是用兵如神的表现。

孙武还提出了作战时在一定的地理条件下，可善于运用多和少的辩证关系，以改变敌人在数字上的优势，达到因敌制胜的要求。《虚实篇》："故形人而我无形，则我专而敌分。我专为一，敌分为十，是以十攻其一也，则我众而敌寡。能以众击寡者，则吾之所与战者，约矣。"从字义上讲，这段话是说敌人暴露而我隐蔽，我集中为一而敌分散为十。我以集中的一，进攻其分散的一，等于以十攻一。这样，我方的人就多了，敌人就相应地少了。我所与交战的对手也就削弱了。这在孙武以后的我军的作战史上常见于集中兵力打歼灭战。

孙武的《虚实篇》为《孙子》卷六，专论用兵的虚实。其中虚与实是指它们之间的相互依存的关系。但这种关系又是可以在一定的条件下相互转化的。

孙武的《九变篇》："必死，可杀也，必生，可虏也。忿速，可侮也。"这是说利用敌人弱点可以取得胜利。"廉洁，可辱也。爱民，可烦也。"这是从敌人的优点中看出缺点，因而加以利用，取得胜利。廉洁本是将帅应具的品质，但廉洁者往往不适当地清高，因而经不住侮辱。爱民本是制胜的条件，但爱民者往往会因民众眼前局部利益而忽略了全局的战略利益。孙武还从主观能动作用，进一步对矛盾作出分析，根据敌人的特点，甚至利用敌人的优点造成它的缺点，事物是可以向它的正负双方相互转换的。

孙武的《孙子》旧部中有13篇，即：计篇、作战篇、谋攻篇、形篇、势篇、虚实篇、军争篇、九变篇、行军篇、地形篇、九地篇、火攻篇、用间篇。可说《孙子兵法》，久经传世本，有 13 篇。《史记·孙子吴起列传》记阖庐初见孙武时说："子三十二篇，吾尽观之矣。"又记"太史公曰：世俗所称师旅，皆称孙子十三篇"。"十三篇"，及两见。而且依太史公所说，十三篇是当时通行之本，《孙子兵法》的名称尚未出现。《汉书·艺文志》兵书兵权谋十六家中有"吴孙子兵法八十二篇，图九卷。齐孙子八十九篇，图四卷"。"齐孙子"，是孙膑。"吴孙子"，即孙武。孙武兵法称"孙子兵法"，此为最早的记录。但所称"八十二篇"，详情也不可知。1972 年，山东临沂银雀山出土孙武兵书一百二十八简，其中有《孙子兵法》佚文。唐杜佑《通典·兵典》，都有吴王与孙武问对多条，文风与《孙子兵法》不甚相似，或为后人所记。总的说来，《孙子兵法》写于春秋晚年，这是一个强凌弱、大并小的时期，孙武是为当时的奴隶主统治集团或新兴地主统治集团取得战争上的胜利而写这书的。但在书中考虑到战争给民众带来的危害，这是应给予足够的肯定的，具有他的进步性。孙武的《孙子》具有朴素的唯物主义和原始辩证法因素，是值得肯定的，是一部具有伟大军事理论的世界名著。

《孙子兵法》在中外军事学术史上占有显著的地位。战国时期，著名军事家吴起、孙膑等都受到孙武的影响。《荀子·议兵篇》说："善用兵者，感忽悠闇，莫知其所从出。孙吴用之无敌于天下。"《汉书·刑法志》亦称战国时期"驰说者以孙吴为宗"。三国时期著名军事家曹操在《孙子序》中说："吾观兵书战策多矣，孙武所著深矣。"宋代列《孙子兵法》于《武经七书》之首，号称《兵经》。《孙子》继曹操注释之后，迄于唐宋，孟氏、李筌、杜佑、杜牧、陈皞、贾林、梅圣俞、王皙、何延锡、张预等各家注。而《孙子兵法》中的论断，为历来作家及兵家所引用，不胜枚举。

约在 7 世纪，《孙子兵法》传入日本。18 世纪以后，陆续有了法、英、德、俄等文译本，受到国外军事界的重视。

3. 著名的政治家

蔺相如是赵国著名的政治家。廉颇、李牧，都是赵国的良将。在战国晚期，赵国在内忧外患的不断困扰中有所自立，这三个人都做出了贡献。

蔺相如，生年不详。赵孝成王六年（公元前 260 年），秦赵长平之战时，他已病笃，大约就死在这一两年内。

蔺相如是战国后期的名人之一。一提起蔺相如，大家就马上可以联想到廉颇与蔺相如的故事，当今已是家喻户晓了，并在特定的历史时期起过重要的教育作用，这不能不归功于司马迁的《廉颇蔺相如列传》这篇传记。

蔺相如是太史公所景仰的历史人物之一，因而在这篇传记中对这位杰出人物极力歌颂。太史公通过对"完璧归赵""渑池会"两个历史故事的描绘，体现了蔺相如面对强暴而无所畏惧的精神和战胜强秦、维护赵国尊严的机智、果敢的作为。蔺相如以国家利益为重的高尚品质，在"廉蔺交欢"一段中，就实现了将相和好，团结对敌。此后的十几年中，秦国没敢大规模对赵用兵，这与蔺相如主动维护赵国内部的安定有密切的关系。

那年，赵惠文王得到了一块名贵的"和氏璧"，这也可称为国宝。秦国昭襄王听说"和氏璧"之后，十分喜欢，便想从赵惠文王那里夺来，马上派人送信给赵惠文王，表示愿意用十五城来换取赵国的这块和氏宝璧。此时，赵王很是为难，马上唤来大将军廉颇和大臣们商量。赵惠文王认为，要是把宝玉给了秦国，秦国的城邑恐怕不可能得到，白白地受骗；要是不给呢，又怕秦军来攻打赵国。赵惠文王确实没有什么好的办法来应对，只想派个使者到秦国去回复这件事，但也找不到合适的人选。正在这个时候，宦者令缪贤说："我的门客蔺相如可以派去。"赵王问："你怎么知道他可以呢？"缪贤回答说："为臣曾犯过罪，私下打算逃亡到燕国去，我的门客相如阻拦我，说：'您怎么会了解燕王呢？'我对他说：'我曾随从大王在国境上与燕王会见，燕王私下握住我的手，说愿意跟我交个朋友。因此我就了解他了，所以想逃往他那里去。'相如对我说：'赵国强，燕国弱，而您受宠于赵王，所以燕王想要和您结交。现在您是逃出赵国奔到燕国，燕国怕赵国，这种形势下燕王必定不敢收留您，而且还会把您捆绑起来送回赵国。您不如脱掉上衣，露出肩背，伏在斧刃之下请求治罪，这样也许侥幸被赦免。'臣听从了他的建议，大王您也就开恩赦免了为臣。为臣私下认为这人是个勇士，有智谋，派他出使很适宜。"

赵惠文王听后，马上召见了蔺相如，并询问他："秦王说要用十五座城来换我的宝璧，你看能不能答应？"蔺相如说："秦国强，赵国弱，我们不可不答应。"赵惠文王接着又问："秦国拿了我的宝璧，但不给我城，怎么办？"蔺相如说："秦国用城来换宝璧，要是不答应，赵国理亏。赵国给了宝璧，而秦国不给赵国城，那是秦国理曲。鉴于当前这两种情况，我们宁可答应，而叫秦国来承担不讲道理的责任。"赵惠文王又问："谁可出使秦国？"蔺相如说："大王如果确实找不到人，那我就去一趟。假如秦国把城划归赵国，我就把璧留在秦国。要不然，我一定完璧归赵。"赵惠文王听了蔺相如的话，就同意派遣他做使者，带着和氏璧西行去秦国试一试。

秦昭襄王听说赵国的使者送和氏璧来了，很得意地坐在章台上接见了蔺相如。蔺相如恭恭敬敬地把和氏璧献给秦王。秦王高兴极了，把璧递给美人及左右侍臣们传着看，左右的人看到宝璧，都兴奋地欢呼万岁。蔺相如见秦王根本没有偿付给赵国城池的意思，就上前对秦王说："璧上有瑕疵，让我指给大王瞧一瞧。"秦王把宝璧递给蔺相如。蔺相如持璧退后几步站住，靠着柱子怒发冲冠地对秦王说："赵惠文王接到大王情愿用十五座城来换这块和氏璧的书信时，集群臣商议。大臣们都说：'秦国贪得无厌，欲以谎言得璧，千万不能答应。'我却以为：'老百姓之间互相交往，尚且不至于欺骗，大国的君王哪能不讲信义？'赵惠文王听了我的话，斋戒了五天，然后派我来向大王送书献璧。赵惠文王如此这番，完全是表示对您及大国的尊重和恭敬。我来到秦国，大王却在一般的宫殿里接见我，礼节十分简单、傲慢。拿到宝璧，竟随便给美人们传看，分明是戏弄我。我看到大王没有偿付赵王城池的意思，才把宝璧拿了回来。如果大王一定要逼迫我，我的头颅今天就跟这块宝璧一起在柱子上撞碎。"蔺相如说着，持璧斜着眼打量柱子，想要向柱子撞去。秦王恐怕宝璧被他碰碎，就婉言道歉，让他千万不要这样做，并且找来有关官员查看地图，指点从地图的这里到那里的十五座城划归赵国。蔺相如猜想这是秦王的骗术，城是得不到的，就对秦王说："和氏璧，是天下公认的国宝。赵惠文王由于害怕秦国的强大，不敢不献给大王。赵惠文王送璧时，曾经斋戒五天。现在大王也应当斋戒五天，在朝廷上设置九宾（由九个典礼的傧相依次传呼，接引宾客上殿。这是古代最隆重的礼节仪式）的隆重仪式，我才能献璧。"秦王揣度难以强抢硬夺，就答应斋戒五天，好好款待蔺相如，安排他住了下来。蔺相如猜想秦王虽然答应斋戒，一旦背信弃义，不肯偿付城池，那可如何是好，于是就叫他的随员穿着百姓的粗布短衫，怀里揣着宝璧，从小路快速返回了赵国。

秦王斋戒五天后，在朝廷上设置了九宾的隆重仪式，传命带赵国使臣蔺相如来献和氏璧。蔺相如到后，便对秦王不客气地申诉说："秦国从穆公以来二十多位国君，没有一个是坚守信约的。我实在怕受大王的欺骗，对不住赵国。现在，我已叫人把和氏璧送回赵国了。谁都知道秦强而赵弱，只要秦国先把十五座城划给赵国，赵国怎敢留着宝璧不献给大王，而得罪秦国呢？我自知有罪，欺骗了大王，罪该万死，就让我受烹刑吧！"秦王和大臣们面面相觑，左右侍从就想拉蔺相如去严加处治。此时，秦王反而说："杀了蔺相如，终究不能得到宝璧，反而损害了秦赵两国的交情。还不如好好招待他，让他回赵国。想来赵王决不会为了一块璧而欺骗秦国。"秦王终于按照蔺相如的要求，以隆重的外交礼节在正殿上接见了他，然后打发他回国了。

蔺相如回到赵国后，赵王认为他是一位称职的大夫，出使能够不损国尊，反而完璧归赵，便封他为上大夫。以后秦国没有把城池给赵国，赵国也终究没有把和氏璧给秦国。

蔺相如完璧归赵的第二年，是赵惠文王十七年（公元前282年）。秦国借口赵国不跟它联合攻齐，便派兵攻下了赵国的两座城池。赵惠文王十八年（公元前281年），秦兵入侵赵国，攻下石城（约当今河南林县西南）。赵惠文王十九年（公元前280年），秦将白起率军攻打赵国，掠取光狼城（约当今山西高平市西），斩杀赵国3万百姓。秦国在对赵国进行军事威胁的同时，又在外交方面迫使赵国屈服。赵惠文王二十年（公元前279年），秦王派使者通知赵惠文王在西河外渑池（今河南渑池县西）地方作友好会见。赵惠文王畏惧秦国，想要辞谢不去。廉颇、蔺相如两人商量之后对赵惠文王说："大王不去赴会，显得我们赵国软弱、胆怯。"于是赵惠文王只能去和秦王相会，带蔺相如同行。廉颇送到国境上，与赵惠文王诀别时约定："大王出发之后，估计来回路程及会见的礼节完毕，前后不过三十天，要是过了三十天还没有回来，就请让我们立太子为王，用以断绝扣留您作为要挟的念头。"赵惠文王同意了廉颇的话。

赵惠文王到了渑池与秦王相会。席上，秦王酒喝得很畅快的时候，对赵惠文王说："我听说您喜欢弹瑟，请弹一曲给我听听。"赵惠文王就在筵席上弹了一曲。秦国的史官走上前来，写道："某年某月某日，秦王与赵王会饮，命令赵王弹瑟。"蔺相如上前对秦王说："赵王听说秦王擅长秦国的音乐，现在我奉献盆缶，请秦王敲敲以相娱乐。"秦王怒，不肯答应。蔺相如捧着盆缶上前，跪着献给秦王。秦王还是不肯敲。蔺相如说："我跟大王的距离不满五步，大王要是不答应我的请求，我可要把颈上的血溅到大王身上了！"秦王的侍卫们要杀蔺相如，蔺相如愤而瞪起了眼睛，大声呵斥他们，吓得那些侍卫直向后退。

秦王很不高兴，只得勉强在盆缶上敲了一下。蔺相如回头叫赵国的史官写道："某年某月某日，秦王为赵王击缶。"秦国的群臣说："请赵王送十五座城给秦王作为献礼。"蔺相如也说："请秦王把国都咸阳送给赵王作为献礼。"直到酒筵完毕，秦国始终不能占赵国的上风。赵国调集了大军提防秦国进犯，秦国也就不敢再有什么举动了。

渑池之会，赵惠文王回国后，因为蔺相如的功劳大，封为上卿，地位在廉颇之上。

廉颇逢人便说："我为赵将，有攻城野战的大功。蔺相如本来是个卑贱的人，就凭着一张嘴，地位反而在我之上，我觉得羞耻，不甘心在他以下！"他又扬言说："我碰到了蔺相如，一定要当面羞辱他一番。"蔺相如听到了这些话，不肯再同廉颇会面。每逢上朝的时候，他常常托病请假，不愿意跟廉颇争论位次的高下。

过了些时候，蔺相如出门，远远望见了廉颇，赶忙吩咐赶车的转过车子回避。蔺相如门下的人们，都规劝他说："我们远离家乡，投奔到您的门下，是因为敬仰您为人正义，勇敢不屈。如今，您和廉颇的职位相同，廉颇公开说出那些令人难堪的话，您害怕得躲闪回避，实在太委屈了。这样的事平常人也感到羞愧，何况是身为将相的人！我们的气量小，只好跟您告辞了。"蔺相如挽留他们，并解释说："诸位看廉将军跟秦王哪一个厉害？"大家都说秦王厉害。蔺相如说："请想一想，秦王的威势那么大，我蔺相如却在朝廷上当众呵斥他，使秦国的满朝文武都蒙受耻辱。我蔺相如虽然无能，难道会害怕廉将军吗？但是我想到，强暴的秦国之所以不敢出兵侵犯赵国，就因为有我和廉将军的缘故。现在两虎相争，必有一伤。我对廉将军的忍辱退让，是出于先国家之急而后私人恩怨。"此话传入廉颇之耳后，他很受感动。他解衣露膊，背着荆条，请门客作引导，到蔺相如门上负荆请罪。廉颇面对蔺相如说："我是个见识短浅的人，不知道将军竟宽恕我到这种地步！"终于两人成为誓同生死的朋友，所谓"卒相与欢，为刎颈之交"。廉颇上门请罪，也并非辱己，正是将军之美德，胸怀大局而坦荡荡。

廉颇、蔺相如的"相与欢"增强了赵国的力量，不断攻取齐魏两国的土地，而且能抗拒强秦的侵犯。

廉颇，生年不详。大约在公元前241年后的几年间，死于楚国的都城寿春（今安徽寿县西南）。赵惠文王十六年（公元前283年），廉颇率赵军大败齐军，攻取阳晋（今山东郓城县西），威名扬于诸侯，赵惠文王封为上卿。

战国时期各国在国君之下建立了以相将为首的一整套官吏机构作为统治工具。《尉缭子·原官》说："官分文武，惟王之二术也。"这和过去各国卿大夫同时掌握政权和兵权已经不同了。

相是"百官之长"（《荀子·王霸》），也称相国、丞相、宰相或相邦等。本来，相是诸侯朝聘时辅导行礼的官，宰是卿大夫的家臣，家宰总管一家的政务，邑宰掌管一邑的政务。但是春秋时代在某些国家里，已有总领百官的家宰、太宰或相，他们还是一些卿大夫的世袭官职，与后来的相已成为封建官吏机构首领并不一样。

将原是统帅军队的长官，又称将、上将军或大将军等，地位仅次于相，将军原是春秋时代晋国的称号，当时的卿大夫不仅有统治权力，而且有宗族和"私属"的军队。到了战国时代，由于统治范围的扩大，官吏机构的庞大、复杂，又由于常备军的建立和征兵制度的推行，战争规模的扩大和战争方式的改变，在官吏组织中不得不文武分家，产生了文官的首长相，武官的首长将。如齐威王时先后以邹忌、田婴为相，而另有田忌、申缚为将；魏惠王用惠施为相，庞涓为将；赵惠文王用蔺相如为相，廉颇为将。

4. 改革军事的专家

在秦开始变法的第三年，齐国的威王即位。他整顿吏治，奖励那些能够垦辟田野，使人民富足的官吏，而惩处那些不能推动生产，使人民贫困，还要行贿、欺君的人。他又任用邹忌为相，任用军事家孙膑改革军事，加强了齐国政治上、军事上的地位。

战国中期，战争日亟。显名当时、垂名后世的军事家孙膑是齐国人，孙武的后裔。"膑生阿鄄之间"，约在如今山东省的东阿县、鄄城县之间。生卒年月不可考，约与商鞅、孟子同时。

孙膑曾与庞涓一起学习兵法。后来庞涓做了魏惠王的将军，自认为不及孙膑，暗中派人邀孙膑至魏，借故施以膑刑（去膝盖骨），软禁。后来，孙膑在齐使臣的帮助下，秘密返回齐。齐将田忌对孙膑十分尊重。田忌与齐诸公子下注赛马，孙膑看到他们的马都差不多，便对田忌说："我能设法使你在比赛中取得胜利。"于是田忌就跟齐王及诸公子下了千金赌注。当时参赛的马分上中下三等，孙膑告诉田忌："用你的下等马和他们的上等马比赛，用你的上等马和他们的中等马比赛，用你的中等马和他们的下等马比赛。"比赛结果，田忌赢二输一，得到了齐王的千金。于是，田忌把孙膑推荐给齐威王。齐威王问孙膑以兵法，任为军师。孙膑在任军师期间，辅助田忌打了些胜仗。

公元前 354 年，魏攻赵，包围赵的都城邯郸。次年，赵请救于齐，齐威王欲以孙膑为将军。孙膑辞谢说："刑余之人不可。"齐威王以田忌为将，孙膑为军师。孙膑用"批亢捣虚""疾走大梁（魏都，今河南开封市）""攻其所必救"的战法，迫使魏军回救，而在中途拦腰截击，大败魏于桂陵（今河南长垣县西）。这就是历史上有名的"围魏救赵"之战。

公元前 342 年，魏攻韩，韩也告急于齐。齐仍派田忌为将军，孙膑为军师，直奔大梁。庞涓立即回师迎击齐军。孙膑对田忌说："魏军素称慓勇，从来看不起齐军，齐军也早有怯名在外。可利用之一战，智取庞涓。《兵法》曰：'急行百里之远，去争夺胜利，可能折损上将；急行五十里去争夺胜利，也不过有半数军队能按时到达。'齐军进入魏国后，第一天可造十万灶生火做饭，第二天造五万灶，第三天只造三万灶。"庞涓紧追齐军三天，看到齐军用灶锐减，喜曰："我早就知齐军胆怯，进入我境才三天，士卒逃亡就见过半。"庞涓便决定丢下步兵，率轻装精锐部队，日夜兼程，追逐齐军。孙膑推算庞涓的行军速度，那天傍晚之后，魏军当至马陵（今河北省大名县东南）。此地道路狭窄，两旁又多天然险阻，可设伏兵。

孙膑令人将道旁大树的皮削掉，在白树干上写上："庞涓死于此树之下。"又令齐军万名优秀射手，挟持弩弓，埋伏于道路两旁。约定天黑以后，看到火光，就一齐放箭。庞涓果然于当夜赶到此树之下，见白木上有字，就点燃火把，借光看字。齐军按约定，已万箭齐发。魏军遭此突袭，大乱之中狼狈逃窜。庞涓自知智穷兵败，乃自刭。临死之前满怀嫉恨地说："遂成竖子之名！"齐军乘胜尽破庞军，虏魏太子申以归。孙膑以此威名天下，传其兵法。魏在战国初期，原极为活跃。但两次失败后，在东方国家中的地位出现了变化。

据《汉书·艺文志》载，继春秋末年的《吴孙子兵法》（孙武兵法）82篇后，重要的有《齐武子》（孙膑兵法）89篇、《公孙鞅》（商鞅兵法）27篇、《吴起》（吴起兵法）48篇、《庞煖》（庞煖兵法）3篇、《倪良》（倪良兵法）1篇、《尉缭》（尉缭子兵法）31篇和《魏公子》（信陵公宾客所著兵法）21篇。《史记·司马穰苴列传》中又有《司马穰苴兵法》。可见，军事学从春秋末年到战国时代是最为发达的学问之一，其中的《孙子兵法》和《孙膑兵法》最为著名。

孙膑在我国军事史上，有着相当深远的影响。

权力继承的矛盾和各种利益的竞争，是中国古代奴隶制崩溃和向封建社会发展的一个特征。竞争引起了一系列的需求。军事的发展成为国家生死存亡的第一需要，生产力和生产技术的发展往往首先应用于军事。从青铜兵器到铁制兵器，从车兵到步兵再到骑兵，从陆战到水战，从城市攻防战到野外大规模会战，军事的发展在春秋战国时代以惊人的速度向前推进，产生了像《孙子兵法》这样伟大的军事著作，吴起、乐毅、廉颇、白起这样的名将。涌现了城濮之战、马陵之战、即墨之战、长平之战等杰出的战例。从战争性质来说，似乎是"春秋无义战"，但战争确实打乱了旧的社会体制，最大限度地调动了人的主观能动性和聪明智慧。

战争是你死我活的事情，人们逐渐认识到决定战争胜负的几个基本条件：强大的国家经济实力，众多的人口，优秀的政治家和军事将领。要具备这些条件，最重要的是要有适合的政策。为了寻求发展，各国不同程度地进行了政治、经济等方面的改革。战国时期的改革，要比春秋时代更为彻底，由原来的政策性变革进化到国家行政体制的根本性改革。

第十四讲　农业及技术的创获

　　商的主要生产部门是农业。这时期的农作物已有多种。郑州商代遗址中，发现稻谷的痕迹。见于甲骨文的农产品，有禾、黍、粟、麦、稷等字，还有米字；副业有桑、麻。在安阳殷墟发现有贮藏粮食的窖穴。窖壁和窖底，有的用草拌泥涂抹过。甲骨文中有"廩"字，意为仓廩，就是这样的窖穴。

　　从生产关系上看，商代已进入奴隶社会。商代有臣、妾、奚、仆、畜民等各种不同名称的奴隶，甲骨文中有把战俘投入到农业和畜牧业里的记录。商王朝本身的建立和文字构造及语法构造所达到的水平，都能证明这一点。但商代奴隶制的具体情况，还缺乏足以说明的直接材料。甲骨文里有"众"字。一种比较流行的解释，认为这是日下三人的象形，是农民在太阳下面辛苦劳作的形象，因而就说这是农业生产中的奴隶……

　　周代的诗篇描写广大的土地上有成千上万的劳动者在耕作，奴隶主农场上的粮食，堆积得像山丘一样。《诗》篇说："要准备一千个谷仓啊，要准备一万个笭筐啊，好来装这些黍稷稻粱啊。"这写的大概就是奴隶们在王田上集体劳动并获得大量丰收的情景。

　　农民在农村公社内，按照土地的肥瘠定期分配耕地。农民耕种着分得土地的一部分，而让另一部分土地休耕。过了若干年，耕地就要重新分配一次。田亩跟田亩之间，挖掘了灌溉渠，渠的旁边筑了道路。后人所传周代井田，没有具体的记载，可能就是指的这种土地区划。

　　农村公社的农民聚族而居。他们的聚居点叫"邑"或"社"，它的周围是广阔的田野。农民有自己的家屋、园圃。他们彼此间是平等的，但出入要受"里胥""邻长"等头目的干预，妇女还要集合起来"夜绩"。农民在从公社取得的份地上，进行着粮食、菜果、家畜、燃料、衣料等的自给。

周代的农业生产工具跟商代没有什么显著不同，但由于奴隶和农村公社农民在长期生产中积累了许多生产经验，农业生产仍然有显著的提高。在耕作方法上主要是"耦耕"。"耦耕"是两人合作耕作，可能是作较深的耕作的。在土地的使用方面，有比较进步的休耕制，在生产发达的地区逐渐代替撂荒制。简单的田间排水和引水技术也有所提高。作物生长过程中的除草和培苗已受到人们的注意，对于病虫害也能采取一定的措施，进行治理。农产品有稻、粱、黍、麦、菽、稷和桑、麻、瓜果之类，不但比商代的品种增多了，而且后世的主要农作物大都已经有了……

铁制农具的应用，使在农业上比较广泛地使用牲畜成为必要。春秋时期用牛耕田，已经是人们习见的事。战国时期还有用马耕的。铁耕和牛耕，是深耕细作的有利条件，对发展农业生产力起重要的作用。

春秋战国时期，跟发展农业生产力有密切关系的，还有水利工程的兴修。吴王夫差为了北上争霸，于公元前486年掘邗沟，自今江苏省扬州市江都区至今江苏省淮安县，沟通了江淮。后又续掘深沟，北连沂水，西接济水，贯通了淮河和黄河。这是一个很大的水利工程，但主要是用于水运。战国时期，魏国西门豹引漳河水灌溉（今河北省临漳县）田地，使大片盐碱地变成良田，显示了水利工程对增加农产的重要作用。秦国李冰在今四川灌县修建了都江堰，把岷江分成内外两支，消除了水患，便利了航运，并灌溉田地，使成都平原成为沃野。秦又用韩国水工、郑国修渠沟通泾水和北洛水，长300多里，引含有大量淤泥的水灌溉田地，把渠道两岸4万多顷卤地变成良田，使关中成为沃野。战国时期又使用桔槔灌田，利用杠杆原理，把低处的水比较省力地提到高处。

战国时期的农民已能识别土壤，改造土壤。他们把土壤分为九种，挑选适合的农作物种植。他们懂得较广泛地使用肥料。除粪肥外，还用草木灰或沤制绿肥。他们知道用动物骨头、麻子煮汁拌种，称为"粪种"。在种植及管理上，他们讲究不疏、不密、行正、通风、选苗、培根、除草及扑灭蝗、螟等害虫，当时已有"农家之学"。现存的《吕氏春秋》等书都有专讲农业的篇章。

东周初年和春秋战国时期农业上社会生产力的提高，逐渐改变了生产力的性质。除了生产工具的变化外，原来在农业中集体劳动的奴隶逐渐为个体农民所代替，原来在村社中劳动的农民也逐渐为个体农民所代替。

事实上，对个体农民的剥削，比起对奴隶的剥削来，对他们更为有利。

在村社里，以前那种按照土质肥瘠定期分配耕地的办法，也逐渐成为不必要的了。村社农民可以在自己使用的耕地上安排耕地和休耕，不必再跟村社里调换耕地。这样，某一个农民跟某一块耕地就形成了长期的使用关系。许多村社农民都变成了以一家一户为单位的个体生产的农民了。我们所知，最早以行政力量推行这种办法的是晋国。它是在公元前645年开始进行的。作为劳动力的个体农民的特点有两个。第一，劳动者依附于土地，这既不同于奴隶跟土地间的关系，也不同于村社农民跟土地的关系；第二，以耕织结合的一夫一妻的个体家庭作为一个生产单位，通常被称作"户"。这种特点，更加强了农民对土地的依附关系。

社会生产力的变革，必然会引起生产关系的变革。这种新的生产力，已不是奴隶制生产关系所能适合的生产力，而是封建制生产关系才能适合的生产力。这种生产力的体现者必须是有一定的人身自由和占有私经济的人，而不是"会说话的工具"。因而，在这种新生产力出现的同时，必然伴随着新的生产关系的出现，而对旧的生产关系起破坏作用。当剥削者以个体农民作为主要剥削对象的时候，他已不能像对奴隶那样去占有生产者，而只能不完全占有生产者。在这种条件下，他已经转化为地主了。

个体农民和地主间对抗的出现，就是封建制生产关系的出现。

在春秋中期以后，特别在战国时期，有些王侯由奴隶主转化为地主。大量的地主是因军功而得到土地，成为地主的。个体农民中，也有可能分化出一些地主。在土地可以买卖的地方，商人也可以成为地主。

封建的土地所有制，是地主土地所有制。地主之间有不同的政治身份或社会身份，这反映在土地所有权上，也就有不同的等级。自从春秋战国时期出现封建所有制以后，可以说这种所有制一直是等级所有制……

战国时期的商品，以农副产品为主，如粮食和丝、麻、帛、葛。

我国传统农业耕作和栽培技术的特点是给予农作物以最好的生长条件，精耕细作，从选种、耕作、播种、中耕除草、灌溉、施肥、防治病虫害到最后的收获，达到提高单位面积产量的目的。这一优良技术传统的初基，在春秋战国时期已奠定了。

关于先秦时期的农业，我们在此不可能全面细致地加以论述，只能点拨我们感兴趣的那一些。

1. 农具的发展变化

先秦农具的发展变化，为推进农业发展的重要因素之一。农具制作材料的发展，经历了石、木、骨、蚌农具→青铜农具→铁农具三个发展变化阶段。青铜农具较多地出现是在青铜冶炼已相当发达的商、周时代。出土青铜农具的种类有耑、铲、镢、镰等。青铜农具的出现是我国农具材料上的一个重大突破。青铜农具比木、石、骨、蚌农具轻巧锋利，硬度大，对劳动效率的提高有着重大作用。不过，青铜农具还不能完全取代石器，只有铁器才能做到这一点。基本上完成了金属农具代替木、石、骨、蚌农具的时间是春秋中期以后，战国时期铁农具的使用已较普遍。战国中晚期的铁农具质量又有提高，大多使用韧性铸铁制造，具有坚硬锋利、刃口耐磨和耐冲击的性能，大大增加了使用寿命。

随着农具制作材料的变化和农业耕作的需要，农具的种类和形制也不断发展。商周时期，原始挖土农具耒耜仍普遍使用，但形制有发展，出现了双齿耒耜。它是适应农田开沟沤而发展起来的挖土农具。耰，是这时期出现的另一新农具，作为碎土平田的整地农具。钱、镈也是这一时期出现的新农具，即形制不同而功用略似的除草工具。这些农具的出现，反映在整地和田间管理上，比原始社会农业有了明显进步。出土的春秋战国时期的铁农具有镢、镰、耑、锄、铲、耙、犁铧等，基本上已能适应开垦、耕翻、平整、除草松土、收割等主要生产环节的要求。同时，在战国时的魏、燕、赵、秦等地区都有铁犁铧出土，说明战国时牛耕已逐渐被广泛采用。从木、石、骨、蚌农具到铁农具的发明、使用，是生产工具上的革命；从完全的人力耕作到利用畜力，是农耕动力上的革命。这两项革命对推动耕作技术的革新和奠定精耕细作传统的基础均有深刻影响。

2. 物候历和二十四节气

农业产生后，由于掌握农时季节的需要，对物候的观察更加深入，从而成为人们掌握农时的最早一种手段。商、周时期出现了我国最早的物候历和物候诗：《夏小正》和《诗经·豳风·七月》。《夏小正》经文只有463字，按一年12个月分别记载物候、气象、天象和重要政事，主要是有关生产的农耕、蚕桑、养马等。举"正月"的记载为例：

物候：启蛰，雁北乡，雉震呴（鸣叫之意），鱼陟负冰，囿有见韭，田鼠出，獭祭鱼，鹰则为鸠，柳稊、梅、杏、杝桃则华，缇缟，鸡桴粥。

气象：时有俊风，寒日涤冻涂。

天象：鞠则见，初昏参中，斗柄县在下。

农事活动：农纬厥耒，农率均田，采芸。

从以上记载看，一是反映出远在3000多年前，我国的物候观测内容已很丰富。植物方面，对草本、木本都进行了观察；动物方面，凡鸟、禽、家禽和鱼类活动都已注意到了。二是记载时把物候与农事并列，说明我国很早就用物候知识为农业生产服务了。

历法是为社会生产实践的需要而创立的长时间的纪时系统。我国古代历法起源很早，原始社会末期可能已出现原始历法。我国独创的二十四节气，在古代历法中占有重要的地位，是为了农业生产的需要创立的。节气是太阳位置，也即气候寒暖的反映，与农作物的播种、生长以及收成都有密切的关系，所以引以为重。二十四节气逐步产生，先为冬至、夏至。《尚书·尧典》关于"四仲中星"的记载，就是用四组恒星黄昏时在正南天空的出现来确定季节的。所谓仲春、仲夏、仲秋、仲冬，即春分、夏至、秋分、冬至四个节气。"四仲中星"这项观象授时的重要成果，至迟商末周初已获得。《左传·鲁僖公五年》记载鲁僖公曾于"日南至"那天登观台，观看云色，并说当时"凡分、至、启、闭，必书云物为备故也"。"分""至""启""闭"就是两分、两至、四立，说明春秋时已有春分、秋分、夏至、冬至、立春、立夏、立秋、立冬八个节气了。虽然全部二十四节气的名称，在西汉初的《淮南子·天文训》中才出现，但战国末成书的《吕氏春秋》中，已记载有二十四节气的大部分名称。秦统一时制定的颛顼历，把历元定在立春，也证明二十四节气产生在秦统一全国之前。

二十四节气比较便于掌握农时，因而我国民间一直沿用至今。

3. 西周的灌溉

禹"尽力乎沟洫"，这说明夏代已经有了田间沟洫。《尚书·梓材》："若稽田，既勤敷菑，唯其陈修，力厥疆畎。"《诗经·大雅·绵》："乃疆乃理，乃宣乃亩，自西徂东，周爰执事。""宣"是宣泄，即开沟排水。这种沟洫当时主要用于排除田间积水。

西周时已掌握引水灌溉和取水灌溉两种人工灌溉方式。人工灌溉，《诗经·小雅·白华》"滮池北流，浸彼稻田"，意即利用滮池之水灌溉稻田。又《诗经·大雅·泂酌》"泂酌彼行潦，挹彼注兹，可以濯溉。""挹彼注兹"就是取水灌溉之意。至于水源的利用，除河水外，泉水也已被利用。《诗经·大雅·公刘》"观其泉流"，就是考察泉源，利用泉水进行灌溉。

春秋战国时期，由于井田制的破坏和土地私有制的出现，农田沟洫制度遭到破坏，代之而起的是农田水利工程设施及其灌溉渠系。这时期农田水利工程建设的特点是：工程规模从中小型突破到大型；工程技术开始从单纯泄洪和灌溉走向防旱、防沙、填淤、洗碱，以至航运等综合利用；水源则从地面水利用发展到地下水的开发；以及因地、因水制宜发展成多种类型水工建设。这时期先后出现的著名农田水利建设工程有：最大的陂塘蓄水工程芍陂，至今仍有效益的防洪灌溉分水工程都江堰，大型渠系灌溉工程郑国渠和多首制引水工程漳水渠等。

关于灌溉技术，古文献中只有零星的记载。《吕氏春秋·任地》中有"甽（畎）浴土"，可能是一种深沟灌水法，除浸润作物外，并有浴洗盐碱土壤，溶解带走有害盐分的作用。《周礼·地官·稻人》中有关于灌溉渠系分水、配水和排水情况的记载："稻人,掌稼下地,以潴蓄水,以防止水,以沟荡水,以遂均水,以列舍水,以浍泻水。"即修筑陂塘等蓄水工程为水源(以潴蓄水);挖渠筑堤束水导入干渠不使水流失(以防止水);由干渠分流支渠,再到斗渠,水平缓而畅流(以沟荡水);通过沟渠平均地把水分流到田头小沟(以遂均水);然后再由小沟流入田间,四围筑起田埂留住水(以列舍水);有涝情时则通过大浍排泄到川中(以浍泻水)。

井灌在战国时相当普遍,而且已从抱瓮灌溉发展到使用简单的提水机械——桔槔进行灌溉。

4. 战国时期肥料的使用

"荼蓼朽止,黍稷茂止",西周时人们已认识到腐烂在田里的杂草,能使作物生长茂盛。

我国施肥技术明确见于文献记载还是在战国时期。《荀子·富国》"掩地表亩,刺草殖谷,多粪肥田,是农夫众庶之事也";《韩非子·解老》"积力于田畴,必且粪溉";《吕氏春秋·季夏纪》"烧薙行水,利以杀草,如以热汤,可以粪田畴"。这些记载说明战国时期农田已普遍使用肥料而且同培肥田土联系在一起。《周礼·地官·草人》记载说:"草人,掌土化之法,以物地,相其宜而为之种。"同时,指出了具体的土化方法。所谓"土化之法",据郑玄注释,就是"化之使美",即用粪肥改良土壤的意思。以肥改土技术在我国不仅发明得早,而且成为我国以后农业生产中的一个优点。

5. 西周的选种与春秋战国的播种

人们把野生植物加以驯化栽培时需要有所选择,所以选种的历史很悠久。我国古代农作物选种和品种概念的文字记载最早见于《诗经》。

事实上，西周时的作物种类和品种之多，远超过古诗句中所列举的。

播种前的选种工作，西周时也已出现。《诗经·大雅·生民》："诞后稷之穑，有相之道，茀厥丰草，种之黄茂，实方实苞。"其中"种之黄茂""实方实苞"讲的就是选种。"种"在这里作动词用，为选种之意；"黄茂"是光润美好之意；"方"和"苞"为大而饱满之意。总起来的意思就是说要选择色泽光润美好和大而饱满的籽粒为种子。

春秋战国时期，人们对播种很重视，播种技术也相当进步。在播种方法上提倡条播，认为条播有"茎生有行，故速长；弱不相害，故速大"的优点。在播种密度上指出"慎其种，勿使数（密的意思），亦无使疏"；并注意到"树肥无使扶疏，树磽不欲专生而族居"，即肥地宜密，薄地宜疏，要合理密植的意思。在覆土要求上是"于其施土，无使不足，亦无使有余"。在株行距上则要求"衡（横）行必得，纵行必术"，做到"正其行，通其风"，即要求纵横成行，保证田间通风。出苗后还要"长其兄而去其弟"，即留强苗间去弱苗。

6. 田间管理之重要环节

原始农业生产中只有播种、收割和产品加工三个环节。到了商、周时期，田间管理已发展成为农业生产中的一个重要环节。甲骨文中的"𡥈"，古文字学家认为是双手壅土培苗的形象。那么，田间管理中的除草、培土技术当萌芽于商代，《诗经·小雅·甫田》："今适南亩，或耘或籽，黍稷薿薿。"《毛传》："耘，除草也；籽，雝（壅）本也。"《诗经·周颂·良耜》："其镈（锄类）斯赵，以薅荼蓼；荼蓼朽止，黍稷茂止。"这两段诗反映出西周时已用金属制的镈来除去田间杂草，并认识到中耕除草对作物生长所起的良好作用。春秋战国时期进一步提出了"易耨""熟耘"，即多除草，除干净的要求。《吕氏春秋·任地》中提出的"五耕五耨，必审以尽"，就是这个要求的具体化。

"秉畀炎火"，以火治虫的技术在3000多年前的西周时已采用。战国时期还用深耕的办法来消除或减轻草害和虫害，《吕氏春秋·任地》："其深殖之度，阴土必得；大草不生，又无螟蜮。"

7. 五谷的传统地位

粮食作物，古代称作谷。谷的品种相当多，故有"百谷"之称。其中主要的品种，是"五谷"。关于五谷的解释，说法不一，而多用以指黍、粟、麦、稻和大豆。这五种谷，在先秦时期固然是主要的粮食作物，一直到现在还在不同程度上分别保持它们的传统地位。

（1）新石器时代遗址中已发现黍

黍，原产我国黄河流域，新石器时代遗址中已有发现。《夏小正》中有种黍、穬黍的记载。卜辞中黍字，凡百余见，其他粮食作物的字多者数十见，少者数见、一见。黍，在《诗经》中出现的次数亦占各种作物名称的首位。黍，在夏、商、西周是最主要的粮食作物之一。这是因为黍有耐旱、耐碱、生育期短的特点，正好与黄土地区干旱、多盐碱地的自然条件相适应。黍类与杂草竞争能力强，尤其适宜在新垦田中种植，在农垦之初种植，特别普遍。但它的产量不及粟，其在粮食生产中的地位亦次于粟。

到了春秋时代，黍的地位明显下降。《春秋》重视禾麦，罕言黍。人们以黍配鸡饷客，黍好吃，但产量低，为贵族常食，一般平民以稷为食，丰年亦食黍饭，可见黍是比较珍贵了。但在北方，黍仍然保持它作为主粮的地位，如《孟子·告子》说："夫貉，五谷不生，惟黍生之。"穆天子传，载周穆王西征时沿途国家多以稷麦相饷。稷也是黍属，黏者为黍，不黏者为稷。

（2）距今七八千年已有了粟

粟，在先秦时代亦称禾、稷、粢。粟耐旱，也是黄土地区有天然适应性的植物，被公认原产于我国黄河流域。从考古材料看，早在距今七八千年即已成为黄河中下游地区的主要粮食作物。由于粟早已是最重要的粮食作物，卜辞中的禾已成为粮食作物的共名。于是又出现了粢作为粟的专名。甲骨文中，粢字出现的次数仅次于黍。在《诗经》中，禾是谷类总名，间或亦作粟之专名，而更多是以稷名粟。稷之未秀者称苗，稷实称粟，好粟为粱。稷在《诗》中出现次数虽比黍略少，但加上其别称禾苗、粟及别称梁、秬、芑，则出现次数多于黍及其别称，正与粟作为主要粮食作物的地位相当。

春秋时代，粟的地位继续上升。《左传》所载谷物以禾为多。《汉书·食货志》载董仲舒语："《春秋》它谷不书，至于麦禾不成则书之，以见圣人于五谷最重麦与禾也。"《论语》中粟作为民食，作为俸禄，作为赋纳，出现次数最多。以后《墨子》《孟子》《荀子》《管子》等书均菽粟并称，视其为当时人民的主粮。《吕氏春秋·审时》，则把禾放在粮食作物之首。由此可见，粟在先秦时代始终是黄河流域的主要粮食作物。

（3）距今约3800年左右初步鉴定有了麦

最早的小麦遗存发现在新疆孔雀河畔的古墓沟墓地，距今约3800年左右，初步鉴定为普通小麦。在距今2800年的天山北麓巴里坤石人子第遗址中亦有炭化小麦出土。成书于战国时代的《穆天子传》记述周穆王西游时，发现新疆、青海一带部落馈赠的食品中亦有麦。这些事实表明，原产西亚的小麦很可能是通过新疆河湟这一途径传进中原的。传进时间当在原始时代之末或文明时代之初。

先秦时代种植的麦类包括小麦和大麦，一般秋种夏收，被称为"谷之始"（《管子·轻重己》），有"接绝续乏"之功，亦利于作物轮种。但需水量比粟黍大得多。因此，它在黄河流域是随着金属工具的推广和生产技术的进步而逐步发展的。商代和西周麦类种植并不普遍。春秋时代以后，麦作在近海而雨量稍多的黄河下游地区获得较大发展。春秋时代东方《诗》多有言麦者，如《卫风·载驰》："我行其野，芃芃其麦。"种麦面积似已不小。《左传》中种麦的记载更多。据《周礼·职方氏》并郑注，产麦的有青、兖、豫、并四州，与东周诗和《春秋》经传所载大体相合。《礼记·月令》季春"祈麦实"，孟夏"登麦"，仲秋"劝种麦"，对种麦十分重视，主要反映了春秋以后东方情况。相比之下，黄土高原直到汉代种麦还是不多的。

（4）7000年前长江下游地区已出现了稻

我国是栽培稻的起源地，早在距今7000年前，长江下游地区已出现了发达的稻作文化。《周礼·职方氏》辨天下之财用，周知其利害，"扬州宜稻"，"荆州宜稻"。《史记·货殖传》："总之，楚越之地，地广人稀，饭稻羹鱼。"这些材料说明我国南方自古产稻；种稻是长江流域及其以南地区农业的特点。

值得注意的是先秦时代北方产稻地区比现在为广。《史记·夏本纪》说大禹治水后在北方发展水稻生产。《周礼·职方氏》载除荆、扬宜稻外：青、幽、兖、豫、并亦兼宜稻，唯雍、冀二州未言宜稻。但从《豳风·七月》《唐风·鸨羽》《小雅·甫田》《白华》《周颂·丰年》《鲁颂·閟宫》等诗篇看，雍、冀二州也产稻。造成上述情况的原因，是黄河流域先秦时代比今天温暖，宜种稻的下隰地较多。战国时代下隰地虽然减少，但农田灌溉发展起来了，尤其是黄河及其支流两岸的盐碱地，相当一部分在灌淤后改为稻田（漳水 12 渠及郑国渠即其例），这使北方的稻作继续得到发展。

先秦时代北方种稻地区虽然很广，但种植面积却不大，在黄河流域的作物构成中，稻比不上黍稷甚至菽麦的地位。稻和粱都是珍贵的食品，食稻和衣锦一样看成高级的享受。先秦北方的稻大多是用来酿酒的。

（5）原始社会末期可能已有了大豆

世界公认我国是大豆原产地。大豆在先秦称菽。菽字始见于金文。在《大雅·生民》中，周人追述其先祖后稷从小种植"荏菽"，亦即大豆。这意味着我国原始社会末期可能已有大豆的栽培。但目前最早的大豆实物遗存，是山西侯马出土的春秋时期大豆。《豳风·七月》及《小雅》一些篇章中谈到烹菽、采菽和获菽。除栽培大豆外，似乎还在采集野生大豆。

东北地区诸侯似乎很早就种大豆。《逸周书·五令解》记载山戎（山戎是与东胡有密切关系的少数民族，春秋时在燕国之北）向周成王贡献特产"戎菽"。《管子·戒》说："（齐桓公）北伐山戎，出冬葱及戎菽，布之天下。"这大概是一种优良的大豆品种，进入中原后，深得中原人民珍爱，获得迅速推广。

春秋末年及战国时代，诸子书言民食多把菽粟并提，说明菽已居主要粮食地位。从睡虎地秦简有关资料看，菽、麦的价钱比禾（粟）贱，说明大豆生产直到战国末期仍然是很普遍的。

大豆生产在战国时代迅速发展并非偶然。战国时代从休闲制转变为连作制，而豆科作物与禾谷类作物的轮作正好适应了新条件下维持地力的需要。

大豆可以春夏两季播种，是一种"保岁易为"的备荒作物。它对土壤和气候条件的要求不高，山区隙地都可种植，这也适应了当时扩大耕地面积的需要。

（6）粮食作物构成和布局

先秦时代粮食作物构成和布局的特点，其一，粟一直是最主要的粮食作物。黍是主要粮食作物之一，但其地位逐步下降。水稻自大禹在中原地区推广后，在黄河流域分布之广泛仅次于黍稷。麦、菽是重要粮食作物，其地位在春秋以后不断上升，尤其是菽，成为战国时与粟并列的主粮。麻在粮食作物中不占重要地位。从先秦实际情况看，如《墨子·尚贤中》："贤者之治邑也，蚤出暮入，耕稼树艺，聚菽粟，是以菽粟多而民足乎食。"《荀子·王荆》："工贾不耕田而足菽粟。"五谷应为黍、稷、稻、菽、麦。其二，商代和西周，大抵以黍、稷为主。春秋时代黄河下游地区以禾、麦为主，黄河中游地区仍以黍、稷为主。战国时代以粟、菽为主。其三，从地区看，黄河中下游以粟、黍、菽、麦等旱粮为主，长江流域及以南以水稻为主，北方以黍穄为主，西方以稷麦为主。

人工栽培蔬菜、果树的园圃至迟在商代已出现。甲骨文中有三种不同写法的"圃"字。甲骨文中还有"囿"字。囿内也种植蔬果。《诗经·豳风·七月》："九月筑场圃，十月纳禾稼。"菜圃和场地相结合，说明西周时园圃还是一种附属于农业的经营。《论语·子路》中提到了"老农"和"老圃"。"老圃"就是专门经营园艺的老农。

春秋战国时期，人工栽培或人工保护的蔬菜已有瓜、瓠、菽、韭、葱、薤、蒜、葵、蔓菁、菱、荷、芹、笋、姜等十五六种。人工栽培的果树有桃、李、梅、杏、枣、梨、桔、柚、榛、栗等十多种。关于园艺栽培技术，古文献中也有零星记载。一是有了明确的地宜观点，《管子·地员》对各类土壤适宜的果木作了论述，如"五息之土"宜生长枣；"五沃之土"宜生长梅、杏、桃、李、棘、棠；"五位之土"宜生长桃、枣等。《周礼·考工记》还指出橘不宜种于淮北，"橘逾淮而为枳"。《吕氏春秋·师尊》则有"治唐园，疾浸灌"的记载，意思说种植蔬菜的园子须及时灌溉。

第十五讲　古代数学的重大成就

在中国的历史中，农学、医药学、天文学和数学，是我国著名的四大学科。

数学是研究现实世界空间形式和数量关系的科学。原始数学知识是从人类生产和生活的需要中产生的。由于农业和手工业规模的扩大，货物交换的繁荣，尤其是丈量土地、建筑房屋、兴修水利、制造器皿、制定历法等实践活动，迫切需要相应的数学方法和计算技能，从而推动了数学的发展。

从远古到春秋战国时期，在中国数学史上具有深远影响和世界意义的杰出成就有：一，创造十进位置制记数法；二，发明算筹和筹算；三，发明规矩；四，发现勾股定理和创立勾股测量方法；五，创立早期的数学教育制度。

1. 远古和上古之数学的萌发

在远古和上古时代，最初仅能分辨多少和大小，而数量与形状是与具体事物联系在一起的。经过长期反复的实践，逐渐积累了大量关于事物数量和物体形状的认识，终于从事物的具体属性中，抽象出纯粹的数与形的原始概念，这是十分了不起的。传说"上古结绳而治，后世圣人易之以书契"，此为由绳结多少，表示数量的多少，这是数字产生以前的原始方法。"契"指的是刻划。在仰韶文化及年代稍晚的马家窑文化等遗址中出土的陶器上，有50多种刻划符号，其中如丨（1）、丨丨（2）、

Ⅲ（3）、Ⅲ（4）、Ⅹ（5）、∧（6）、十（7）等，很可能是我国最早的记数符号。

从河套人的骨器到仰韶文化的彩陶，大量器物上绘有直线、折线、平行线、三角、弧、圆、方、菱形、五边形、六边形、各种对称图形以及一些相当复杂的几何图案；许多器物制成柱、锥、球等规整的几何形状；在西安半坡遗址，发现有圆形和正方形房屋基地，因此当时必定存在某种确定方圆的简单方法。这些都反映出远古人们已经有了一定程度的抽象形体概念和粗浅的几何知识。

2. 甲骨文卜辞中的文字记数法

文字产生以后，相应出现了明确的十进制记数法。在殷周甲骨文卜辞里，已有表示基本数目的专用文字：一（1）、二（2）、三（3）、三（4）、Ⅹ（5）、∩或∧（6）、十（7）（8）、九（9）、丨（10）。大于 10 的自然数采用十进制。记多位数用合文。甲骨文记录的最大数字是 3 万。在西周铜器铭文中，个别记数文字虽然有所变化，但整个记数系统仍然采用十进制。汉代以后，记数文字已经与现代基本一致了。此外，殷商就已使用的 60 循环的干支纪年纪日法，一直沿用至今。在《周易》中，用阳爻（—）和阴爻（--）两种符号排列而成的八卦、六十四卦，体现了二进制的思维。

3. 算筹和筹算之创举性发明

算筹是一种特制的小竹棍，也有用木、骨、铁等材料制作的，在中国古代曾长期作为记数和计算的工具。算筹一般都盛放在算子筒里，出外时则装在一个特制的丝袋（称为"算袋"）里，佩带于使用者的腰部。《汉书》记载："其算用竹，径一分，长六寸。"《隋书》则说："其算用竹，广二分，长三寸。"这可能说明算筹随着时代不同而变短变小，这样使用起来更加方便。1971 年 8 月，陕西千阳西汉墓中出土了骨质算筹。

这些细长圆柱形的算筹，两头齐整，粗细比较均匀，大多长度为13.5厘米，直径平均为0.3厘米，按古尺折算，其形制与《汉书》记载基本相符。用算筹表示数字，有两种摆法：算筹记数法则是"一纵十横，百立千僵。千，十相望，万，百相当……"把同一个数码放在十位就代表几十，放在百位就代表几百，并且纵横两式交错放置，以免混淆。用空位表示零。这是很完备的十进位置制记数法。这种记数方法简单明确，一目了然，易于掌握，用一些竹筹即可表示任何数字，其优越性是十分明显的。到了汉代，还出现了用红色算筹表示正数和用黑色算筹表示负数的方法。世界上一些文化发源较早的国家也分别采用过十进制和位置制。例如，古巴比伦人采用位置制，但用的是60进制。中美洲的玛雅人也知道位置制的道理，而用的是20进制。在罗马数字中，5的符号是V，左边放上I，是4（Ⅳ），右边放上I是6（Ⅵ）。10的符号是X，而Ⅸ表示9，Ⅺ表示11。至于百、千、万又各有符号。用这种记数法表示较大数目相当复杂。古希腊用27个希腊字母相互配合才能表示1000以内的数目，也非常烦琐。古埃及使用的记数法是十进制，但不是位置制。既用十进制又用位置制的记数法，以中国为最早，据现有资料，一直到公元六、七世纪，印度才采用十进位置制记数法，而其他国家更要晚得多。十世纪后，印度的十进位置制数码经阿拉伯传入地中海国家和西欧各国，并被称为"阿拉伯数码"。实际上，现在世界通用的十进位置制记数法很可能起源于中国。

筹算，即用算筹进行计算。算筹和筹算究竟产生于什么时代，由于缺乏资料，现在还无法肯定。甲骨文中有些记数文字类似于算筹的摆法。西周时期，数学是贵族子弟必修的科目之一。而早在春秋时期，乘法表（即古代乘法口诀，从九九八十一开始，到一一如一为止，亦称"九九"）就已经成为十分普通的常识。根据这些情况来看，算筹记数和简单的四则运算，很可能在西周时期就已产生了。一直到13世纪的元朝，珠算法逐渐推广之前，筹算制度沿用了2000多年。中国古代数学的许多辉煌成就，正是在筹算的基础上取得的。

算筹和筹算的发明，是中国古代数学的重大成就，其出现不会晚于西周。

4. 规与矩及勾股定理

我国很早就发明了简单方便的绘图工具和测绘仪器——规和矩。《史记》记载夏禹治水时"左准绳，右规矩"，反映了规、矩、准、绳作为测量和绘图工具在兴修水利时所受到的重视。古代的"规"相当于圆规，"矩"类似木工用的曲尺。在甲骨文中就已经有了规和矩两个字。"规"字是手执规画圆的样子，"矩"字写作匸。汉代的许多画像砖石，绘有伏羲执矩，女娲执规的图像，从中可以看出古代规和矩的基本形制。

在与"矩"有关的记载中，最重要的命题就是勾股定理（直角三角形的两条直角边平方之和等于斜边的平方）。勾股定理是我国早期数学史上最重大的发现之一。《周髀算经》记载，西周初期周公与商高讨论天文学问题时提到"故折矩，以为勾广三，股修四，径隅五"，即勾股形三边之比为 3:4:5，这是特殊形式的勾股定理。此外，该书还提到"环矩以为圆"的性质。《周髀算经》约成书于公元前 1 世纪，时代较晚。因此，有人怀疑该书所记周公与商高问答的可靠性。当然，有关勾股定理的发现时代问题，还需要更多的佐证。但联系到中国远古时代水利与建筑工程的复杂程度与所需的测量知识，那么，我国很早就发现了一般形式的勾股定理，这是毋庸置疑的。规可以作圆和弧，矩可以作直线和直角。据《周髀算经》记载，矩在测量方面的用法是"平矩以正绳，偃矩以望高，复矩以测深，卧矩以知远"，即利用矩的不同摆法根据勾股形对应边成比例的关系，可以确定水平和垂直方向，测量远处物体的高度、深度和距离。

5. 实践中扩展的数学知识

春秋战国时期，百家争鸣，学术繁荣。废除井田，履亩而税，需要丈量土地面积，建筑城堡，兴修水利，计算人工，需要知道体积和比例分配，制定历法，制造器皿，需要认识部分与整体的关系和掌握分数概念。因此，数学也获得了相应的发展，特别是更加充实了有关分数、比例、面积和体积等方面的数学知识。古四分历法和乐律计算中的"三分损益法"，要用到分数，1/3，2/3，1/4。当时不少文献中也都记载了有关分数的资料。如"十分寸之一谓之枚"，即"枚"等于1/10寸；"兵矢、田矢五分，二在前，三在后"等。据记载，齐国的标准量器"釜"，应合64升，而每升容积为$15\frac{5}{8}$立方寸。一直流传至今的秦国标准量器"商鞅量"，其容积为$16\frac{1}{5}$立方寸。战国时各自为政，各地区的度量衡制彼此不同，并且也不全是十进制。一直到秦始皇时才进行统一度量衡的工作，并基本上采用了十进制的度量衡单位。在《考工记》里，还出现了初步的角度概念。其中以"倨勾"二字表示角，这类似于用"多少"表示数量，用"长短"表示长度。"倨"是钝角，"勾"是锐角。直角叫作"倨勾中矩"或简称"一矩"，等于90°。"宣"相当于45°，"欘"相当于67°30′，"柯"相当于101°15′等等。此外，《考工记》中还提到：筑氏为削，"合六而成规"，"削"是圆弧形的刀，六件"削"可以拼成一个圆周；天子之弓，"合九而成规"；诸侯之弓，"合七而成规"。这些都说明对于由矩发展而来的角度概念，已经有了新的认识。公元前6世纪，楚国令尹筑沂城，晋国士弥牟设计修建成周城，都测算过城墙的长度、宽度和高度，计算了城墙和沟洫的土石方量、工程期限、所需的人工物料、劳动力往返里程及需用粮食数量等。如《左传》记载，"士弥牟营成周，计丈数，揣高卑，度厚薄，仞沟洫，物土方，议远迩，量事期，计徒庸，虑材用，书糇粮，以令役于诸侯……"由于整个工程计划周密，分工明确，因而很快完成了筑城任务。显然，这一时期已经掌握了有关简单几何形体的体积计算和解决比例分配问题的数学方法。

6. 数学思想的深化与理论研究的尝试

在这一时期，墨家、名家及其他学派，还总结和提炼出许多抽象的数学概念和合乎逻辑的命题，反映了这一时期数学思想的深化和力图进行理论研究的尝试。例如，在《墨经》中载有墨家给一些几何概念所下的比较严格的定义：圆，"一中同长也"；平，"同高也"；直，"参也"，用三点共线定义"直"；同长，"以正相尽也"，定义线段相等；中，"同长也"，定义线段中点；方，"柱隅四匝也"定义正方形或矩形。此外，《墨经》中还有关于点、线、面、体及它们之间相互关系的说明。《墨经》中还提出，"一少于二而多于五，说在建位"，1 比 2 小，但却比 5 大，其原因在于数位的不同，这里显然指的是位置制记数法。稍后于墨子的庄子，记述了惠施等人的学说，其中如"至大无外，谓之大一；至小无内，谓之小一"，涉及穷的概念，说明名家对于无穷大和无穷小已有较深刻的认识。在《庄子》中，还记载了辩者公孙龙提出的命题"一尺之棰，日取其半，万世不竭"，就是把一根一尺长的木棒，每天截取前一天所剩下的一半，如此下去，永远也不会取完。这相当于数列 $1/2$，$1/2^2$，$1/2^3$……$1/2^n$……趋向于零而不等于零。这个著名的论断，现在讲授数列极限时仍然常常引用。上述比较严格的定义，简单的极限概念和其他数学命题，是在大量感性认识的基础上总结和抽象出来的理性认识，虽然还比较粗糙，带有一定的思辨性质，也没有形成严密的逻辑体系，但无疑都是精彩宝贵的数学思想。可惜的是，墨家等学派这种建立定义和命题，重视抽象性和逻辑严密性的新思想和新尝试，后来没有得到很好的继承和发展。中国数学沿着另外一条道路，逐步形成了一套以算法为核心的数学体系。

7. 深入制度化的数学教育

我国数学教育有着悠久的历史。早在西周时期，数学和数学教育就在一定程度上受到重视，并且建立了比较正规的数学教育制度。据《礼记》记载，周朝规定"六年（6 岁）教之数与方名，九年教之数目，十年出就外傅（教师），居宿于外，学书计"。《汉书》记载，"八岁入小学，学六甲、五方、书计之事"，说明当时的贵族子弟接受初等教育，从 6 岁或 8 岁开始学习数数和辨认方向，9 岁学习干支纪日法，10 岁学习书计，其中的"计"是指一般计算能力的培养，"书计"大致相当于现在的语文和算术。当时还设有称为"保氏"的官员，专门负责对贵族子弟进行教育。数学是"六艺"（礼、乐、射、御、书、数）之一，成为必须学习的一门课程，这门课程包括九项内容，称为"九数"。在周朝，还设有专门掌管天文历法的官员"冯相氏"和"保章氏"，以及掌管财政统计的官员"司会"，军队中也有负责武器、粮饷等收支计算的官员"法算"，这些人当然具有相当程度的数学知识。当时还把世代相传专门负责天文历法和通晓数学的人，称为"畴人"，也就是早期的天文学家和数学家。周朝衰落以后，"畴人"子弟分散到各诸侯国，私家讲学也逐渐兴盛起来，对各地区的数学普及和发展，起了一定的推动作用。春秋战国以后，数学常识为越来越广泛的人所掌握，"能书会计"（能写会算）成为介绍和鉴定官员才能的一项重要内容。

第十六讲　中国传统医学的萌芽

科技文化方面，在医学上，甲骨文中有头、眼、耳、口、牙、舌、喉、鼻、腹、足、趾、尿、产、妇、小儿、传染等疾病，治疗上除用药外，还有针刺、艾灸、按摩。又有医官名小疒臣。

中国传统医学，习惯地称为中医。中医学是中国人民数千年来同疾病和不良的卫生环境做斗争的经验积累和理论概括，其内容十分丰富。

1. 传统医学的起源

中医学的起源，历来存在着不同的看法。先秦、秦汉时期的学者，对医药卫生的起源，已多有讨论。《淮南子·修务训》：神农氏"尝百草之滋味，水泉之甘苦，令民知所避就。当此之时，一日而遇七十毒"，"始有医药"。这反映出早在远古时期，人们在日常寻觅食物，以求温饱的劳动中，不但对植物药性功用积累着感性认识，而且对其适合于某些伤损、疾病的治疗，也总结了经验教训。《帝王世纪》："伏羲画八卦，所以六气六腑，五行五藏，阴阳四时，水火升降，得以有象，百病之理，得以有类。乃尝百药而制九针，以拯夭枉。"这反映出先民在生产、生活实践中谋求健康，逐步认识了人体、气象同疾病之间的关系，以及总结医学理论和创制医疗器械、用药原则等的原始状况。《史记·扁鹊仓公列传》："上古之时，医有俞跗，治病不以汤药，乃割皮解肌，诀脉结筋，搦荒爪幕，湔浣肠胃……"

新石器时代的考古发现中，有山东胶县三里河遗址人头骨变形和侧门牙被拔除的情况。大汶口遗址、曲阜西夏侯，江苏邳州市大墩子，福建闽侯石山以及台湾屏东鹅銮鼻等新石器时代墓葬都有相同的发现。这种拔除和变形，绝不全是外伤所成，而是出于美观或其他需要而进行的手术所致。这就证明《史记》记述的上古外科治疗技术是有史实根据的，并不是想象之辞。

中国传统医学源于伏羲、神农、黄帝以及上古时之俞跗、岐伯等说，虽有神话色彩，但反映了医药学萌芽时期的状况。把这些传说理解为始于一定时期的群体经验，可能更符合历史实际。

2. 传统医学与巫术

中医学同世界各民族医学发展的早期情况，基本上是一致的。最早期群体医疗经验的积累，为随着社会发展而逐渐兴起的祖先崇拜、巫术和宗教观念所利用，甚至早期的朴素经验由巫术、巫医取而代之。这种情况在中国以殷商时期最为突出。从大量出土的甲骨文可以看出，当时奴隶主阶级的医疗活动，几乎都运用占卜祈祷祖先神鬼以求疾病伤痛的痊疗，或卜问疾病的发展情况。例如：贞病齿，告于丁，贞疾舌，奉于妣庚。癸巳卜㲉，贞子渔病目，福告于父乙。贞有病年，其死。

《山海经·海内西经》记载："开明东，有巫彭、巫抵、巫阳、巫履、巫凡、巫相，皆操不死之药以距之。"这正是医药学发展在商周时期的真实写照，一则依赖巫师祈祷鬼神先祖以求痊疗，一则虽然在治病中施行巫术，但仍仰赖不死之药。此时期的医疗也并非完全为巫师所掌握，民间朴素医疗经验积累仍不断进行着。例如：甲骨文关于头、耳、眼、鼻、口、齿、舌、喉、心、肠胃、手、臂、关节、足、止、骨等解剖部位之记述；关于瘤、跌伤、耳鸣、蛀齿、下痢、失明等疾病及症候之论断；关于疾病灾祸之缠延不断、断气、丧命、死亡等之形容和结论，都反映了殷商时期我国医疗经验和认识水平。中国象形文字在其创造之初，如表示腹中有虫的"蛊"字，表示牙齿被虫蚀的"龋"字，以及"醫"字本身从匚、矢、殳、酉等，表示运用酒类洗疗箭矢、刃伤及撞击、钝伤。这些文字的形、声含义，也提供了了解早期医学水平的宝贵资料。《周礼》："春时有痟首疾，夏时有痒疥疾，秋时有疟寒疾，冬时有嗽上气疾。"《礼记·月令》记有："孟春行秋令，则民大疫；季春行夏令，则民多疾疫；仲夏行秋令，则民殃于疫；仲冬之月，地气沮弛……民必疾疫。"表明这一时期在探索疾病与季节、气候异常变化的关系方面，取得了显著的成绩。其代表人物，当推秦名医——医和。《左传》昭公元年记述医和给晋侯诊病时的医理论述："天有六气，降生五味，发为五色，征为五声，淫生六疾。六气曰：阴、阳、风、雨、晦、明也……阴淫寒疾，阳淫热疾，风淫末疾，雨淫腹疾，晦淫惑疾，明淫心疾。"这段精辟的病因、病理论断，将中国传统医学推向一个新的高度，它标志着医学与巫术的决裂。《史记·扁鹊仓公列传》在论述秦越人一生的业绩时，有"六不治"（即六种情况下不施治）的概括，其一即"信巫不信医"。可见，巫医在春秋时期已不再占有优势地位。《黄帝内经素问·五脏别论》："拘于鬼神者，不可与言至德。"这一结论同《内经》其他论述一样，影响中医学两千年的发展，保证了中医学的非鬼神观念。

3. 早期的药物知识和用药剂型

随着医疗经验的积累，人们对药物的认识更为丰富。《周礼·天官》说："以五味、五谷、五药养其病，以五气、五声、五色视其死生"，"凡疗疡以五毒攻之，以五气养之，以五药疗之，以五味节之"，可见用药之知识已很丰富。在《诗经》和《山海经》等文献中，也大量记录有预防疾病、治疗疾病的植物药、动物药、矿物药。《诗经》记有药用植物50余种。《山海经》记有补药、避孕药、预防药、解毒药、杀虫药等126种。《周礼》所谓五味，乃指药物分属于辛、甘、苦、酸等性味。所谓五药，乃指草、木、虫、石、谷的早期分类。药物知识的积累，促进了用药方法的进步，而服药以何剂型最为方便有效，用药途径如何最好，就提到医学家的研究课题上了。

精通针灸的历史学家——皇甫士安，在论述药物剂型的历史时说："伊尹以亚圣之才，撰用神农本草，以为汤液。"伊尹是商汤时之右相，出身于烹饪师，本是奴隶。他曾讲过："阳朴之姜，招摇之桂。"姜和桂均系调味品，也是医学家用以祛风除寒的常用药。我国有"医食同源"之说，现在习用之汤药剂型可能即源出伊尹。

酒也很早广泛用于医疗，"醫"字从酉，就是一个有力的证据。在殷商甲骨文中有"鬯其酒"，即用百草之香，酿而为酒，用作处理尸体，以防腐败和臭烂。《内经》强调："汤液醪醴。"《汉书》也有酒为"百药之长"的论述。这些都反映了药物学从单味药过渡到数味药的组合应用，以及使用煎汤煮沸和酒浸泡制等剂型以求速效的历史过程。

马王堆三号汉墓出土的《五十二病方》，是我国现存最早的一部方书，据学者研究，早于《内经》，反映了春秋战国及以前人们战胜金创、伤痉等外科疾病的丰富经验。如用酒为外伤止痛、洗伤消毒，指出配伍者占处方1/10强；其丰富的外治法用药浴、熏蒸等剂型也达到较高的水平。《五十二病方》所用药物已有247种，所组处方280多个，绝大多数医方系复方。由此可知，中国药物学经验的积累，在春秋战国时期已十分丰富，在运用药物配伍原则、协调药物作用、提高药物疗效等方面已有相当的理论水平，可以认为这是我国医学史上方剂学产生和发展的一个重要时期。

4. 医学分科及医疗经验之积累

随着医疗经验日益积累和医学研究范围扩大，必然出现各有专长的医学家，按照性质任务或所治疾病不同而分科。最早是医术与巫术分立。《周礼》所记"巫祝"在春官大宗伯的官职之中，而"医师"则已改属天官冢宰，可见殷商医巫不分或巫医统治的局面，在《周礼》中已分立而属不同领域了。医师这一职业，当时也已分为若干科。比如《周礼·天官冢宰》记载食医、疾医、疡医、兽医等4科，并详述其业务范围和职能。食医"掌和王之六食、六饮、六膳、百羞、百酱、八珍之齐"，即掌管统治者饮食与营养。"疾医，掌养万民之疾病……凡民之有疾病者，分而治之"，即以诊治广大群众内科疾病为职务。疡医"掌肿疡、溃疡、金疡、折疡之祝，药、劀、杀之齐"，即诊治各种疮疡、刃伤和伤损骨折等外科疾病，并负责外用腐蚀消毒药品制备。兽医"掌疗兽病、疗兽疡"。这一分科和分工，可以证明这时期医药学已相当进步。

春秋战国时期，学术思想活跃，产生了许多思想家、哲学家和科学技术人才，也出现了大批医疗技术专书和医学理论名著。《汉书·艺文志》记《泰始黄帝扁鹊俞拊方》23卷，《五脏六腑痹十二病方》30卷，《五脏六腑疝十六病方》40卷，《五脏六腑瘅十二病方》40卷等。《五十二病方》一书，1973年出土于长沙马王堆，原缺书名，以目录："诸伤、伤痉、婴儿索痉、婴儿瘛……凡五十二"为据命名。它基本上是一部外科专书，如首先论述诸伤，其次论各种外伤引致之破伤风，婴儿断脐所致之破伤风、狂犬咬伤、犬咬伤、肛门瘘管、痔疮、溃烂、疣肿、蛇咬伤等。因此，与《汉志》所载《金创疭瘛方》有相似之处。它在许多外科疾病的论述和医疗技术上都达到了相当高的水平。例如，使用探针以探索肛门瘘管之深浅、方向，从而决定治疗方案；用犬膀胱纳入肛门，充气后拉出，使内痔尽出以便手术切除；对疝气之论述和鉴别，特别是使用疝气带、疝气罩进行保守治疗，还有甚似修补术的外科手术等等。早期医学家探讨人体奥秘、发病实质和治疗原则，从而又出现许多理论名著。如《汉书·艺文志》记有：《黄帝内经》18卷、《黄帝外经》37卷、《扁鹊内经》9卷、《扁鹊外经》12卷、《白氏内经》38卷、《白氏外经》36卷、《旁篇》25卷，共七家，216卷。可惜仅《黄帝内经》尚存，其他均已散佚。

《黄帝内经》奠定了中医学发展的理论基础。简称《内经》，最早见于《七略》和《汉书·艺文志》。其成书归之于黄帝，自不可信。然以本书某些词句为根据，认为成书于汉甚更晚，也是欠说服力的。林亿《甲乙经序》说：《内经》"非黄帝书，似出于战国"。《朱熹文集·古史余论》："至于战国之时，方术之士，遂笔之书，以相传授。"《四库全书·简明目录》："其书云出上古，固未必然，然亦必周、秦间人，传述旧闻，著之竹帛。"吕复认为："乃观其旨意，殆非一时之言，其所撰述，亦非一人之手。"这都是说，《内经》之成书，约在战国时期，但并非一时一人之言，而是长时期众多医家共同的结集。

《内经》由两部古典著作组成，即《素问》和《灵枢》，现传本各九卷，共162篇。《针经》九卷，即《灵枢经》。《内经》综合前代医药学成就和理论认识，对人体解剖、生理、病因、病理、症候、诊断、治疗和预防，药物的性味、功用，方剂、组成等，进行了系统的论述。如对人体五脏六腑，脏与脏，腑与腑，以及脏与腑之间的生理病理关系，均绳之以当时盛行的阴阳五行学说。所谓五脏，是心、肝、脾、肺、肾，属阴。六腑，是胃、大肠、小肠、胆、膀胱、三焦，属阳。书中运用金、木、水、火、土之间相生相克的关系，阐述脏腑之间相生相克的关系，如肝木克脾土，即肝有病克脾。在治疗上除治肝外，还要防治脾被侵扰。至于疾病诊断和治疗原则的确定，药物功能作用的阐述，处方用药的调遣和配伍等，也都是在这一思想指导下完成的。

《内经》还十分强调整体观念。除上述人体内部的整体观外，自然界寒暑燥湿，风雨季节、地势方位以及其他环境因素对人体健康的影响，都予以全面考察。这些相互关联的理论，形成了一套相互为用的理论体系。在疾病诊治过程中，很注意因人、因地、因时制宜的处治，即人们习称的辨证论治原则。中医学 2000 多年来，正是在这一理论体系指导下，不断积累、充实修整而发展起来的。

5. 预防医学与养生

预防疾病和增进人体健康的养生思想和技术，是很受古代学者重视的。《淮南子》："良医者，常治无病之病，故无病。"《内经》更强调："是故圣人不治已病治未病"，"病已成而后药之，不亦晚乎"。《史记》论述扁鹊诊视齐桓公未病之病后，感叹地说："使圣人预知微，能使良医得早从事，则疾可已，身可活也。"正是在这些先进思想指导下，中医学不但重视预防疾病和早期治疗，而且形成了一个养生的学科。养生，以陶冶性情、增强身体健康为目的。《行气玉佩铭》约系战国初期的气功文献，其铭文是："行气，深则蓄，蓄则伸，伸则下，下则定，定则固，固则萌，萌则长，长则退，退则天。天几春在上，地几春在下。顺则生，逆则死。"45 字的要领，与同时代或稍晚马王堆三号汉墓出土的《却谷食气》，虽然文字不同，但其方法步骤基本一致。这反映出春秋战国时期对养生养性的认识已达到相当高的水平。气功是我国历代用以增强体质、祛除疾病的重要方法之一，在我国有着广泛的影响。由于其注重深呼吸、静养，静中有动，故又称为静功。又一派主张动功，其早期如《淮南子·精神训》所述："是故真人之所游，若吹呴呼吸，吐故纳新，熊经、鸟伸、凫浴、蝯躩、鸱视、虎顾，是养形之人也。"《庄子·刻意篇》也有类似记载。这种模仿动物的六种术式，在马王堆三号汉墓出土的《导引图》中，得到了生动的图像说明，而且明确指出何式治何疾苦。不难看出，这些正是后汉华佗创制五禽戏的依据。

6. 卫生与医事的管理

先秦的卫生保健除养生、养形外，如《礼记》所说"五日则燂汤请浴，三日具沐"以及"鸡初鸣，咸盥漱"等，已形成讲究个人卫生的准则。在饮食、饮水卫生方面，也有许多科学的卫生习惯和知识。此外，如环境卫生，据研究，夏代已凿井而饮。随着城市建立，生活污水处理也早有先进的办法，如商都及战国燕下都发现有下水道。甲骨文有牛栏、猪圈等，说明当时已人畜分舍。《周礼》《诗经》有抹墙、堵洞、药熏、洒灰等记载，即用以除虫灭鼠。《左传》"国人逐瘈狗"，即捕杀狂犬以预防狂犬病。

医药卫生管理制度在先秦也已达到较高水平。如《周礼·天官冢宰》规定医药卫生最高管理官员为"医师"，"掌医之政令，聚毒药以供医事。凡邦之有疾病者，有疕疡者造焉，则使医分而治之"。"岁终，则稽其医事，以制其食。十全为上，十失一次之，十失二次之，十失三次之，十失四为下"。除医师为众医之长，设上士二人外，还有下士四人，府二人，史二人，徒二十人，各司掌管、考核等职责。

7. 最享盛名的扁鹊

先秦时期，已产生许多著名的医学家，如岐伯、雷公、医和、医缓等，尤以扁鹊最享盛名。

扁鹊本姓秦，名越人，渤海郑州（今河北任丘）人。约生活于公元前 5 世纪，以长桑君为师，尽得传授，游医民间，足迹遍冀、鲁、豫、秦，随风顺俗，诊治众疾，每多佳效，在群众中享有极高声誉。

扁鹊到赵国首都邯郸，当地习俗尊重妇人，他即做"带下医"（妇产科）。到周都洛阳，当地习俗尊敬老人，他即为"耳、目、痹医"（五官科及关节痹症）。到秦都咸阳，当地习俗喜爱小儿，他即做小儿医。扁鹊诊疗疾病，擅长望色、闻味、问疾和切脉，尤以切脉诊断最为精良。故有"今天下之言脉者由扁鹊也"之誉。

扁鹊善于综合运用药物、针灸、按摩、导引以及热熨等外治法治疗疑难大症。他曾抢救虢太子"尸蹷"（假死）使之复活。人们盛赞他有"起死回生"之术。他谦虚地说："越人非能生死人也，此自当生者，越人能使之起耳。"扁鹊诊疗疾病，每每给予巫医或淫逸酒色之徒以贬斥。司马迁论述扁鹊事迹和品质时有"六不治"的概括，其中尤以"信巫不信医"不治，影响最为深远。在巫医较盛行的时代能有此思想，实在是难能可贵。扁鹊医术超群，医德高尚，为秦太医令所嫉，竟遭杀害。《汉书·艺文志》有《扁鹊内经》《扁鹊外经》书，不知是否秦越人听撰。《黄帝八十一·难经》一书，相传为扁鹊所撰，但研究者多认为系依托之作。

在生产实践和日常生活中，人们逐步积累了各种物质的性能及其变化的知识，从而概括为对事物本原的某种朴素认识。《尚书·洪范》提出水、火、木、金、土为五行，《国语·齐语》"以土与金木水火杂，以成百物"，说明战国时期兴起的五行学说，起初是由耕作、制陶、冶金、酿酒等物质交互作用与变化得到的朴素唯物主义观点，如郭沫若所说："稼穑作甘，是由酒酿得来……金属能给人以辛味。"五行学说所反映的各种自然现象的相互对立与联系，也具有朴素的辩证性质，如火能烁金，斧斤可以伐木，等等。这些对后世哲学思想、科学技术观念以及医学、炼丹术的发展，都有着深远的影响。从这一意义上，可以认为，五行学说是我国古代物质理论的肇端，在化学发展史上具有重要地位。

第十七讲　先秦时代之交通

1. 先秦交通与民族混合运动

先秦时代，包含夏后、殷商、宗周，以及春秋战国。夏后氏以前，我们虽不敢说中国没有交通，但夏以前的事情太渺茫难稽了，我们实在无从谈起。夏后氏的交通，我们虽也不敢说能找着真实在的材料作凭证，但古老的传说是可供给搜寻者一些轻淡的脚印的。所以，我们谈先秦交通，实际也可说是谈中国交通，可以从夏后氏时期开始。

按照古本《竹书纪年》和《史记》的说法，夏后氏有国 471 年，殷商 496 年，宗周 257 年；自宗周亡后之次年，经过春秋，到战国末年，也有 548 年。总共，从夏初到战国末年，算是有 1773 年的历史。这个数目，究竟是不是和事实符合，我们不知道。但我们对于春秋战国的年数是相信的：我们看到春秋战国要占去 500 多年，则从夏初算起，一千七八百年的数目，似乎是很可能的。

在这一千七八百年中，中国历史上最大的事件，是民族与民族间继续不断的一种混合运动。在这样长的时期内，表面上，尽管有形形色色的现象、白云苍狗的变幻；骨子里，这种混合运动却总是贯彻始终地在上演着。商民族和夏民族间的混合运动，成了殷商时期的局面。周民族和殷民族间的混合运动，成了宗周时期的局面。周民族更与蛮夷戎狄各民族间起了混合运动，就成了春秋战国时期的局面。各时期的情形，虽颇不相同，而在同一时期所表现的方式也许很有点儿两样，但其为一种民族间的大混合之过程。一直到了战国末年，这种民族的大混合，算是大体成熟。于是，一个崭新的时代到来，而有秦汉大一统的出现。

先秦交通，和这种民族混合运动，关系甚为密切。后者发展到了某一个程度，往往可以表示先秦交通已达到了某一个阶段。同时，先秦交通之一种新的进展，有时也可以表示出一种民族混合的倾向。这种情形，尤其是在交通区域之发展上，更为明白。如交通器具之增进，以及路政沟渠等之设施，有时也是和这种运动有关系的。这是先秦交通史上的一大特色。

先秦的民族混合运动，使中华民族有了一个真正的基础；国界之设定，大一统政府之建立，都在这一千七八百年的民族混合运动中孕育到了成熟的程度。同时，先秦的交通事业，也给中国的交通打下了一个实在的根基：国内交通区域之开拓与充实，水陆交通工具之发明，道路馆邮之制度，人工开河之方法，也都在这个时候有了一个草本。

2. 先秦交通区域之发展

（1）

先秦交通区域，在夏后氏时期，似乎仅限于现在的山西东南部和河南西北部。夏民族势力的发展，似乎是由东南到西北。

《尚书·皋陶谟》，禹"娶于涂山"。《天问》："禹之力献功，降省下土方，焉得涂氏女，而通之于台桑？"《左传》，"哀公七年，子服景伯说：禹合诸侯于涂山，执玉帛者万国"。涂山，大概就是三涂山，在现在的河南嵩县西境，是夏后氏的发祥地。孟子说："禹避舜之子于阳城。"阳城在现在的河南登封境，离涂山也不远。

《左传》昭公四年，椒举说："夏启有钧台之飨。"《史记·殷本纪》说："有扈氏不服，启伐之，大战于甘。"按照杜预的说法，河南阳翟县南有钧台，洛邑（现在的洛阳境内）西有故甘城，则钧台在现在的河南禹县境内，而甘应在现在的河南洛阳附近。启的都城，大概是在禹县或禹县洛阳之间，并没有建都在现在的山西安邑。

到了夏后皋，夏的都城似已有向西北迁移的倾向。所以，夏后皋的墓，会在现在的河南洛宁西的崤山。到了夏桀的时候，都城早已经迁移到现在的山西安邑。汤攻桀于鸣条，鸣条就是安邑西边的一个地方。宗周初年，封康叔于夏虚。《左传》昭公元年，子产说："迁实沉于大夏。"夏虚和大夏，也都是指现在涑水流域安邑一带。

夏民族一方面向西北发展，同时大概还没有放弃旧有的地方。《史记·夏本纪》说夏桀"召汤而囚之夏台"。夏台就是阳翟县的钧台。照这样说，夏后氏时期交通区域之广，东西至少要有五六百里，南北恐怕至少也有三四百里了。

宗周春秋时，有杞国者，是夏后氏的后裔。杞故地，在现在的河南杞县，远在禹县东北 200 多里。但《史记·陈杞世家》说："周武王克殷纣，求禹之后，得东楼公封之于杞，以奉夏后氏祀。"这时夏后氏后裔，在宗周初年已极衰微，杞民未必就是夏后氏的遗民，杞地也未必就是夏后氏的故地。

（2）

殷商时期，交通区域较夏后氏时期大为广阔。殷在未灭夏的时候，本来已经是东方的一个大国。《左传》襄公九年，士弱说："阏伯居商丘，相土因之。"商丘，就是现在的河南商丘。相土时，商丘是西都，泰山脚下另有他的东都。《商颂·长发》说："相土烈烈，海外有截。"大概相土的国，已经西起商丘，东到海滨了。到了汤攻夏桀，败桀于鸣条，殷的势力遂由东海以西，直到安邑。东西路线之长在一千二三百里以上。此后，仲丁居隞（现在的河南荥泽西南境内），河亶甲居相（现在的河南内黄县境），祖乙居邢（现在的河南温县东境），盘庚居殷（现在的河南安阳洹上村为故殷墟）。而殷人四游所及，见于卜辞者，有龚（现在的河南辉县），有盂（现在的河南沁阳），有雔（现在的河南修武），有曹（现在的山东定陶），有杞（现在的河南杞县），有戕（古"载"字，现在的河南考城），有雇（现在的河南原武），大河南北数百里之间，也都有殷人的足迹了。

殷商的都城，虽经过几次迁移后，在盘庚时候定都于殷，但殷与商丘故都间，仍是往来不断。我们从卜辞中常常看见"王入于商"的话头，便可想见这种情形。到了宗周的初年，纣已被杀掉，东土的人还不服周；必须周公费了很大的手脚，"伐奄三年讨其君，诛飞廉于海隅而戮之"（见《孟子·滕文公下》），然后周人才得过平安的日子。这也可见，殷商境内，各地颇有相当的联络；当时各地间的交通大概也有某种程度之良好了。

近年殷墟出土古物中，有鲸鱼骨和许多绿松石、咸水贝。鲸骨或是当时的商品，绿松石和咸水贝大概是当时的货币。王国维说："殷时，玉与贝，皆货币也。《商书·盘庚》曰：兹予有乱政同位，具乃贝玉。于文，宝字从玉，从贝，缶声。殷墟卜辞有'7'及'8'字，皆从宀，从玉，从贝，而阙其声。盖商时，玉之用与贝同也。贝玉之大者，车渠之大以为宗器，圭璧之属以为瑞信，皆不以为货币。其用为货币及服御者，皆小玉小贝，而有物焉以系之。所系之贝玉，于玉则谓之珏，于贝则谓之朋。"（见《观堂集林》卷三，说珏朋。）大概殷墟出土的绿松石，就是殷人所用的玉珏，咸水贝就是贝朋。这两种东西和鲸骨，都不是殷墟附近所能出产的，或许都是从东海运来，也未可知。并且，货币之使用，也须在商业贸易兴起之后。殷商末叶，东海和殷都间，"憧憧往来"作"朋来"之思的，逐什一之利者，也许不在少数吧？

（3）

宗周时期，交通区域比殷时还要广阔。周民族发展的方式是由西往东，和夏后殷商由东往西的发展，正相反。周的先君原和夏后氏同一民族，在夏后氏衰弱的时候，跑到西方，自己立起基业。大约当殷商中叶以后，周先君太王居于岐山（现在的陕西岐山县东北）之阳，以垦荒和开路为两件大事。《大雅·绵》说："柞械拔矣，行道兑矣。"《皇矣》说："作之屏之，其菑其翳；修之平之，其灌其栵；启之辟之，其柽其椐；攘之剔之，其檿其柘。"这是太王拔木开路的政绩，到了后世，还为诗人所称赞不止。

在太王时，殷周间已有一种武力上的冲突。此后，虽王季娶太姒，文王娶帝乙之妹，但和亲的结果，仅使周人增加一二接受殷商文化的机会，于殷周间不愉快的关系，并不能作全面的调谐。《鲁颂·閟宫》说："后稷之孙，实惟（太）王，居岐之阳，实始剪商。至于文武缵大王之绪，致民之屈，于牧之野。"原来殷周间有民族的深仇，"剪商"是太王以来周人的一贯政策，同时，在殷人方面，也不能坐视敌人势力的膨胀，也想给周人一个重大的打击。卜辞说："癸未，令旂族寇周人（监）王事。""（上缺）贞令脩从庸侯寇周。""贞亩嘉令从寇周。"寇，是迁其重器，毁其屋庐的意思。这也可见殷人对于周人的嫉视了。从此看来，在王季文王的时候，殷周间的和亲，或是由于外交上的手段，或是由于别种情势造成。殷周间，大概并没有从和亲的事件上，开始过正态的交通。

武王克殷后，周人的势力遂渡盟津（在现在的河南孟津）而达于洹上。

及周公践奄，诛飞廉，周人的势力更东展到东海之滨。这时，周的南北境虽不见得比殷商特别广阔，但东西路线之长，乃随军事及政事的势力，由岐山直到东海，就远非殷商所能及了。

(4)

自夏后氏，经殷商，到宗周，交通区域的发展，无论其由东而西，或由西而东，都是一种横的发展。同时，交通区域内的各地虽可以保持相当的联络，但这种联络并不妥善。《大雅·崧高》说："王命申伯，式是南邦。因是谢人，以作尔庸。王命召伯，彻申伯土田。王命傅御，迁其私人。"这是宗周末叶的时候，宣王要封一个申伯，须先派人替他筑城，替他划地，并且替他移民。这可想见当时诸夏的人口实在太少，土地未辟者一定很多。宣王的时候尚且如此，宗周初叶的情形可想而知。更推而至于夏后殷商，也都未尝不可想象。这种人稀地广的现象，极易容留低等的异种民族伏处于山谷丛林草莽的中间，或聚居于不临通衢大邑的处所，伺机而动，杀人越货，破毁交通。《后汉书·西羌传》说："及平王之末，周遂陵迟，戎逼诸夏。自陇山从东，及乎伊洛，往往有戎。于是，渭首有狄獂邽冀之戎，泾北有义渠之戎，洛川有大荔之戎，渭南有骊戎，伊洛间有杨拒泉皋之戎，颍首以西有蛮氏之戎。"诸如此类的异族，恐怕不是因为周之陵迟，才得逼近诸夏；大概老早就已杂居在诸夏之间，不过平王以前的记载不甚可考罢了。

宗周亡后，春秋战国时期交通区域之发展，在先秦交通史上，显然换了一个新的方式：在外形之展开上，大体上由横的发展转成纵的发展；同时，在交通区域内部之联络上，也做了许多重要的工作。

(5)

春秋时，周室衰微，宗周旧域中的国家互相兼并；其中兼并的成绩最好的，有在黄河上游的秦，在中游的晋和在下游的齐。另外，素来隔绝，被视为蛮族聚居的长江流域，也有许多国家；其中最强大的，有在上游的楚，在下游的吴和越。战国时，周室更衰，黄河流域及长江流域的各小国差不多全都灭亡了。这时的强国，有由晋分出的韩、赵、魏，有已经兼并吴、越的楚，有久已强大的秦、齐，有北方新兴的燕。这七国，差不多是这时仅存的独立国了。从春秋初叶起，宗周旧域和长江流域已慢慢地有了一种正常的交通关系。到了战国，这种情形更为成熟。

吴，从鲁成公七年起，吴王寿梦用楚国的逃亡大夫巫臣为行人，才开始和宗周旧域有往还。其后，延陵季子北上聘问，历经徐、鲁、齐、郑、卫、晋，吴和诸夏间便有进一步的联络。到了吴王夫差时，西征北伐，国势一天比一天雄厚。鲁哀公十二年，夫差和北方诸侯会于橐皋，十三年又会于黄池，便俨然成了诸夏的盟主，吴与诸夏间的交通自然更为密切了。

越在吴的南边，素为吴所屏蔽，和诸夏交通的机会很少。越灭吴后，勾践"与齐晋诸侯会于徐州，致贡于周。周元王使人赐勾践胙，命为伯。"（见《史记·越王勾践世家》）这时，诸夏和东南的交通，比吴王夫差时之可达于现在的江苏境者，更可南进而达于现在的浙江境了。

楚比吴越建国早得多。但在早年的记载里，只见楚与北方势力的斗争，未见楚与北方势力间之正常的交通关系。《商颂·长发》说："挞彼殷武，奋伐荆楚。"卜辞说："戊戌卜又伐芈。"（见《新获卜辞写记》第三五八版。芈，是楚姓。）这说的是殷商和楚之间的斗争。《诗·小雅》中，如《六月》（宣王时作）说："蠢尔荆蛮，大邦为仇；方叔元老，克壮其犹。方叔率止，执讯获丑。戎车啴啴，啴啴焞焞，如霆如雷；显允方叔，征伐猃狁，蛮荆来威。"这说的是宗周和楚之间的斗争。方叔的本领虽能够使"蛮荆来威"，但也不见得宗周和楚之间就有了正常的交通关系。春秋桓庄以后，楚与诸夏间的往还才逐渐繁密；聘问会盟的事慢慢地多起来。《论语》说"楚狂接舆歌而过孔子"；大概春秋末季，士大夫往来于齐鲁荆楚之间者，恐怕已不在少数了。战国初年，楚既灭越，楚的势力直达长江下游；而同时，秦对关东诸国的压迫，也已开始严重。因为时势的需要，楚曾累次挟着它长江南北的全盘领域，和三晋（韩赵魏）燕齐合纵以抗秦。合纵的成绩虽说不好，但楚与诸夏间的交通却可因此一天比一天地密切。我们只要看战国的游士说客，后车数十乘，从者数百人，恣意驰骋于江河南北，便知道原来隔绝于诸夏的长江流域，在这时已经可以并入中国交通区域之内了。

宗周旧域与长江流域之沟通，是先秦交通由横的发展转到纵的发展之一最大的表现。

（6）

春秋战国时，诸大强国一方面兼并弱小，同时还要攻伐或同化邻境的戎夷。春秋时，齐桓公替燕北伐山戎，秦穆公用由余西服八国，楚武王南开百濮，都拓地不少。战国"秦昭王时，义渠戎王与宣太后乱，有二子。

宣太后诈而杀义渠戎王于甘泉。遂起兵伐残义渠。于是秦有陇西北地上郡，筑长城以拒胡。而赵武灵王亦变俗胡服，习骑射，北破林胡楼烦，筑长城自代并阴山，下至高阙为塞，而置云中雁门代郡。其后，燕有贤将秦开为质于胡，胡甚信之。归而击破走东胡，东胡却千余里。燕亦筑长城，自造阳，至襄平，置上谷渔阳石北平辽西辽东郡以拒胡"。燕人有王满者，更在辽西辽东为燕"略属真番朝鲜，为置吏筑鄣塞"。楚威王时，楚已有巴蜀黔中苍梧，又"使将军庄蹻，将兵循江，上略巴蜀黔中以西。蹻至滇池，地方三百里，旁平地肥饶几千里，以兵威定，属楚"。燕、赵、秦、楚向邻境戎夷发展的结果是战国末年交通区域之广，北至后来的绥远、察哈尔、热河、辽宁的南部，南至云南、广西的北部，西至甘肃东南部及四川的大部分，东至朝鲜西北隅及东海沿岸各地。这五百多年的发展，中国交通区域之开拓，比宗周时期增加了三倍以上的幅员。在这种向戎夷开拓的发展中，虽说也有一部分横的发展，但如就春秋战国时期交通区域之整个发展说，纵的发展之表现得特别显著，却是无疑的。此后 2000 年中，虽因中国疆域之变革，国内交通区域之广狭，时有增减，但各时代的基本交通区域，当鼎盛的时候，也不会比上述之记录特别地增加许多。

（7）

春秋战国时期，交通区域内部的充实工作，也和戎夷有很大的关系。这时，各国想向外开拓，须讨伐或同化邻境的戎夷；若想本国内部充实，也须对杂居国境内的戎夷加以消灭驱逐，或使之屈服同化。《左传》襄公十四年，姜氏之戎驹支对晋范宣子说："昔秦人负恃其众，贪于土地，逼我诸戎。惠公蠲其大德，谓我诸戎，是四狱之裔胄也，毋是剪弃，赐我南鄙之田，狐狸所居，豺狼所嗥。我诸戎除剪其荆棘，驱其狐狸豺狼，以为先君不侵不叛之臣，至于今不贰。"这是屈服同化戎夷的一个好例。《后汉书·西羌传》说，诸戎"当春秋时期，在中国，与诸夏盟会。鲁庄公伐秦，取邽冀之戎。后十余岁，晋灭骊戎。是时，伊洛戎强，东侵曹晋。后十九年，遂入王城。于是，秦晋伐戎以救周。后二年，又寇京师，齐桓公征诸侯戍周。后九年，陆浑戎自瓜州迁于伊川，允姓戎迁于渭汭，东及轘辕。在河南山北者，号曰阴戎。阴戎之种，遂以滋广。晋文公欲修霸业。乃略戎狄，开道以匡王室。""及晋悼公，又使魏绛和诸戎，复修霸业。是时，楚晋强盛，威服诸戎。陆浑伊洛阴戎事晋，而蛮氏从楚。后陆浑叛晋，晋令荀吴灭之。后四十四年，楚执蛮氏而尽囚其人。是时，义渠大荔最强，筑城数十，皆自称王。至周贞王八年，秦厉公灭大荔，取其地。赵亦灭代戎，即北戎也。韩魏复共稍并伊洛阴戎，灭之。其遗脱者，皆逃走，西瑜汧陇。自是中国无戎寇，唯余义渠种焉。"这是消灭驱逐戎夷的一个粗疏的总结算。同化屈服戎夷，使之辟田垦荒，可以使交通区域内的各地间增加联络的密度。消灭驱逐戎夷，可以除去许多捣乱分子，使交通区域内少了许多障碍。春秋战国人做到了这一步，真是一个大进步。先秦交通区域之所以能作后来中国交通区域之基础，这也是一个很大的原因。

3. 先秦的都会

（1）

先秦的都会，或者说，交通中心，在夏后殷商时期，不甚显著。殷墟卜辞中常有"王入于商"的话头，或者商丘地当殷商东西交通之冲，是当时的一个大都会，也不一定。

（2）

宗周时期，雒水之阳在交通上的地位很重要。《逸周书·度邑解》，武王说："自雒汭延至于伊汭，居易无固，其有夏之居。我南望过于三涂，北望过于岳鄙，顾瞻过于有河，宛瞻延于伊雒，无远天室。"这个四通八达平易无险的地方，武王已经看上眼里了。后来，周公相成王，营造洛邑（故城在现在的河南洛阳西五里），规模很大。周先王的宗庙在这里，朝会四方诸侯在这里，收受四方的贡赋也在这里。《召诰》说："王来绍上帝，自服于土中。旦曰：'其作大邑，其自时配皇天，毖祀于上下，其自时中乂。'王厥有成命，治民今休。"周公营造洛邑的意思，也和武王一样，想在当时交通中心的地方，建设一个政治中心。政治中心既已建设成功，原来的交通中心也就更为强固了。

宗周亡后，中国的情形大为改变。洛邑已不能再凭借政治上的地位，增加它在交通上的重要性了。但洛邑一带，天然环境太好，于是距洛邑不远的洛阳（故城在现在的河南洛阳东北二十里），便相应地代替了洛邑，在交通上仍旧占着一个中心地位。《史记·货殖列传》说："洛阳，东贾齐鲁，南贾梁楚。"又说："洛阳街居，在齐秦楚赵之中，贫人学事富家，相矜从久贾，数过邑，不入门。"又《苏秦列传》说："周人之俗，治产业，力工商，逐什二以为务。"可见在战国的时候，洛阳是秦、齐、楚、赵间纵横往来的孔道，并且洛阳很有些人能够利用这种情形作工商业上的经营。张仪说："臣闻争名者于朝，争利者于市。今三川周室，天下之朝市也。"可见，战国时，洛阳因为交通上地位重要，成为一个商业上的重心。司马迁记白圭事，说："白圭乐观时变，故人弃我取，人取我与。""能薄饮食，忍嗜欲，节衣服，与用事僮仆同苦乐，趋时若猛兽鸷鸟之发。故曰：吾治生产，犹伊尹吕尚之谋，孙吴用兵，商鞅行法是也。是故其智不足与权度，勇不足决断，仁不能以取予，疆不能守所守，虽欲学吾术，终不告之矣。盖天下言治生，祖白圭。"这位经商论的创始者，言治生的白圭先生，也就是洛阳或洛阳附近的人。

（3）

在春秋的时候，除洛阳外，郑和徐的地位也都很重要。

郑（现在的河南新郑）在春秋初年，本是一个很活跃的国家。自郑庄公死后，它逐渐成为四邻争夺的焦点。它的北方有晋，它的南方有楚，它的西方有秦，它的东方有齐。这几个强国，一旦有事，郑郊就成了一个不可避免的战场；没有事的时候，也就成了各国使节往来、商贾贸易的孔道。它的位置，约在洛阳东南二三百里，地势的冲要也和洛阳相仿佛。不过洛阳毕竟是周室所在，大家还要有点顾忌。郑以一个小国，占着这样四达之地，却不免大大地吃了交通地位的亏了。

郑的女子，所谓"郑女"或"郑姬"，在春秋时，甚至在战国时，很是出名。《郑风》里，咏女子的诗很多，如说：

有女同车，颜如舜华，将翱将翔，佩玉琼琚，彼美孟姜，洵美且都。

野有蔓草，零露溥兮；有美一人，清扬婉兮；邂逅相遇，适我愿兮。

溱与洧，浏其清矣。士与女，殷其盈矣。女曰观乎，士曰既且。且往观乎洧之外，洵汙且乐。维士与女，伊其相谑，赠之以芍药。

有这样多的又漂亮、又闲雅、又活泼的女子，往往是一个交通繁盛的都会常有的一种现象。

徐，在现在的安徽泗县附近，南邻吴，北邻齐鲁，西近楚。徐，在吴未强大的时候，还不见得重要。自从吴接受了巫臣的策划，一面北通上国，

246

一面叛楚，徐就成了吴与北方交通的中心，同时也就成了吴楚必争之地。我们看些记载：

鲁襄公二十九年，吴委札历聘诸夏，来往从徐经过。（见《史记·吴太伯世家》）

昭公四年，楚将伐吴，先执徐子。（见《左传》）

昭公十二年，楚王使荡侯潘子等"帅师围徐，将以惧吴"。（见《左传》）

昭公三十年，吴灭徐，而楚救之。（见《左传》）

哀公十三年，吴与晋会黄池时，得到国中警报，恐怕徐人夹沟而击（见《吴语》）等事，都可见徐在春秋时交通地位的重要。不过，徐地偏东方，与中原的郑相比，就未免很逊色了。

战国时期的都会，除洛阳外，有邯郸、梁和临淄。

邯郸（现在的河北邯郸）在大河以北，梁（现在的河南开封）在大河以南，和稍为偏西点的洛阳，鼎立而三。都是因为地处中原，占了地望上的便宜。张仪说："魏地方不至千里，卒不过三十万人，地四平，诸侯四通。条达辐辏，无有名山大川之限……南与楚境，西与韩境，东与赵境，东与齐境，卒戍四方。"苏秦说魏襄王曰："大王之地……地方千里。地名虽小，然而田舍庐庑之数，曾无所刍牧。人民之众，车马之多，日夜行不绝，輷輷殷殷，若有三军之众。"可见魏国交通的便利和交通的繁盛。梁以魏的国都，居于魏的腹部。"从郑至梁不过百里，从陈到梁二百余里，马弛人趋，不待倦而至。"梁在战国交通上的地位，是无可怀疑的。邯郸，"北通燕涿，南有郑卫"，东至于齐，西通于秦。它的地位，也许比梁差一点，但也是所谓"四轮之国"，是一个管枢四方的好地方。

梁和邯郸，按着一般情势，都应该有繁荣的工商业。但梁的工商业情形已不能详。而关于邯郸，则《秦策》称"吕不韦贾于邯郸"。《史记·货殖列传》说："邯郸郭纵，以铁冶成业，与王者埒富。"邯郸的工业和商业，大概都是发达的。

邯郸，颇像春秋时候的郑，也以美女出名。《史记·吕不韦传》说："吕不韦取邯郸诸姬，绝为善舞者与居。"李斯《谏秦王逐客书》说："随俗雅化，佳冶窈宨，赵女不立于侧。"《史记·货殖列传》说："今夫赵女郑姬，说形容，揳鸣琴，揄长袂，蹑利屣，目挑心招，出不远千里，不择老少，奔富厚也。"《吕不韦传》已指明是"邯郸诸姬"。李斯和《货殖传》虽泛言"赵女"，但古人爱以国都的风气代表一国的风气，"赵女"却也不妨解释为"邯郸诸姬"。大概，战国的时候，邯郸倡女的数目已经很多。她们的衣饰的式样，体态的表现，娱乐的技术，都受过特殊的训练，下过一番考究的工夫，比春秋时候的郑女要高明得多了。邯郸的这种现象，和它的工商业之发达，都是一个大都会的表征。

临淄（现在的山东临淄）的情形，和梁及邯郸不同。后者因交通上的便利，而有工商业上的发展；临淄则因工商业发达，而增进交通上的地位。齐滨东海，土地膏腴，且有鱼盐之利，已是一个天然的富国。齐先公更"劝女工，极伎巧"。齐的丝织品，产量既多，制造又精，于是遂有"冠带衣履天下"的徽号。《李斯谏逐客书》，所谓"阿缟之饰，锦绣之衣"，就是齐的名产。临淄为齐的首都，为全国工商品荟萃的地方，也就是天下商贾所辐辏的处所。苏秦说："临淄之中，七万户。臣窃度之，不下户三男子。三七，二十一万。不待发于远县，而临淄之卒固已二十一万。临淄甚富而实，其民无不吹竽鼓瑟，击筑弹琴，斗鸡走犬，六博蹋鞠者。临淄之途，车毂击，人肩摩，连衽成帷，举袂成幕，挥汗成雨，家敦而富，志高而扬。"临淄人口的众多，交通的发达，真可说是极一时之盛了。

其他，如秦、楚等国的首都，自然也都是它们本国的大都会。但就当时全部的中国交通区域说，它们却都不能如上述三个地方般重要。以秦在战国时的特别势力，本来也很可增加秦都在交通上的价值。但秦既不居于四方之中，情形和赵魏不同。同时，秦的生产政策，是轻商重农；秦的特产，也只有农作物。《汉书·地理志》说，秦"有鄠杜竹林，南山檀柘，号称陆海，为九州膏腴。"这说的是秦在竹木及农业上的价值。秦的工商业不发展，也使秦都咸阳和齐的临淄不能相提并论。另外，秦对于往来的旅客，也很有点限制。《史记·商君传》说："商君之法，舍人无验者坐之。"《孟尝君传》说："孟尝君既得出，即驰去，更封传，变名姓，以出关。"《说苑》卷十一，说："夫秦者，四塞之国也，游宦者不得入焉。愿君为吾为丈尺之书，寄我与秦王。"宗周春秋的时候，虽也有"司寇诘奸"，但和商君在秦所创的"封传"之"验"大不相同。这无形中，使许多的旅客裹足不前。这对于咸阳之交通的价值，也是很有害的。

4. 先秦的道路沟渠和馆邮

（1）

先秦的道路沟渠和馆邮，在夏后殷商时期，已无可考。我们只知道，宗周时期，政府对于道路的修理和馆舍的设置，都很注意；春秋战国时期，邮传的制度和沟渠的开辟，都已有了相当的成绩。

《周语》说：

"定王使单襄公聘于宋，遂假道于陈，以聘于楚。火朝觌矣，道茀不可行也。侯不在疆，司空不视涂，泽不陂，川不梁，野有庾积，场功未毕，道无列树，垦田若艺，膳宰不致饩，司里不授馆，国无寄寓，县无施舍，民将筑台于夏氏。

及陈，陈灵公与孔宁仪行父南冠以入夏氏，留宾弗见。

单子归，告王曰：'陈侯不有大咎，国必亡……先王之教曰：雨毕而除道，水涸而成梁……今陈国，火朝觌矣，而道路若塞，野场若弃，泽不陂障，川无舟梁，是废先王之教也。'

《周制》有之，曰：列树以表道，立鄙食以守路，国有郊牧，疆有寓望，薮有圃草，囿有林池，所以御灾也……今陈国道路不可知，田在草间，功成而不收，民罢于逸乐，是弃先王之法制者也。

周之《秩官》有之，曰："敌国宾至，关尹以告，行理以节逆之。候人为导，卿出郊劳，门尹除门，宗祝执祀，司空授馆，司徒具徒，司空视涂，司寇诘奸，虞人入材，甸人积薪，火师监燎，水师监濯，膳宰致餐，廪人致饩，司马陈刍，工人展车，百官、官以物至，宾至如归。是故大小莫不怀爱。其贵国之宾至，则以班加一等，益虔。至于王使，则皆官正莅事，上卿监之。若王巡守，则君亲监之。"

在这篇记载里，关于道路者，举出三事。第一，道路按照一定时候去修理，泽潴按照一定时候去陂障，川上按照一定时候建造桥梁。第二，道路旁边，种植树木，以作道路的标记；四郊设置屋庐，储藏食品，作为守卫道路的地方。第三，设置司空，管理路政。关于馆舍者，举出两事。第一，馆舍分为馆、寄寓和施舍三种。后二种似专为平民设，前一种似专为国家宾客设。第二，管理馆舍和招待宾客的，也都各设有官职；各等不同阶级的宾客，有各种不同的招待办法。此外，更有一句值得注意的话，就是说"宾至如归"。这样，对于一个宾客的各方面，只要在乎正轨之中，都要设法使他安适满意。诸如此类的办法，单襄公都归之于周制，周之秩官，以及先王之教，则这些办法应该是宗周时期的情形了。同时，单襄公因为陈灵公没有按着这些办法做，便以为"陈侯不有大咎国必亡"的重要条件，这也好像春秋时期诸夏之国，除了陈国等少数例外，大多数都还按着宗周时期的办法去做。

（2）

战国时期，若依当时的交通状况和军事规模来说，馆舍和道路，都应该很有点发展。但可惜材料太少我们知道的很有限。

《史记·苏秦列传》说："韩绝其粮道。"《廉颇蔺相如列传》说："秦将白起闻之，纵奇兵，佯败走，而绝其粮道。"这种粮道，无论是永久性的，或是临时性的，似乎都应该是一种平易、宽阔，并能尽量避免各项障害的道路。

战国时所开最有名的路，是金牛道。现在由陕入川的南栈道，自勉县而西，南至四川剑阁县的大剑阁，据说就是金牛道故道，乃秦伐蜀时所开。但当初是否栈道，不得而知。"栈道"一名见于《国策》。《齐策》说，田单"为栈道木阁，而迎王与后于城阳山"。《史记·高祖本纪索隐》："栈道，阁道也。……崔浩云：险绝之处，傍凿山岩，而施版梁为阁。"这恐怕是栈道之最早的记载。这种方法可说是战国时期对付山路的一种新方法。

战国时期的馆舍，普通说是传舍。如《史记·廉颇蔺相如列传》说"舍相如广成传舍"，就是一个很好的例子。孟尝君给宾客设备的馆舍，虽有传舍、幸舍、代舍三等，但它们的总名还叫作传舍。所以他的传舍长，管"传舍"的事，也管幸舍和代舍的事。孟尝君的各种传舍，和宗周春秋时期的各种馆舍，性质上很有点不同。后者都是国家设立的，孟尝君的馆舍却是纯粹私人的。

（3）

春秋战国时期的邮传制度，大概是在相当距离间置邮或置传舍。邮，或传舍，预备的有遽，有驿，有徒。遽，是用车。徒，是徒步。《左传》僖公三十三年，郑弦高"且使遽告于郑。"杜注："遽，传车。"《吴语》，吴王说："徒遽来告，孤日夜相继，匍匐就君。"韦注："徒，步也。遽，传车也。"驿，似是用马。顾炎武说："《汉书·高帝纪》'乘传诣雒阳。'师古曰：

'传，若今之驿，古者以来，谓之传车。其后，又置马，谓之驿骑。"窃疑此法，春秋时当已有之。如：楚子乘驿会师于临品；祁奚乘驿而见范宣子；楚子以驿至于罗汭；子木使驿谒诸王；楚人谓游吉曰，吾将使驿奔问诸晋而以告；《国语》，晋文公乘驿下脱，会秦伯于王城；《吕氏春秋》，齐君乘驿而自追晏子，及之国郊。皆事急不暇驾车，或是单用驿马。古书中，不言徒、遽、驿，而如《汉书·高祖纪》之单言传者，也很多。说者或以传系用车，或以传系用马，解释颇不一致。其实传是遽和驿的总名，有时可指用车说，有时也可指用马说。《韩非子·外储说左上》："齐景公游少海，传骑从中来谒。……景公遽起，传骑又至。"《史记·范雎列传》说："于是秦昭王大说，乃谢王稽，使以传车召范雎。"此传可用于车，也可用于马，甚为显然。《史记·孟尝君列传》说："秦昭王后悔出孟尝君，求之已去，即使人驰传追之。"又《信陵君列传》说"公子与魏王博，而北境传举烽，言赵寇至，且入界。……居顷，复从北方来传，言曰：赵王猎耳，非为寇也。"这两条所说的传，大概都是指传骑。

置邮或传舍，完全是出于政治上和军事上的作用。邮或传舍所预备的驿、遽、徒，都是为传递消息之用。孔子说："德之流行，速于置邮而传命。"邮传最大的好处，就是传达消息时传达得快。

春秋时的邮或传舍，是否可以让旅客住宿，无明文可考。但战国时的邮或传舍可供人住宿，甚为明白。前文曾引《史记·廉颇蔺相如列传》文说："舍相如广成传舍。"《白起王翦列传》也说："武安君既行，出咸阳西门十里，至杜邮。"这都是证据。邮或置舍，可能是由宗周时期各级馆舍发展出来的一种副业。所以，一直到战国末季，邮或传舍，一方面是邮传的机关，一方面还是让旅客住宿的。

(4)

春秋战国时期开辟的沟渠多。但如很有名的郑国渠，和西门豹时起引漳溉邺的十二渠，似都专于灌溉，对于交通上未必有什么贡献。这些渠外，《史记·河渠书》和《汉书·沟洫志》所记鸿沟等六渠，却和交通的关系很大。今录《河渠书》原文如下：

"（一）荥阳下，引河东南为鸿沟，以通宋郑陈蔡曹卫；与济汝淮泗会：

（二）于楚，西方则通渠汉水云梦之野；

（三）东方则通鸿沟江淮间：

（四）于吴，则通渠三江五湖；

（五）于齐，则通菑济之间；

（六）于蜀，蜀守冰凿离碓，辟沫水之害，穿二江成都之中。"

这六个渠，据说"皆可行舟，有余则用溉浸。"当初开辟这六个渠的时候，大概都是从交通上着眼的，和郑国渠、漳渠的情形不很一样。楚西方之渠，为春秋时孙叔敖所开。楚东方之渠，是春秋末季吴王夫差所开。蜀渠是战国秦昭王时所开。鸿沟和吴渠、齐渠的开辟时期无从确考；但依其规模之大，和交通渠之需要说，似乎都不是春秋以前所能有的。

在这六个渠中，鸿沟和楚东方之渠，在交通的意义上最为重要。楚东之渠，就是《左传》所谓邗沟，《水经注》所谓邗江或邗溟沟，现在江南运河的故道：从现在的江都，经射阳湖，西北到淮安，入淮。鸿沟，据《汉书•地理志》和《水经注》，始自荥阳，（现在的河南荥泽西南）和济水同出于河。东南与济水分流，号蒗荡渠。过中牟（现在的河南中牟东境）的北境，东南至浚仪（现在的河南开封境内）与梁沟合，始有鸿沟的称号。至此，鸿沟之南流者，别称沙水；东流者，为汳水。

沙水，南流至扶沟（现在的河南扶沟东北境）、长平（现在的河南西华东北境），东南至陈（现在的河南淮阳城），分为二支。一支为新沟水，入颍水；由颍水，到下蔡（现在的安徽凤台境）入淮。一支经过宁平（现在的河南鹿邑西南境）、新阳（现在的安徽太和西北境）、城父（现在的安徽亳州东南境）、山桑（现在的安徽蒙县北境）、龙亢（现在的安徽怀远西北之龙亢集）、义成（现在的安徽怀远东北境）南入于淮。另外，有涡水，也出自沙河，流经扶沟、阳夏（现在的河南太康）、宁陵（现在的河南宁陵南境）、襄邑（现在的河南睢县城西）、苦（现在的河南鹿邑东境）、谯（现在的河南亳县县治）、城父、山桑、龙亢、义成。也入于淮。

汳水，自浚仪，流经陈留（现在的河南陈留）、小黄（现在的河南陈留东北境）、雍丘（现在的河南杞县县治）、外黄（现在的河南杞县东境）甾（现在的河南考城东南境），为甾获渠。更经宁陵、睢阳、蒙（二县均在现在的河南商丘境），为获水。更经已氏（现在的山东曹县东南境）、虞（现在的河南虞城城西）、下邑、杼秋（二县均在现在的江苏砀山东境）、鉏、萧、彭城（并在江苏安徽北部）诸县入泗，由泗入淮。

鸿沟源流所经，睢阳、蒙襄邑是宋地，荥阳、中牟是郑地，陈和陈留是陈地，下蔡是蔡地，浚仪是卫地。和鸿沟相通的济水，流经定陶（现在的山东定陶城西北），定陶是曹地。所以，《河渠书》说，鸿沟通宋、郑、陈、蔡、曹、卫之间。鸿沟源流，出于济，入于淮，济、汝、泗也无不入于淮。所以《河渠书》又说，鸿沟与济、汝、淮、泗会。邗沟和鸿沟，大体上都是南北流，这对于春秋战国时期南北沟通，贡献是很大的。

5. 先秦的交通工具

(1)

先秦的交通工具，据说，在夏后氏时期，已有车和舟。

车，《墨子·非儒》《荀子·解蔽》《吕氏春秋·审分览》和《世本》，都说是奚仲作。《左传》定公元年，说："薛之皇祖奚仲，居薛，以为夏车正。"《山海经·海内经》说："奚仲生吉光，吉光是始以木为车。"二书所记，和《墨子》等书不同，但其以夏时有车，并且车和奚仲有密切的关系，则各书都是相同的。

舟，《墨子·非儒》说是巧倕作，《吕氏春秋·勿穷览》说是虞姁作，《山海经·海内经》说是番禺作，《世本》说是共鼓、货狄作。虞姁或番禺，和共鼓或货狄，不知是否一人二名，或一人多名。但番禺是奚仲之父，巧倕和番禺是兄弟，这在《山海经·海内经》内是有记载的。奚仲是夏人，他的父亲番禺和诸父巧倕，总也不至于不是夏人吧。

关于舟，夏人有一个著名的故事。《论语·宪问》说："羿善射，奡荡舟。"奡，《天问》王逸注引作浇。荡，有精娴猛锐的意思，和上文"善射"之"善"，相对当。顾炎武说："古人以左右冲突为荡阵，其锐卒谓之跳荡，别帅谓之荡主。"这解释荡字的意思，最好。《左传》襄公四年，说："昔有夏之方衰也，后羿自鉏迁于穷石，因夏民以代夏政。恃其射也，不脩民事，而淫于原兽。弃武罗伯因熊髡龙圉而用寒浞。……浞行媚于内，而施赂于外，愚弄其民，而虞羿于田。树之诈慝，以取其国家。外内咸服。……浞因羿室，生浇及豷，恃其谗慝诈伪而不德于民。使浇用师灭斟灌及斟寻氏，处浇于过，处豷于戈。"在这一件惊天动地的大事里，浇灭斟寻氏，就大大地施展了他荡舟的本领。《竹书纪年》帝相二十七年，"浇伐斟寻，大战于潍，灭之。"《天问》："覆舟斟寻，何道取之？"都说的是一件事情。从这个故事看来，夏后氏时期，已有以操舟出名的人了。

(2)

殷商的交通工具，较夏后氏为进步。据说，在夏后氏时期，殷的先公先王，不只有车，而且他们的车已经乘马和服牛。乘马的创始者，各书所说颇有不同。《荀子·解蔽》说："乘杜作乘马。"《吕氏春秋·勿穷览》说："乘雅作驾。"注："雅，一作持。"《周礼》校人注引《世本作篇》说："相士作乘驾。"依王国维的研究，相士系相土之讹，是殷人很早的先王。相土或单名土，又假作杜。杜声近特，故又作特。以其作乘马，故又称为乘杜。服牛的创始者，是王亥。王国维对于王亥和王亥之作服牛，有很详赡的考证。

车，在甲骨文字中，作形。这可见殷人的车，已有车厢、车辕和两个车轮了。甲骨文中，又有舆字，罗振玉说："案《考工记》，舆人为车。此象众手造车之形。"照罗氏说，这个舆字似乎应该起于制车术已经成为专门职业之后。现在我们虽不敢仅凭一个字的形式去断定罗说的是非，但殷人制车的考究，却是值得注意的。周封同姓诸侯，分配战利器。"分鲁公以大路大旂，复后氏之璜，封父之繁"，"分康叔以大路，少帛綪茷，旃旌，大吕"，"分唐叔以大路，密须之鼓，阙巩，沽洗，"都拿大路（一种车名）和许多宝货并列。孔子说"乘殷之辂"，也以殷车为"为邦"要事之一。这都可见殷车的精良。从此看来，殷时有专门制车工人，也是很可能的。

殷人之交通工具，于车外，也用舟。舟，甲骨文字作 𠂤 𠂤 𠂤 诸形。这些舟字所表示的，不如前面所举的这些车字复杂而显明。从这些舟字的形式看来，我们只能想象，殷人的舟已是用许多材料构成；对于舟的全身，似乎已颇注意各部分之匀称了。殷人承夏人之旧土，也是夹河而居；他们的水上交通是应该有相当发展的。

(3)

宗周时期，车的种类逐渐增加；约举之，有路车，有戎车，有舆，有辇。舆辇，大概是一般民众用的车。舆是服牛的，辇是人挽的。所以《易·睽·六三》说"见舆曳，其牛掣"，《小雅·黍苗》说"我任我辇"。戎车，是战士用的。路车是王侯卿大夫和将帅用的。戎车，在这几种车中，似数目最多；而路车则最美。

舟，周人有一种新的用法。《大雅·大明》说："造舟为梁。"就是用舟搭浮桥的用法，在周以前，尚未见过这样的记载。又《棫朴》说："淠彼泾舟，烝徒楫之。"宗周时，或已经有比较大型的舟，所以要许多人来楫之了。舟在夏后氏时期，虽已经有一部分人讲究操舟的技术，但直到宗周初年，舟之应用似还不见得普遍。《尚书·周书·君奭》论行政的艰难说："今在予小子旦，若游大川。"《易》卦爻辞中，说"利涉大川"和"不利涉大川"的话头，也特别多。可见，在宗周初年，至少西土之人对于水上交通，还颇怀着畏惧的心理。到了宗周中叶以后，"舟人之子，熊罴是裘"，舟人已经能借着舟发财了，舟的应用或者已经有了相当的发展。

（4）

春秋战国时期，交通工具很有变化。其中最要者，是马之单骑。春秋时，驿传用马。虽非驿传，也有单独用马的。《左传》昭公二十五年，"左师展将以公乘马而归。"《韩非子》说："秦穆公送重耳，畴骑二千。"如《韩非子》所说，则春秋时已经有骑兵了。战国中叶以后，各国单骑的风气很盛。所以苏秦游说六国时，指出赵、楚各有骑万匹，燕、魏各有骑六千匹，以为四国兵力强大的证据。后来赵武灵王提倡胡服，给骑士们一种极大的便利，骑风一定比以前还要兴盛。

骑风既盛，戎车在军事上的地位，和在车类中的地位，都逐渐低落。

由戎车到单骑之变迁，其中有不得不变的原因。顾炎武说："春秋之世，戎翟杂居于仲夏者，大抵皆在山谷之间，兵车之所不至。齐桓晋文仅攘而却之，不能深入其地者，用车故也。中行穆子之败翟于大卤，得之毁车崇卒。而智伯欲伐仇，犹遗之大钟以开其道，其不利于车可知矣。势不得不变而为骑。骑射，所以便山谷也。"这段话，把它们变迁的原因说得很明白。这也可见春秋战国时交通工具的发展和当时民族混合运动之关系的一斑。

舟的利用，在春秋时很有进步。《左传》僖公十二年，"秦于是乎输粟于晋，自雍及绛相继，命之曰汜舟之役。"自雍及绛之水道，系自渭河东下，入黄河，折而北，以达于临绛之汾水。自起点到终点，约有六七百里水路。这样长的水路，船只居然能够前后相继，或不免出于左氏过度的浮夸，但也可以想见春秋时秦晋舟楫之盛了。春秋末叶，吴与楚战，越与吴战，都用舟师。而吴伐齐，命徐承率舟师自海入齐；越伐吴，命范蠡率师沿海诉淮，绝吴归路。这时，如无巨型的舟，娴熟的技术，自然是做不到海上航行的。战国时，张仪说楚王曰："秦西有巴蜀大船，积粟起于汶山，浮江以下，至楚三千余里。舫船载卒。一舫载五十人与三月之食。下水而浮，一日行三百余里。里数虽多，然而不费牛马之力，不至十日而距扞关。"战国时，内河航行的速度和负载的重量，于此也约略可见了。

　　春秋时，水上交通工具，舟之外，有方，有刀，有泭，有桴。战国时，陆路交通工具，马之外，有橐驼，有駃騠。《诗·谷风》："就其深矣，方之舟之。"又《河广》："谁谓河广，曾不容刀？"《齐语》："方舟设泭，乘桴济河。"刀是小船。方、泭、桴，都是用木编成的筏。苏秦说楚王："燕代橐驼良马，必实外厩。"李斯《谏逐客书》："骏良駃騠，不实外厩。"橐驼駃騠，原来都是北戎的"奇畜"，大概在燕、赵战胜北戎以后，中国才有的。

6. 战国晚期之关于交通的传说想象和理想

（1）

　　战国晚期，因交通的发达，使当时敏感的人有两种很有意义的感觉。其一，感觉世界之大，非中国所能尽。其二，感觉到中国各部分互相需要的密切。《天问》开首说："东西南北，其修孰多？南北顺橢，其衍几何？"这类问题，就表示出有第一种感觉者的心情。李斯谏秦王逐客，说："今陛下致昆山之玉，有随和之宝，垂明月之珠，服太阿之剑，乘纤离之马，建翠凤之旗，树灵鼍之鼓。此数宝者，秦不生一焉，而陛下今说之何也？必秦国之所生然后可，则是夜光之璧不饰朝廷，犀象之物不为玩好，郑卫之女不充后宫，而骏良駃騠不实外厩，江南金锡不为用，西蜀丹青不为采。所以饰后宫，充下陈，娱心意，说耳目者必出于秦，然后可，则是宛珠之簪，傅玑之珥，阿缟之衣，锦绣之饰不进于此；而随俗雅化，佳冶窈窕，赵女不立于侧也。"这些话，也可表示有第二种感觉者之一部分的心情。基于第一种感觉，于是有大九州、大四极的想象，和昆仑与三神山之传说。基于第二种感觉，于是有《禹贡》中交通系统的理想，和《周礼》中交通制度的理想。

（2）

　　大九州的想象，以邹衍所说最为完备。邹衍有书十余万言，久已不传。今据《史记·孟子荀卿列传》所记，知道"其语闳大不经，必先验小物，推而大之，至于无垠；""先列中国名山大川，通谷禽兽，水土所殖，物类所珍，因而推之及海外人之所不能睹"；"以为儒者所谓中国者，于天下乃八十一分居其一耳。中国名曰赤县神州。赤县神州内自有九州，禹之序九州是也，不得为州数。中国外，如赤县神州者九，乃所谓九州也。于是，有裨海环之。人民禽兽莫能相通者，如一区中者，乃为一州。如此者九，乃有大瀛海环其外，天地之际焉"。这是以全世界为九大州，每大州中又各有九小州。中国只是九小州中的一州。儒者所说的九州，在邹衍看来，只是中国这个小州自己境内更小的九州而已。

大四极的想象，《吕氏春秋·有始览》和《山海经·海外东经》都有记载。《有始览》说："凡四海之内，东西二万八千里，南北二万六千里，水道八千里，受水者亦八千里。"这说的是中国的四极，可以说是小四极。《有始览》又说："凡四极之内，东西五亿有九万七千里，南北亦五亿九万七千里。"这才说的是大四极。大四极的纵横里数相乘，差不多是小四极面积的四十九倍了。《海外东经》说："帝命竖亥步自东极，至于西极，五亿十选（万）九千八百步。"这所说东西极间的距离，比《有始览》所记更长。如果"五亿十选九千八百步"，可以折合"一百三十八万九千一百九十四里弱"（顾颉刚所合里数），而南北之长一如东西，则这种大四极，更要为《有始览》中的小四极之九十八倍多了。

昆仑和三神山的传说，一为关于西荒者，一为关于东海者。《山海经·西山经》说："昆仑之丘，是实惟帝之下都，神陆吾司之。其神状，虎身而九尾，人面而虎爪。是神也，司天之九都及帝之囿時。河水出焉，而南流东注于无达。赤水出焉，而东南流注于汜天之水。洋水出焉，而西南流注于丑涂之水。黑水出焉，而四流于大杅。"《海内西经》说："海内昆仑之墟在西北，帝之下都。昆仑之墟方八百里，高万仞。……面有九井，以玉为槛。面有九门，门有开明兽守之，百神之所在。在八隅之岩，赤水之际，非仁羿莫能上岗之岩。"《大荒西经》说："西海之南，流沙之滨，赤水之后，黑水之前，有大山，名曰昆仑之丘。有神，人面，虎身，有尾皆白，处之。其下，有弱水之渊环之。其外有炎火之山，投物辄燃。有人戴胜，虎齿，有豹尾，穴处，名曰西王母。"这是说，昆仑在西北，为河水、赤水、洋水、黑水所从出。它是上帝的下都，有神陆吾和西王母住着。除了仁羿，普通人是上不去的。《史记·封禅书》说："自威宣（齐威王齐宣王）燕昭使人入海，求蓬莱方丈瀛洲。此三神山者，其传在渤海中，去人不远。患且至，则船、风引而去。盖尝有至者，诸仙人及不死之药皆在焉。其物禽兽皆白，而黄金银为宫阙，望之如云。及到三神山，反居水下。临之，风辄引去，终莫能至焉。"这是说，三神山在渤海中。山上有许多仙人和长生不死的药。但人总是不能航行到这个地方。有时，看着船快走到了，却都被风吹跑了。

大九州和大四极的想象，诚如《史记》所说，是"闳大不经"。昆仑和三神山的传说，也很恍惚迷离。但在这种闳大不经和恍惚迷离中，有一种真实——一种向域外发展的企图，一种对于异域景物的热望。这并不是一件滑稽的事情，它实在象征着一种打开世界壁垒的努力，它在预告一个将要来到的新的时代之一面。

（3）

《禹贡》是一部依托所作夏禹治水的书。书中所说的，是夏禹治水的顺序，和各州贡赋所经的道路。《禹贡》开卷虽说"随山刊木，奠高山大川"，但实际上差不多全说的是各地水道。《禹贡》中理想的交通系统，也就是一种水上交通的系统。

《禹贡》的作者，就他个人的视野，分当时的中国为九州。每州之内，各有自己的水道；州与州间，另外有彼此互通的水道。

《禹贡》最先提到的，是冀州。冀州约当现在的山西全省和河北省的西北部，东西南三面都临着黄河。境内有汾水，有衡漳，有卫水，或西南流，或东南流，都入于河。冀州是京师所在，为其他八州贡赋输入的总汇，可以说是《禹贡》中的交通中心。

冀州的东边是兖州，约当现在的河北省东南部和山东省西北的一小部分，西北临黄河，东南临济水。境内有灉水，有沮水，有漯水。它入贡的道路，是从济水、漯水转入黄河，向西南航行，直达冀州。

兖州的西南，是青州，约当现在的山东半岛，东临海，西北至泰山。境内有潍水，有淄水，有汶水，有济水。它入贡的道路，是从汶水入济水，折入黄河，以达冀州。

青州的西南，是徐州，约当现在山东南部的一小部分，和江苏北部、安徽东北的一部分，北达泰山，东临海，南临淮。境内有沂水，有泗水。它入贡的道路，是从淮泗入黄河，以达冀州。

徐州的南边是扬州，北边是淮水，东边是海，约当现在的江苏安徽南部以南。境内有三江，有震泽。它入贡的道路，是沿江入海而北，折入淮、泗，转入黄河，以达冀州。

扬州的四边是荆州，北至荆山，南至衡山之南，约当现在的湖北以南。境内有江、汉，有沱、潜。它入贡的道路，是从江、沱、潜、汉经过洛水，转入黄河，以达冀州。

荆州的北边是豫州，在荆山的北边，黄河的南边，约当现有的河南省。境内有伊水、洛水、瀍水、涧水、荥水、波水。它入贡的道路，是自洛水入黄河，以达冀州。

豫州的西南是梁州，东至华山之阳，西据黑水，约当现在的陕西南部、甘肃极南的一小部、和四川的北部。境内有沱，有潜，有桓水，有沔水。它入贡的道路，是自潜水经过沔水，入于渭水，横渡黄河，而达冀州。

梁州的北边是雍州，东临黄河，西据黑水，约当现在的陕西的北部，和甘肃的南部。境内有泾水，有沣水。它入贡的道路，西北境的贡赋自积石山下，沿黄河直到龙门山下，和东南境的贡赋会于渭河，入黄河之口，渡过黄河东岸，以达于冀州。

总计八州贡赋所经，以黄河为一最大干线。北方数州境内，都有黄河的支流。南方数州之水道，与黄河不通者，则自海以入于河。这些水道之分布固为天然所形成，但把这些水道很有系统地写出来，分别派作各州贡赋的道路，不能不说《禹贡》作者有建设水上交通系统的理想。

（4）

《周礼》是一部讲典章制度的书。这书固不专为讲交通制度而设，但关于交通制度颇有具体的规划。

《周礼》定有道路和馆舍的制度。《地官·遂人下》，说："凡治野，夫间有遂，遂上有径。十夫有沟，沟上有畛。百夫有洫，洫上有涂。千夫有浍，浍上有道。万夫有川，川上有路，以达于畿。"水路和陆路，互相依附。小者有每夫间的遂径，（每百亩为一夫）大者有万夫间的川路，整整齐齐地由干而支，四方无不条达。这是《周礼》中的道路制度。《地官·遗人下》，说："凡田野之道，十里有庐，庐有饮食。三十里有宿，宿有路室，路室有委。五十里有市，市有候馆，候馆有积。"每在十里、三十里，以及五十里间的距离，设有三种不同的馆舍，每种馆舍中备有饮食或委积，以便旅客享用。这是《周礼》中的馆舍制度。

《秋官·讶士下》说："邦有宾客，则与行人送逆之。入于国，则为之前驱，而辟野亦如之。居馆，则率其属而为之跸，诛戮暴客者。客出入，则道之。有治，则赞之。"《掌讶下》说："掌讶，掌邦国之等籍，以待国宾。若将有国宾至，则戒官、修委积，与士逆客于疆，为前驱而入。及宿，则令聚柝。及委，则致积。至于国，宾入馆，次于舍门外，待事于客。及将币，为前驱，至于朝，诏其位，入复。退，亦如之。凡宾客之治，令讶；讶治之。凡从而出，则使人道之。凡归，送亦如之。凡宾客，诸侯有卿讶，卿有大夫讶，大夫有士讶，士皆有讶。凡讶者，宾客至，而往诏相其事，而掌其政令。"《环人下》说："环人掌送逆邦国之通宾客，以路节达诸四方。舍则授馆，令聚柝。有任器，则令环之。凡门关无几，送逆及疆。"《地官·委人下》，说："凡畜聚之物，以稍聚宾客，以甸聚待羁旅。……凡军旅之宾客馆焉。"《夏官·怀方氏下》，说："怀方氏掌来远方之民，致方贡，致远物，而送逆之。达之以节，治其委积馆舍饮食。"讶士和掌讶所掌的，是关于国家的宾客。环人所掌的，是关于往来境内的异国国宾。委人所掌的，是关于军旅的宾客。怀方氏所掌的，是一般的旅客。这是《周礼》中招待和保护各种旅客的制度。

《秋官·野庐氏下》说："野庐氏掌达国道路，至于四畿。比国郊及野之道路宿息井树。若有宾客，则令守涂地之人聚柝之。有相翔者，诛之。凡道路之舟车擎互者，叙而行之。凡有节者及有爵者至，则为之辟禁野之横行径踰者。凡国之大事，比修除道路者。掌凡道禁。邦之大事，则令埽道路。且以几禁行作不时者不物者。"《地官·司关下》说："司关掌国货之节以联门市，司货贿之出入者，掌其治禁与其征廛。凡货不出于关者，举其货，罚其人。凡所达货贿者，则以节传出之。国凶札，则无关门之征，犹几。凡四方之宾客敀关，则为之告。有外内之送令则以节传出内之。"《夏官·司险下》说："司险掌九州之图，以周知其山林川泽之阻，而达其道路。设国之五沟五涂，而树之林，以为阻固，皆有守禁，而达其道路。国有故，则藩塞阻路而止行人，以其属守之，惟有节者达之。"道路关险，在平常的时候各有规律，在非常的时候各有禁令。这是《周礼》中交通行政的制度。

《周礼》中，对于车制也有规定。王后卿大夫士庶人，各阶级有各阶级专用的车。而王于宾会丧祭，因场合不同，又有各种不同的车。《春官·巾车下》，述各种车制甚详。其文过繁，这里不必引了。

《禹贡》中理想的交通系统，在战国时期自然是极难实行的。《周礼》中理想的交通制度，在战国时期也不能有一个实验的机会。虽然如此，这两种理想却并不仅仅是理想而已。在这理想中也有一种真实——这种真实就是对于大一统的希求。我们不必问这两种理想本身的价值如何。我们只要注意，它们的希求，在历史的意义上，是预告着一个将要来到的新时代之又一面。

第十八讲　手工业、商业和货币

在商周的社会里，残留的公社及其井田制度，导致了当时的工商业不可能有较好的发展。公社本身不了解商品生产，但剥夺公社剩余产品的国家，却将这产品作为商品进入了流通领域。产品来自公社，却被国家占有。《资本论》曰："在奴隶关系、农奴关系、贡赋关系（指原始共同体时的贡赋关系）下，只有奴隶主、封建主、接受贡物的国家，才是产品的所有者，因而才是产品的出售者。"这就使当时的工商业者基本上是一种官工、官商，即《国语·晋语四》中的"工商食官"（工，百工；商，官贾；食，官廪）制度。当时的工商业，主要由官府统一经营和管理，供给原料、场所，组织加工，产品的核价出售都由官府统一操作，而工商业者则由官府豢养，就是所说的"食，官廪"。

到了春秋战国，铁工具的普遍使用、多种分工、公社的逐渐衰亡，导致在平民之中产生专为生产交换的商人，称为"素封"。从此，我国古代社会中的"工商食官"制度开始完结；我国商品生产得以发展，金属货币随之产生，豪民经营的大手工业和垄断市场的大商人，也就相继出现了。

1. 商殷时期的官工商业和贝币

商代冶铸青铜是一种拥有先进生产技术的行业，而又为各类手工业之首，其产品主要是礼器和兵器。这一切决定了青铜工业自早商到晚商，一直被殷王室和奴隶主贵族所垄断，而为一种官府手工业。

早商，从今陕西到山东，从河北到江西，包括河南、安徽、湖北等省在内，都在生产铜器，在今郑州曾有过较大的铜器作坊遗址，已能铸造出较为精致的武器和容器。

晚商，冶铜术已发展到了更新的阶段，其分布地域比商代前期更为扩大：北从今长城以北的辽宁的东部，南到长江流域的大部分地区，西从陕甘一带，东至江浙沿海，都在生产铜器，也许更远远地超出了这个范围。晚商的青铜工业主要是由王室和奴隶主贵族控制的，其规模比早商要大得多。例如司母戊鼎是我国及古代世界青铜文化史中仅有的珍鼎。

商代青铜器物多为鼎、毁、壶、盘、鬲、爵、觚、尊、卣、罍、彝、觥等，还有刀、斧、锛、凿、钻、锥、铲和鱼钩等工具，还有乐器和车马饰物。晚期的铜器上常常铸有图绘和铭文。这些主要是供奴隶主贵族使用的。但当时的青铜器的出现，还无法完全取代石器的存在和使用。

在商代，青铜器为奴隶主贵族专用，而平民只能使用陶器。在早商，已有原始瓷器，但已接近一般的瓷器了，这也将我国发明瓷器的历史，至少提早到3000多年前的早商时代。晚商的陶瓷工业，基本上沿袭了早商，但又新兴了刻纹白陶和明器的制作。刻纹白陶是当时的一种珍品，奴隶主贵族专用，就连小奴隶主贵族也不可使用，平民就更不用说了。

在商代，骨、角、牙、蚌器的用途很广，从早商到晚商，都有专门的作坊进行生产。当时的手工业除了铸铜、烧陶和制骨三个主要部门外，还有玉石业、漆木业以及纺织、缝纫等。其中玉石器多半是经过雕刻的，有深刻、浅刻，立体或半立体的雕塑，以及镂空雕等，技术非常复杂；漆器工艺已经达到了相当发达的程度，当时的漆工已独立成专门的行业了。

此外，商代已有制造舟、车的手工业。马车在商代主要是奴隶主贵族用于作战和狩猎的工具。

在《左传》定公四年载，周初曾经俘虏了以职为氏的工商业者，其中有索氏（绳工）、长勺氏、尾勺氏（酒器工）、陶氏（陶工）、繁氏（马缨工）、锜氏（锉刀工和釜工）、樊氏（篱笆工）、终葵氏（椎工）等，专业分工很细。据当时的甲骨卜辞所载，在商代似乎已经有了工商食官的制度了。

当时公社的残存，使商代的商品交换关系受到了很大的限制，但甲骨文中有贝字，在商墓中又有贝的出土，说明了贝在当时确已作为货币使用了。《尚书·盘庚》曰："具（聚集）乃贝玉"，"无总（聚）于货宝"，"贝玉"与"货宝"显然是同等的地位。在商末铜器铭文中，又常见"赐贝""赏贝"的记录，并以"朋"为计算的单位，看来贝在当时已经成了货币，即贝币，并开始有专业商人来进行货物的交换。

2. 西周时期的官工商业及贝币与金（铜）币

西周，仍然残留公社及井田制度，无论是王都或各诸侯国中的工商业，基本上承袭了商代，尤其是晚商的"工商食官"的制度。当时王室和诸侯贵族控制着比较重要的手工业，由百工直接掌管（百工，即百官），经营着各种行业的生产。当时的商人不能自主经营，因为那些手工业者所生产的产品主要是给奴隶主贵族享用的，而不是用于交换的商品。西周时期的手工业，除了上述的官府手工业外，还有属于公社农民家庭副业的民间手工业，但都为了自给自足而生产，只有少数手工业品作为商品，用于交换。

在西周官府手工业中，最为重要的仍然是青铜工业，青铜器的总量超过了商代晚期，西周早期的青铜工业是有发展的。西周中期以后的铜器数量超过了早期，铜器的主体是鼎、鬲、甗、盨、簠等，以饪食器为主，而减少了酒器的铸造，对酒有了节制。西周中晚期的青铜酒器主要是壶和盉。西周晚期青铜酒器非常少见，如爵，改变了形状，成了有柄的圈足小杯，觚也降低了高度，成了有把手或双把手的杯形器。在虢国墓中，我们还发现了三面铜镜，这表明在当时的青铜产品中，不仅有礼器、武器，而且有了生活用品。

陶器，仍然是当时人们的生活必需品，西周时期的陶业生产已有了专门的行业。在西周早、中期的宫殿建筑中已使用了瓦，这在中国建筑史上是有重要意义的。原始瓷器的生产，在商代的基础上也有了一定的发展，并在原始瓷器的表面着有青色或黄色的釉，器形有豆和两垒种。在西周时期，我国古代劳动人民已经掌握了制作陶瓷的高水平工艺。

玉器，在西周时期的使用更加普遍了。它不仅用于奴隶贵族服饰或其他佩带物上，而且又是他们区别尊卑的礼器，如璧、环、瑗、璜、圭、璋、琮以及戈、斧、刀之类的仿兵器仪仗用品等。这些玉器都很精细，并有专门的加工生产作坊。

在西周沣西遗址中，发现了大量的纺陶轮和少量的石、骨纺轮以及骨、角、铜制的锥、针之类的工具，这说明了纺织业是当时的一种重要的手工业。

那时的车，除了用于战争外，也是重要的交通工具。西周时期的车，形制更加精巧，种类更为多样。车，要由木工、金工、漆工和皮革等多种工匠合作生产，确已构成了一种综合性手工业。

在西周，当时的商贾和百工都隶属于奴隶主贵族，为贵族经营，为贵族的需要服务。在交换中，起货币作用的主要是贝币，仍旧以"朋"为计算单位。如矩伯庶人在裘卫那里取了朝觐用的玉璋，价值贝八十朋，可以付给"十田"；矩伯又取了两张赤色的虎皮、两件鹿皮披肩、一件杂色围裙，共值二十朋，可以付给"三田"，这说明当时的"贝"已经成为交换的媒介。西周殉贝的情况比商代更为普遍。这些贝、玉石贝、骨贝和陶贝，除了部分作为装饰品外，其他都是作为货币或货币的象征来殉葬的。周初金文中还有赐"寽"的记录，即"寽"在铜器铭文中用作重量单位，在一些情况下也被用作交换手段。那时的金即铜本身。也是一种重要的商品，同时也担负着货币的职能。

在民间，当时的一些交易活动，数量很小，大都是以物易物，相互交换一些日用物品，以满足生活的必需。

3. 春秋时期官私工商业的发展与金属货币的出现

春秋时期随着铁工具的使用，公社及其所有制在变化着；农业的发达，手工生产也相应有了进一步的发展。国家设有工正、工师、工尹等官吏，管理着大多礼器、兵器和车器之类的生产，各种手工业仍旧由官府控制着，而一些日常生活用品，则由民间的手工业者自产自销。

当时的官府手工业的管理制度更为完整，产品种类更为繁多，对工匠的技术要求和对他们的各种管制办法也更为严格了。由于统治阶级的消费欲望增长，官府手工业的经营范围和质量要求也在不断扩大和提高。

一切有专业技术的公社农民被官府收入官府工业的部门中，成为"在官之工"，就是《国语·齐语》所说的"处工就官府"。在官府手工业中服役的工匠，具有专门的技能，各有所长，生产经验的积累，世代传承，各具秘方绝技，并不外传。官府手工业者成为用技术为奴隶主贵族服务的工具外，还有奴隶担当其事，"器用之资，皂隶之事"。被征集在官府工业中的各种工匠，在工师的带领和监督下工作。正如《周礼·考工记》曰："国有六职（六职：王公、士大夫、百工、商旅、农夫和妇功），百工与居焉。"工师是官府工业中各种工业制造的主管人，职掌更多，"论百工：审时事，辨功苦，上完利，监一五乡，以时钩修焉，使刻镂文采毋敢造于乡，工师之事也"（《管子·立政》）；"论百工，审时事，辨苦功，尚完利，便备用，使雕琢文采不敢专造于家，工师之事也"（《荀子·王制》）；"是月也，命工师令百工，审五库之量，金铁、皮革、筋角、齿羽、箭幹、脂胶、丹漆，无或不良，百工咸理，监工日号，无悖于时，无或作为淫巧以荡上心"（《吕氏春秋·季春纪》）；"是月也，霜始降，则百工休（高诱注云：'霜降天寒，朱漆不坚，故百工休，不复作器'）"（《吕氏春秋·季秋纪》）；"是月（十月）也，工师效功，陈祭器，按度程，无或作为淫巧以荡上心，必功致为上。物勒工名，以考其诚，工有不当，必行其罪，以穷其情"（《吕氏春秋·孟冬纪》）。当时的官府工业，既有完整的制度，又有严密的管理方法和监工的考核和检查。如果发现"工有不当"，即产品的质量不合格，则"必行其罪，以穷其情"。可见，官府工业的长期存在并不断扩张和发展，既缩小了商品交换，又剥夺了手工业者自己的经营时间，造成了官府工业严重阻碍商品生产，使其不能充分发展的结局。

当时的官府工业的分工，已很细密。如造车工业就是一个典型例子，当时车身的制造，可分为六种不同的工序，通过六种不同的独立手工业劳动者之手而成。当然车的最后完成，还需油漆工、彩画工、马具工和绳带工等多种工序，《吕氏春秋·君守审分览》言："今之为车者，数官然后成。"

到了春秋中晚期，青铜铸造工艺的特点是分铸法，也就是发展到器身与附件分别单独做模加工，而后合成一体。分铸法的广泛使用，除使产品趋于规格化外，还便于处理形制极为复杂的铸件，创造出气势雄伟、结构复杂的成品。春秋晚期，铁给手工业者提供了尖锐的工具，从而又可以对青铜器进行更细微的加工。又如镶嵌纯铜的工艺和画像线刻工艺，此为一种创新。

由于各个地区的自然条件或社会条件不同，随着春秋时期手工业的发展，各个地区便出现了独具风格的手工业产品。作为各地特产的地方手工业，大体包括两个方面：一是某种手工业品盛产于某地，其产量之大和经营者之多，都不是其他地方所能比拟的；二是某地手工业者具有特殊技术，是造成地方分工的一个重要条件，如《考工记》云："郑之刀，宋之斤，鲁之削，吴粤之剑，迁乎其地，而不能为良。"我们知道，吴、楚，特别是韩国各地盛产的名剑，之所以特别犀利，与各地高超的铸剑技术是分不开的。可以讲，造成地区产品的独特风格和优点的原因，往往都是结合上述两个方面的条件形成的，既需要特殊熟练的生产技术又需要该地方盛产的独特材料。

《吕氏春秋·召类》载司城子罕曰："南家工人也，为鞔着也，吾将徙之。"其父曰：'吾恃为鞔以食三世矣。今徙之，宋国之求鞔者，不知吾处也，吾将不食。愿相国之忧吾不食也。为是，故吾弗徙也。'"这个南家工人，以自己的家庭为作坊，从事手工业生产，并有迁徙的自由。他们把制成的产品在家或在市上出卖。古代市场在官府的直接管制之下进行贸易，在市中陈列出售的货物和在市内开设的作坊店铺，都不是随便散置、杂然并存的，而是在市内划分为若干区域，以类相从，名之曰"肆"（陈列货物和设立作坊店铺的地点）。可见，春秋时期除了官府工业外，还有民间手工业。那时还有转徙无常的手工业者，如春秋时期的家庭手工业，主要是由妇女从事的纺织业。"今也妇人之所以夙兴夜寐，强手纺绩织纴，多治麻统葛绪，捆布缕，而不敢怠倦者，何也？曰：彼以为强必富，不强必贫；强必暖，不强必寒，故不敢怠倦。"（《墨子·非命下》）这种家内手工业，不仅在人民生活中占有重要地位，而且也是当时国家税收来源之一，同时也是公社存在的物质基础，并自给自足。

商贾，在春秋时期已被列为四民之一，尽管当时商人的社会地位低下，还在官府直接的控制下，但终究已算是一种专门的职业了。但商人必须善于"观凶饥，审国变，察其四时而监其乡之货，以知其市之贾"，并且还要能够"服牛辂马，以周四方，料多少，求贵贱"（《管子·小匡》），生存得十分艰难。春秋时代虽然以"官商"为主，但是由于生产力发展，公社所有制即井田制度逐渐量变，列国中也曾出现过有钱有势的大商人。他们由于积累了大量的财富，常常经营高利贷，所以《晋语八》中，也就有了栾桓子"假贷"的记录。

我国的金属货币究竟起源于何时，目前尚无定论。在春秋时期的考古发现中，曾经发现过铜币，即"空首布"。当时的空首布大体可以分为平肩、削肩弧足空首布，是一个系统，出土的范围以今之洛阳为中心；另一系统是耸肩尖足空首布，出土范围以今之山西南部及太行山西麓为中心，波及安阳以北。前者起源于周王畿，后者属晋。考古发现中，不仅发现了空首布的成品，更重要的是还发现了大批的空首布内范，这就直接证明了至少在春秋晚期，已经有了金属货币，即铸币。空首布这种货币形式，最早大概是从西周时期的镈演变来的，由于镈、布古音相同，可以通假，于是货币借用了"布"音。根据《左传》所载，涉及货币的记事共 80 条，分为贿赂、赏赐、求乞、掠掳、积蓄五类，其中 77 次以玉、帛、锦、车、马、奴隶、粟米、兵器、衣物、饰物、彝器、乐器之类为主，说到金、铜币的只有 3 次，可见春秋时期铸币的流通范围尚不甚广。

4. "素封"的出现，战国时期工商业的发达和金属铸币的流通

由于战国时期铸铁技术的进步，铁器与牛耕的逐渐普及，灌溉、深耕、施肥和其他农业技术的不断提高，促进了生产力的极大发展。到了战国初年，如三晋地区就已出现了"土狭而民众"（《商君书·徕民》）的局面。这样就使得一些国家或地区的"书社"组织无法向公社农民实行授田制度，公社所有制即井田制度也就无法维持下去了。当时市场上的商品，所有"被服、饮食、奉生、送死之具"，都待"商而通之"，东西南北的土特产品，在中原市场上都可以买到。商业的迅速发展，也就使得过去的殖民营国的城市，由原来武装驻守之初期都市形态逐渐转变为以商业贸易为中心的繁荣城市。工商业的发展，便涌现出握有巨万资财的富商巨贾，所谓"大者倾都，中者倾县，下者倾乡里者，不可胜数"。"千金之家比一都之君，巨万者乃与王者同乐，岂所谓'素封'者邪？非也？"

（《史记·货殖列传》）"素封"的出现，是长期以来"工商食官"制度破坏后的必然结果。

当时官府手工业的规模虽然还很大，不过富商大贾的私人手工业已经发展了起来。当时的官府手工业有冶金、木工、漆工、陶工、皮革工、煮盐和纺织等，其中青铜手工业和楚国漆器工艺的生产技术有了长足的进步。

冶铁业在春秋末期，已经有了一定的规模，鼓风方法的出现也就发明了冶炼铸铁的技术。由于冶铁的需要，到了战国时代发现与开发的铁矿已较多。人们在采矿中积累了一些经验，"山上有赭者，其下有铁，此山之见荣也"（《管子·地数》）。"荣"，即具有矿苗的意思。所谓"赭"，就是一种赤铁矿性质的碎块，常和赤铁矿共存。据《山海经·五藏山经》载，有明确地点的产铁山计有 37 处，分布于今之陕西、山西、河南和湖北各省，即在战国的秦、魏、赵、韩、楚国境内，尤以韩、楚、秦三国为多。战国时代，各国已有了许多重要的冶铁手工业地点。战国时代的铁兵器已有"白刃"（《荀子·强国》）之称，白色的刀口当是钢制的。

战国时期已经进入了铁器时代，青铜一般只铸造礼器和兵器，就是礼器也有铜与铁的混合结构品。但是，青铜冶铸业并没有因此废除，而是继承和发展了殷周以来的优良传统。这时对于青铜的取材、配料和冶铸的火候等，都已有了相当精密的分析记录，总结归纳出一套理论。战国时代，有了铜器上的金银错和刻镂画像工艺，这与冶铁炼钢技术的进步分不开。

战国时期，纺织、制盐、漆器的生产也颇为发达。如当时各诸侯国常用丝织物作为赏品，多达"锦绣千纯（五千匹）"（《战国策·秦策一》《战国策·赵策二》）。麻织品比丝织品更为普遍，是当时劳动人民的主要衣料，它和丝织品同样是当时的主要商品，在市场上都有一定规格和长短。这时不管是丝或麻织物，都已普遍染成五颜六色，织成五彩缤纷的布帛，其花色品种较以前丰富很多。又如盐有了较大规模的生产，当时已有海盐、池盐和井盐。再如《诗经·鄘风·定之方中》说："树之榛栗，椅桐梓漆"，可知漆树曾在黄河中游种植过。但是，主要是在长江流域种植，所以楚国的漆器手工业最为发达。漆在战国时代已应用得很广，许多木器都已髹漆。在无数精美的漆器中，饮食器如杯、盘、盒；日用家具如案（矮桌）；日用容器如奁、箧等；武器如弓、剑鞘、戈柲（即戈柄）、戟柲等，以至装殓用的棺椁，都已有髹漆的。这些器物的表面都用黑、朱、紫、白、绿等色彩漆，描绘有各种图像，主要有龙凤云鸟纹、几何纹和狩猎图等。据研究，当时已采用了桐油作稀释剂，改善漆液性能，从而调配成更多便于描绘图案花纹的彩色油料。战国早期至中期，楚国的漆器工艺已达很高水平。战国中期以后，胎骨向轻巧方面发展，更发挥了漆器的优点。战国时期的漆器制作工艺是十分发达的。

战国时期的诸侯国中央和郡县，都拥有上述各种官府手工业作坊。并有一定的管理监造制度，此外，当时还有和小农结合的家内手工业、单独经营的个体手工业和豪民经营的大手工业。

冶铁业和煮盐业，对于战国时期的民营的大手工业来讲，是占主要地位的。然而这"民营"之"民"并非一般的农民或工商业者，应当是"豪民"。官府只抽取30%的税来让"豪民"去经营，这种做法一直延续到汉初。《盐铁论·禁耕》说："非豪民不能通其利。"战国时期经营池盐，成为巨富的猗顿；经营冶铁，成为巨富的郭纵，其经营的手工业一定有相当的规模，必然都是豪民为之。赵国人卓氏，"用铁冶富"；魏国人孔氏，经营冶铁业，也成了巨富（均见《史记·货殖列传》），他们在此之前也应属于豪民范围。当时豪民所用的劳工，"大抵尽收放流人民"（《盐铁论·复古》），还有奴隶性质的"僮"。豪民所开发的矿山和海池，大体向官府租借而缴纳一定的租金。当时一些国家和地区的公社逐渐解体，农业和手工业的发展，社会分工的日益细化，促进了战国的商业交换关系的较快发展，商人垄断市场的状况开始出现。

自由商人，最初多是由一些小商贩发展起来的，他们的地位低贱，正如孟子所言，"有贱大夫焉"。到春秋末战国初，由于商业贸易的进一步发展，原来身居显位的卿相，如范蠡，从事商业，号称陶朱公。他采用计然的贸易理论，"候时转物，逐什一之利"（《史记·越世家》），"十九年之中三致千金"。其后子孙继续经营，达到了富"至巨万"（《史记·货殖列传》）。战国时期一些卿大夫也有一面当官，一面从事商业活动的，从中牟取巨额利润。到了战国晚期，投机商人更为活跃。

金属铸币的产生，总是同商品生产的出现和发展相伴，它的出现又起了促进商品经济发展的作用，同时，在生产资料私有制出现的情况下，统治阶级又利用货币通过不等价交换来剥削劳动人民。因此，战国时期金属铸币流通量的逐渐增大，标志着商品货币关系的发展，又意味着农民、手工业者又受到一种新的剥削，即富商大贾通过商业交换的剥削和统治者通过发行铸币进行的剥削。

在多数的地方，这种一般等价物固定在一些金属上，这是因为金属不易消损，容易保持。再进一步，便用金属制成货币，最初的金属货币是依靠本身的价值来交换其他商品的。但到后来，主要是起着价值符号的作用，它本身的价值越来越不重要。因此，早期的金属铸币通常出现逐渐减重的过程。我国最早的金属铸币，具有实物用品的形状，正说明它脱胎于一般等价物。战国时期的多数货币，还保留着这种特点。

在整个战国时代，由于各国之间不统一，所以各国货币的形制、重量、单位也各不相同。这时所铸造的货币，计有四种不同的形式。其一，布币——形状像农具中的镈，镈、布音近，故铲形币又叫“布币”。这种形式的铜币，当是从镈这种农具在商品交换的发展中转化而来的。主要流行地区在三晋，即魏、赵、韩三国。布币又可分为不同形制，有尖足的、方足的、圆足的，基本形式还是铲形。其二，刀币——也是从工具刀转化而来，主要是东方齐国的货币。齐国的刀币形制较大，都是尖头。目前发现的有早至春秋中期的，但以战国时代的“齐法化”刀币最为常见。“法”有制造标准的意思，“化”即货字简体；“法化”即“法货”，也就是标准货币。其三，圆钱——早期的都是圆形圆孔，后来的多作圆形方孔。圆钱可能是仿生产工具的纺轮或玉环和玉璧，主要流行于秦、东周、西周地区，东周与西周的一般都铸有“东周”“西周”字样。早期秦国的圆钱铭文多作“重一两”“十二铢”“十三铢”“十四铢”等字样；晚期的多有“半两”“两留”字样，这种圆钱可能是秦惠文王二年“初行钱”以后，由各地官府铸造的。随着秦国强盛，这种货币也影响到秦国势力所及地区。其四，铜贝和块形金板——楚国主要的两种流行货币。铜贝又称“蚁鼻钱”或“鬼脸钱”，这是因它的腹部平面形状而得名。其实，它是一种仿海贝形状的铜铸货币，是沿袭古代用贝作货币的习惯而来的，主要流行在楚国。块形的金板，又称“板金”，它由若干小块连在一起，每一小块上都钤印有方形或圆形印记。由于方印文多作"郢爰"，所以又称"郢爰"。这种货币具有称量货币的特点，使用时大概根据需要切下若干，再用天平称量支付。

战国时代的铜币，已在民间广泛流行。当时的钱币也已用作法律上的奖金、罚款或赎罪金，《秦律》把罚款叫作"赀布"，把赎"耐""黥""迁"等罪的钱叫作"赎耐""赎黥""赎迁"。随着商品经济的发展，从战国时起又开始以黄金作为一般等价物，当时使用的黄金，每斤以斤、镒等重量来计算，也有以金为单位的。

铸造货币出现的同时，高利贷资本也活跃起来，开始侵蚀农村。当时的商人，一方面对农民进行不等价的交换，盘剥农民，使农民"解冻而耕。暴（曝）背而耨，无积粟之实"，而商人"无把铫推耨之劳，而有积粟之实"（《战国策·秦策四》）。另一方面，又趁农民穷困，兼放高利贷，盘剥农民，造成不堪想象的严重恶果，甚至迫使一家老小抛尸露骨于山壑之中。

第十九讲　先秦妇女的神奇传颂

中国历史上，有政治家、军事家、理财家，有思想家、哲学家、科学家、宗教家、教育家，有文学家、艺术家，有优秀的医师、技师、工程师，有杰出的群众领袖、妇女领袖和英雄人物。

种族的延续，社会生产的运行，文化活动的发展，都离不开妇女，有时妇女的劳动还占了更重要的地位。我们对于中国妇女历史的研究是很不够的。

我们对于有关妇女的历史知道得太少。刘向著《列女传》，是一部最早的关于妇女的传说。这部书的内容，虽保存了一些资料，多不免陷于空疏。今取其中一二有意义的事。

1. 创世女神

女娲是一位传说中的创世女神。她曾抟土为人，炼石补天。据说，女娲的时候，天的四极塌陷，大地分裂，到处是熊熊的烈火，到处是浩瀚的水流。女娲炼成五色石，把天补了起来；斩断了巨鳌的四足，把四极撑了起来；平定了水土，使人们有了定居的条件。

女娲又在她开辟的土地上，造出人来。《风俗通义》引俗说："天地开辟，未有人民。女娲抟黄土作人。剧务，力不暇借，乃引绳絙于泥中，举以为人。故富贵者，黄土人也；贫贱凡庸者，絙人也。"

关于女娲的一些说法，显然是神话。但这些神话推崇女娲，把她说成创世的女神，同时又尊为人类的始祖，这是妇女在远古时代的社会地位在人们意识上的反映。

2. 商、周族的老祖母

不知是在女娲神形成以前或以后，商族的老祖母简狄和周族的老祖母姜嫄出现在传说世界里。简狄生子契。姜嫄生子后稷。她们的儿子，分别成为商族和周族创建基业的人物。相传，她们在生这两个儿子的过程中，都有一段奇迹。

《诗·商颂·玄鸟》："天命玄鸟，降而生商，宅殷土芒芒。"又《商颂·长发》："有娀方将，帝立子生商。"《楚辞·天问》："简狄在台喾何宜，玄鸟致贻女何喜。"《史记·殷本纪》："殷契，母曰简狄，有娀氏之女，为帝喾次妃。三人行浴，见玄鸟堕其卵，简狄取吞之，因孕生契。"

这说的都是简狄的故事。简狄是有娀氏的女儿。上帝命玄鸟把卵带给她，她吞了卵而有孕，后来生下契，成为建立商族和商朝的始祖。《诗》中的帝和天，都是上帝。上帝命玄鸟送卵，也就意味着上帝送子嗣给她，而这子嗣后来成为创建商族的伟大人物，而简狄在商人的心目中也成为商族的伟大女性。

《诗·大雅·生民》是一篇咏赞姜嫄和后稷的长诗。诗的开端说："厥初生民，时维姜嫄。生民如何，克禋克祀，以弗无子。履帝武敏歆，攸介攸止，载震载夙，载生载育，时维后稷。"大意是说，当初有人的时候，只有姜嫄。她祈祷着，祈求有个儿子。后来她踩着上帝的脚印，停顿下来，感到肚子里震动，就怀了孕，有了孩子，就是后稷。诗词接着谈到后稷在农业上的出色成就。他种的粮食经过加工，上帝都闻到了它的香气。

3. 周文王的母亲和周武王的母亲

太任，是周先王王季的妃，周文王的母亲。太姒，是周文王的妃，周武王的母亲。宗周诗人歌颂周的功业，如《大雅·大明》，太任、太姒跟王季、文王并举，虽没有列举多少具体事实，但显然太任、太姒在殷周兴替的过程中起着相当重要的作用。

《大明》诗词：

明明在下，赫赫在上，天难忱斯，不易维王。天位殷适，使不挟四方。

挚仲氏任，自彼殷商，来嫁于周，曰嫔于京。乃及王季，维德之行。太任有身，生此文王。

维此文王，小心翼翼，昭事上帝，聿怀多福，厥德不回，以受方国。

天监在下，有命既集。文王初载，天作之合。在洽之阳，在渭之涘。文王嘉止，大邦有子。

大邦有子，倪天之妹。文定厥祥，亲迎于渭。造舟为梁，不（丕）显其光。

有命自天，命此文王，于周于京，缵女维莘，长子维行。笃生武王，保右命尔，燮伐大商。

从诗章看，周之伐殷，是上顺天意，下合民心的。太任之嫁王季，太姒之嫁文王，以及文王、武王之出生，都是这一历史阶段中天意的安排。太任、太姒被安排的历史位置，是极有分量的。诗中指出"自彼殷商，来嫁于周"，指出"大邦有子，倪天之妹"，都在表明殷商姑娘的来嫁是具有政治意义的。

4. 比《离骚》早三百几十年的《载驰》

《诗·国风》里有不少歌咏妇女的诗，也可能有不少为妇女自己所作。但一直到现在，唯一可确认女作者姓名的，是许穆夫人所赋《载驰》。如单以作诗的时间而论，许穆夫人的《载驰》要比屈原的《离骚》早三百几十年。

许穆夫人出生在公元前7世纪春秋时期的卫国（今河南淇县），是卫宣公的女儿，卫懿公的妹妹，出嫁于许。公元前660年，狄灭卫。《左传》闵公二年记卫灭后的情况："卫之遗民，男女七百有三十人。益之以共、滕之民为五千人，立戴公，以庐于曹。"许穆夫人赋《载驰》。"齐侯使公子无亏帅车三百乘、甲士三千人以戍曹。归（餽）公乘马，祭服五乘，牛羊豕鸡狗皆三百，与门材。归夫人鱼轩，重锦三十两。"这说的是卫灭亡后，结集遗民，进行善后并得到齐国援助的情况，这正是许穆夫人赋《载驰》的历史背景。

对《载驰》的解释，颇有歧义，主要由于对《载驰》首章之理解不同。《载驰》共五章，首章的诗词是：

> 载驰载驱，归唁卫侯。驱马悠悠，言至于漕。大夫跋涉，我心则忧。

头四句是作者自述她的想象：她坐上马车，急急忙忙地去吊唁卫侯，不知不觉地就到了漕（曹）。但"大夫跋涉，我心则忧"，事实上只能派遣许国大夫去辛苦一趟，自己只能把忧愁埋在心中。以下四章说的是作者的愁苦和许人的漠不关心。《诗·小序》说："载驰，许穆夫人作也。闵其宗国颠覆，自伤不能救也。卫懿公为狄人所灭，国人分散，露于漕邑。许穆夫人闵卫之亡，伤许之小，力不能救。思归唁其兄，又义不得，故赋是诗也。"《小序》所说，大体得作者之意，但作者对许人更多责怨之辞，故有"许人尤之，众稚且狂"的诗句。诗中为卫提出"控于大邦"的想法，这是卫国仅有的出路，而卫国实际上也是依着这条路线走过去的。末章称："大夫君子，无我有尤。百尔所思，不如我所之。"可见当时的许国上层议论纷纷，作者却对他们说，请你们不要见怪吧，你们的种种想法都不如我的主张。

5. 孟子的母亲

孟母是孟子的母亲。孟子早年丧父，他是在母亲的教养下成长起来的。孟母是中国历史上著名的贤良母亲，两千多年来，被认为是母亲的典范。

相传孟子幼年时，家住在墓地附近。他做游戏学埋死人。孟母怕这样下去会对孟子产生不好的影响，便将家搬到集市附近。孟子在这里，又学商贩叫卖。孟母觉得这也不是教育孩子的好环境，又将家迁徙到学宫附近。这样一来，孟子在游戏的时候，就学揖让进退等礼节。孟母认为这才是教育孩子的好地方，便定居下来。这是有名的"孟母三迁"的故事。

又相传，孟子开始上学的时候，读书不肯用功。有一次孟子放学回家，孟母正缉麻线，问他学习的进展情况。孟子回答说："还不是那么回事。"孟母听了很生气，用刀把机上正在织着的麻布割断。孟子惊恐地问："为什么这样做？"孟母说："你不好好学习，就像我把织着的布割断一样。你不好好学习，是什么也干不成的。"这是有名的"孟母断织"的故事。

女娲、简狄和姜嫄，都可说是创世记中的人或神，而姜嫄在周人的心目中当然也是周族的伟大女性。周人有诗称颂她，说："赫赫姜嫄，其德不回，上帝是依。"

太任和太姒之事，从当时殷周两国文化发展的水平来看，周比殷为后进，殷商姑娘之西来，可能带来一些较高的文化。诗词又指出渭滨的亲迎，是"造舟为梁"，可见迎亲送亲的队伍之盛大，使诗人感到"丕显其光"，也就是感到极大的光荣。《周易·归妹》爻辞有"天乙归妹"，即指"大邦有子，伣天之妹"出嫁的故事。这个故事写到爻辞里，可见其流传之广，为当时人所熟知……

许穆夫人不只是一个能作诗的妇女，也是一个临乱不乱、有政治见识的人。

孟母教子的两个故事，一个是关于选择教育环境的，一个是关于教子成材的，反映了孟母对幼儿教育极大的重视。她不只是对问题看得准，而且执行得坚决。孟子后来成为儒家大师，不应简单地归功于母教，但不可否认，母教对于孟子的成长是有重要作用的。

古史中久为人们乐道而传说的故事，汇集起来，对大家还是有一定的好处的。

第二十讲 商周时期的中国在世界的地位

中国史毕竟是世界史的一个重要部分，我们不能离开世界史而简单地研究中国史。

在世界各文明古国中，中国文明发展的连续性是十分突出的。这主要表现在两个方面：其一，中国作为一个政治实体在其发展过程中未曾为外来因素中断；其二，中国文明在文化发展史上也未曾有断裂现象。

1. 世界最古老的文明和夏商周时期的中国

上古世界文明，大致可分为以下两批：

第一批最古老的文明，发生于公元前 4000 年代末至公元前 3000 年代末，包括北非尼罗河流域的埃及文明、西亚幼发拉底河和底格里斯河两河流域的文明、南亚的印度河流域文明、东亚黄河流域的夏文明和南欧克里特岛的爱琴文明。

第二批古文明，发生于公元前 1000 年代，包括印度的"雅利安人"文明、伊朗的波斯文明、巴尔干的希腊文明、意大利的罗马文明等。

古文明兴起的时候，最古老的文明（公元前 4000 年代末—公元前 3000 年代末）或者已经灭亡，或者正在衰落。大体说来，公元前 3000 年代和公元前 2000 年代是世界第一批古文明的时代，也就是我国夏、商两朝所处的时代。

（1）夏代以前的年代

约在公元前 3000 年代末叶,即约公元前 21 世纪之前,北非、西亚和南亚已经有了三个文明。这个时期正是我们夏文明的传说年代。

公元前 4000 年代后期,尼罗河流域的埃及逐渐过渡到阶级社会。最初在尼罗河两岸出现了数十个以城市为中心的小邦。随后,这些小国分别统一为两个王国,即南方的上埃及和北方的下埃及。约公元前 3100 年,上下埃及开始统一。到古王国时期,即公元前 2685—前 2180 年,王权一度十分强大。古王国前期,国王们的"金字塔"越来越大,后期又逐渐变小。这大体反映了王权和国势的盛衰。随后是约 140 年的分裂时期,即公元前 2180—前 2040 年,原来的诸小邦在古王国时期变成了州,这时重新独立,并相互混战。

公元前 4000 年代后期,幼发拉底河和底格里斯河,这两河流域的南部,也逐渐向阶级社会过渡。公元前 28 世纪—前 24 世纪,苏美尔人在两河流域南部的南方,建立了许多以城市为中心的小邦。公元前 24 世纪—前 22 世纪,阿卡德人在两河流域南部的北方,建立起了国家,并曾统一两河流域南部。

公元前 22 世纪末—前 21 世纪末,苏美尔人建立的乌尔第三王朝又统一了两河流域南部。两河流域南部商业发展较早,城市国家延续的时间较长。到阿卡德王国和乌尔第三王朝时期,才出现了王权的加强和统一的趋势。

约公元前 2300—前 1750 年间,印度河流域曾有一个广泛分布的城市文明。其中以在哈拉巴和摩亨佐达罗两地发掘出的古城遗址最为突出。城市有设计得很好的城墙、公共建筑物、布局整齐的街道和下水道等。

以上三个文明的发生,都早于我国夏的传说年代。它们的共同特点是农业与手工业有了一定的发展,有了城堡、神庙、王陵等大规模建筑物,有了文字,有了国家机构,并且逐渐由一个个以城市为中心的小邦统一为地区性的王国。不过,这种统一的进程在各地并不相同。埃及统一局面出现较早,王权兴起较快;两河流域各小邦独立性较强,统一王国产生较晚;印度河流域文明的文字尚未释读成功,因此还不知道各城之间是否已有统一趋势。而且,不论在埃及或两河流域,各个城市都始终保持着自己的传统,各自有了神庙和贵族集团;在王权强大时,它们成为从属于中央政权的一个州,在王权衰落时,又纷纷回到独立的小邦的状态。

（2）与夏代同时的年代

夏的出现可能是我国文明的开端。近年考古研究的成果，逐渐呈现在人们的眼前。相传，"禹合诸侯于涂山，执玉帛者万国"。看来，一方面有许多小邦和部落同时并存；另一方面，又有为各邦共同承认的领袖。就前一种意义说，夏只是一个小邦，就后一种意义说，它又是一个王朝。公元前28世纪—前24世纪时的苏美尔也有过类似的现象。一方面，若干小邦同时并存；另一方面，其中某一个邦在某一时期获得了"王权"，成为各邦的领袖。

公元前3000年代末—前2000年代初，原来大概居住在黑海北岸和多瑙河下游的操印欧语的部落发生迁徙。一支迁入小亚细亚，约两个世纪以后在这里建立了赫梯国家；一支迁入马其顿，后来其中的一部分（说阿卡亚方言的部落）又向希腊中部和南部迁徙；又一支迁入意大利；还有一支到了中亚阿姆河平原。他们对古代文明后来的发展是很有影响的。

在埃及和两河流域南部文明的影响下，这一时期在两河流域北部的亚述，在叙利亚及沿地中海的腓尼基地区，出现了许多以城市为中心的小邦。

在克里特岛上，也出现了一些以城市为中心的小邦。这些小邦都有了自己的文字。叙利亚和腓尼基地区主要受两河流域影响，采用楔形文字；克里特则主要受埃及影响，形成了象形文字。

埃及在此期间曾再度统一，史称中王国时期（约公元前2040—前1786年）。中王国时期的各州，保有相当大的权力，实际上是一些承认中央王权的半独立的小邦。两河流域在此期间，出现了古巴比伦王国（约公元前1894—前1595年），汉谟拉比（约公元前1792—前1750年）曾基本统一了两河流域，颁布了著名的《汉谟拉比法典》。不过，汉谟拉比死后不久，巴比伦在东方山地民族的侵袭下迅速衰落。在公元前18世纪中叶，埃及重新分裂，从亚洲来的游牧民族占领了埃及北部，并维持了百余年的统治。印度河流域的文明在公元前18世纪中叶灭亡。克里特岛上的诸城市国家也在公元前18世纪中叶一度毁灭。由于这两个地区的文字都未释读成功，它们的文明被毁灭的原因尚无法确切说明。

总之，约当夏代晚期，多数的古文明都曾经历一度衰落，而其中的印度河流域文明，则从此一蹶不振，被人遗忘，直至20世纪才被考古学家发现。

（3）与商代同时的年代

在与商代同时的世界上，文明的发展呈现着一种不平衡的状态。印度河流域文明灭亡了，进入这一地区的"雅利安人"还停留在原始社会的后期阶段。古巴比伦王国灭亡了，两河流域落入外族（北部是米坦尼人，南部是加喜特人）统治之下。赫梯在小亚细亚发展成强国。埃及人逐出了入侵者，建立起强盛的统一国家，史称"新王国时期"（约公元前1567—前1085年）。埃及与赫梯争霸于叙利亚、巴勒斯坦一带，经过多次战争，至公元前13世纪初，双方缔结和约，但双方都已走向衰落。到公元前13世纪末，在"海上民族"的侵袭下，赫梯强国解体，埃及虽一时尚能自保，但是它的盛世已经过去，季世已经来临。

公元前16世纪，克里特岛上的城市和宫殿建筑重新出现，而且比以前更加壮丽，大约形成了以克诺索斯为首都的统一国家。大体同时，在希腊南部也出现说阿卡亚方言的希腊人，建立了迈锡尼文明。公元前15世纪中叶，阿卡亚人征服克里特，在克里特岛和希腊大陆使用同一种文字（线形文字乙种，已释读成功）。迈锡尼文明散布于南希腊和中希腊的一些以城市为中心的小邦。迈锡尼文明的希腊人从海上扰掠小亚细亚、地中海东岸和埃及，被称为"海上民族"。公元前13世纪中叶，以迈锡尼邦为首的希腊各邦联军曾攻取小亚细亚的特洛伊。可是，另一支希腊人（说多利亚方言的部落）又从马其顿和北希腊南下到中希腊和南希腊，并占取了克里特岛。约公元前1200年之际，克里特岛和希腊大陆原有的文明被多利亚人扫荡殆尽。希腊基本上又回到原始社会晚期阶段，史书往往称为"黑暗时期"。除了从口头上流传了一些神话和传说以外，克里特·迈锡尼文明的文字和历史都被遗忘了。到公元前12世纪，后期的殷商还相当强盛，而世界上其他所有的文明都处于衰落之中。

2. 西周文明与同时期的世界

中国文明到西周时期（公元前 11 世纪—前 8 世纪）又有了发展。周代仍有很多的邦，即邦国，周王是各邦共同拥戴的王或天子。这和夏、商两代有相同之处，都行"封建"制度。不论从传统文献还是从铜器铭文来看，周代中原各邦已经有了共同的基本文化特征。

在与西周大体同时的世界上，古代第一批文明已经衰落，而第二批文明尚未形成。在南亚，"雅利安人"从印度河流域又进到恒河流域，大约已经开始原始社会解体和国家发生的过程，不过至今还没有确切可考的历史。在希腊，那是"荷马时代"，亦即野蛮时代的最高阶段。埃及在这时已经分裂，原来在埃及当雇佣兵的利比亚人的首领们成了埃及的统治者。两河流域南部的巴比伦尼亚古文明区成了北方的亚述人和东方的埃兰人的侵掠对象。原来处于埃及、巴比伦、赫梯等强国边缘的腓尼基和巴勒斯坦，这时却有了较好的发展。腓尼基人在地中海上从事商业和殖民活动，把东地中海地区的文明向西地中海地区扩展。在巴勒斯坦产生了犹太国家。

与西周大体同时兴起的一个重要国家是亚述。它是在近东古文明普遍衰落中兴起的一个强国。

亚述作为一个小邦，在公元前 2000 年代初即出现在两河流域。汉谟拉比势力兴起的时候，它受到了巴比伦的打击和抑制，同时也汲取了巴比伦的先进文化。公元前 2000 年代中期，亚述曾被米坦尼人统治了 100 多年。后来亚述恢复独立并逐渐强盛起来。可是，在公元前 11 世纪中叶以后，又因游牧部落的入侵而受到沉重的打击。直到公元前 10 世纪末，亚述才又强盛起来。在这以前的亚述与周先公时期有些相似之处。起源很早，地处文明与野蛮之交，容易受到野蛮部落的侵扰，也容易受到更发达的文明的压迫，这是不利的方面。而便于从更先进的文明汲取文化成果，则是有利的方面。周从一个小邦发展成一个王朝的时候，"周虽旧邦，其命维新"。亚述在公元前 10 世纪末作为强国崛起的时候，从一个旧邦变成了一个新的帝国。

公元前9世纪—公元前8世纪中叶，亚述的国王们对外进行多次战争，使两河流域、叙利亚、黎巴嫩等地人民处于深重的苦难之中。亚述统治者采用了最野蛮而残酷的暴力手段。他们攻占城市以后，通常将城市夷为平地，将人民杀死、烧死以至用尖桩刺死然后成列地立于地上，以示其恐怖的淫威。对投降的城市，则大量勒索各种财物。他们把自己的这些"武功"用文字写在年代记里，用图形刻在石碑上，不以为耻，反以为荣。亚述国王的年代记里从来没有如何治理国家的记载，连篇累牍的都是征服、叛变、征服，他们的作为不是破坏就是毁灭。这种情况在上古世界史上也是少有的，与周代兴起的情况形成了鲜明的对比。武王伐纣，周公东征，都进行过战争。尽管《尚书·武成》里"血流漂杵"的说法早为孟子所怀疑（《孟子·尽心下》），《逸周书·世俘解》里所载俘馘的数字也必有夸大，周的崛起也是经过暴力和流血的。但是，周和亚述有着很大的不同。周不以破坏性的征服与掠夺为目的，而将主要力量用于武装殖民与分封以及建设一套政治的和伦理的体系上。试以《尚书·周书》与当时亚述国王的年代记对读，人们立即可以发现，两者的立国精神简直判若云泥。周建立了一套以王室为首的方国体系，建立了完整的宗法制度，形成了敬天保民思想。这些都是亚述绝对没有的。

亚述的残暴政策必然引起强烈的反抗。公元前9世纪晚期—前8世纪中期，亚述国内也有多次起义。约与西周末、东周初同时，亚述也曾有30多年的中衰时期。

3. 春秋战国时期的中国和当时的世界

公元前770—前221年，东周开始，直到秦统一六国，经历了5个多世纪。这是一个列国争雄、社会剧变、文化繁荣的时期。这一时期又分为两段：前为春秋时期（公元前770—前476年），后为战国时期（公元前476—前221年）。

春秋以后兼并更迅速了，邦的数目越来越少，邦的幅员却越来越大。深刻的变化主要还不在邦国幅员之量的增加上，更重要的是发生了由封建而郡县的邦国结构的质的变化。逐渐郡县制化的邦国领域的扩大，正是春秋战国时出现统一趋势的真正内容。

春秋以前，非贵族而能掌权的人为数很少；到战国时期，由布衣而将相的人为数已颇不少。原先以出身决定人的社会身份的办法已经过时，爵级或财富这时成为决定人们社会地位的根本条件。

春秋战国时期学术繁荣，学术在从王官手中下传到民间的同时，也由一源而多派，从而形成百家争鸣的繁荣局面。值得指出的是，当时的百家争鸣有两个特点：其一，自孔子开创儒家学派起，各家对于先秦的学术都有所损益，因而都有所创新，而损益总以前代学术为基础，因而又都有所继承；其二，诸子百家互相驳难，必须认真探明对方的弱点，以击中对方的要害，同时又必须认真探明对方的优点，经过汲取、加工，用以充实自己论证的力量。先秦学者很精于对各学派进行分析。这些都显出了当时的思想界虽然分为各派，但又始终存着道为一体的观念。先秦学术的这两个特点，对中国后世文化的纵向延续和横向发展都有极重要的影响，而且在世界其他古文明中也是不多见的。

与春秋战国同时，公元前8世纪—前3世纪的世界也处于剧变之中。其一，公元前8世纪—前6世纪，约与春秋时期同时；其二，公元前6世纪—前3世纪，约与战国时期同时。

公元前8世纪—前6世纪，在印度和希腊都是重新形成城市国家即第二批文明再现的时期。公元前6世纪末叶，罗马共和国也开始出现。在两河流域，亚述的统治者于公元前8世纪中叶改变了过去对被征服地区杀尽烧光的政策，把注意力集中在勒索贡赋上。公元前8世纪—前7世纪后期，是亚述帝国国力最强盛的时期。它曾经占领了埃及北部、巴勒斯坦、腓尼基、叙利亚、两河流域以及伊朗高原西部山地，一统了北非、西亚的第一批古文明地区。可是，亚述的极度扩张既酿成了被征服人民的深刻仇恨，又严重地掏空了自己的力量。公元前7世纪末叶，它被伊朗高原西部的米底和新巴比伦的联军灭亡了。亚述的皇宫图书馆里藏有大量的泥版文书，而皇宫建筑本身也是一件艺术品。但是亚述没能使传统文化在民间生根，所以这些一旦毁于兵燹之后，便沉埋地下，被人遗忘，直至近代才为考古学家所发现。亚述帝国灭亡以后，新巴比伦王国和埃及曾一度复苏。公元前550年，波斯人居鲁士推翻米底王朝，建立波斯帝国。波斯帝国于公元前 546 年征服小亚细亚，公元前 538 年征服新巴比伦王国，公元前 525 年征服埃及。到公元前 6 世纪末，波斯帝国东起印度河流域，西至小亚细亚西海岸。波斯帝国囊括了西亚、北非第一批古文明的全部地区和印度河流域文明的部分地区，在广大的疆土上分设许多行省，并给各个省分别规定了纳税的总定额。在各省设有总督，而且驻军镇守。波斯帝国的出现，加强古文明地区间的联系，便利了各地区间的商业和文化交流。然而在波斯帝国内部，各地区在经济上、民族上、语言上、文化上都是十分多样而不统一的。它与稍后的秦汉帝国不同，它不是各地区间多方面的融合的结果，而是在各古老民族衰朽之际凭借征服形成的。

公元前 6 世纪—前 3 世纪间，从印度次大陆到西地中海这一广大地带都有了重大的发展和变化。

在印度河流域和恒河流域，前一时期出现的大量小邦经过兼并逐渐合为"十六大国"和若干较小的国家，其中多数是王国，也有一些共和国。在前一阶段国家发生之际，就形成了严格以人的出身血统而划分等级的制度——种姓制度，同时也产生了为此制度服务的婆罗门教。第一等级祭司婆罗门垄断了宗教和文化的特权；第二等级刹帝利为军事行政贵族；第三等级吠舍为从事农、牧、商业的自由民；第四等级首陀罗被剥夺了各种社会权利，处于奴隶和接近奴隶的地位。婆罗门教为这种制度编造种种神学的根据。公元前 6 世纪—前 4 世纪时，这种凝固的以血缘划分的等级已经不能符合新的阶级分化和变迁的趋势。于是各种反对婆罗门教的教派（所谓种种"外道"）纷纷而起，其中历史影响最大的为佛教。佛教作为宗教，教人泯灭欲爱，放弃斗争，以求所谓解脱，这当然有欺骗和麻醉人民的一面。不过，佛教教人放弃对婆罗门教及种姓理论的迷信，认为"众生平等"，认为人人可以通过自己的修行达到解脱（不必通过婆罗门祭司的求神献祭），是当时人们理性觉醒的一种反映。经过公元前 6 世纪—前 4 世纪的发展，印度古代文明成为世界最有影响的文明之一。同时，印度也发生了各邦由兼并而统一的过程，摩羯陀邦逐渐成为其中最强者。公元前 4 世纪末，摩羯陀的孔雀王朝（约公元前 324—前 187 年）建立，到第三代国王阿育王（约公元前 273—前 236 年）时曾统一了除半岛南端以外的印度土地。不过，这个统一为时不长，阿育王死后不久，帝国就又分裂了。

在希腊半岛，公元前8世纪—前6世纪时形成了很多城邦，公元前5世纪初，希腊就面临着被波斯帝国西侵的威胁。经过几番艰苦的较量，希腊终于击败了入侵者，保全了独立和自由。雅典和斯巴达成为希腊诸邦中两个同盟的盟主。公元前5世纪，雅典的奴隶主民主制达到了最发达的阶段，公民大会成了国家的最高权力机构。在公元前8世纪—前6世纪时已经开始发展的希腊文化，在公元前5世纪的雅典共和国里臻于极盛。哲学思想百家争鸣，文学艺术百花齐放。公元前5世纪—前4世纪的希腊古典文化，与大体同时的印度文化和中国文化并列为当时世界文明的三大中心，并且对后世世界的文明产生重要的影响。公元前5世纪后期，希腊以雅典为盟主和以斯巴达为盟主的两大城邦集团进行了20余年的争霸战争。结果雅典失败，斯巴达内部矛盾也逐渐尖锐，希腊各邦在公元前4世纪时逐渐衰落。公元前4世纪后半期，北方的马其顿王国强盛起来，力图征服希腊。公元前338年，马其顿军大败雅典等邦联军。次年马其顿王召集希腊各邦会盟于科林斯城（仅斯巴达一邦未参加），宣布希腊各邦保持和平，准备进攻波斯。随后亚历山大继任马其顿王（公元前336—前323年）。他于公元前334年率兵东侵，于公元前330年彻底击败波斯皇帝的军队，长驱直入两河流域和波斯本土。次年，他洗劫波斯古都，波斯末帝在逃亡中为人所杀，波斯帝国灭亡。亚历山大又继续向东进军至中亚，遇到当地人民强烈抵抗；又进军印度河流域，部队已疲惫不堪。他于公元前325年退兵至巴比伦，以此作为亚历山大帝国的首都。公元前323年，亚历山大病死。随后，帝国分为马其顿王国、埃及的托勒密王国（公元前332—前30年）、西亚的塞琉古王国（公元前305—前64年）等，相互之间常有征战。公元前3世纪中叶，帕提亚（安息）从塞琉古王国中独立出来，后来成为介于东西两大帝国（汉和罗马）之间的一个大国。正当这些国家在东地中海争斗的时候，西地中海地区的罗马已经兴起。到公元前3世纪时，经过200余年的努力，它从第伯河畔的一个小城邦发展到已经统一了意大利半岛，并且战胜了它在西地中海地区的强大敌手迦太基，下一步就准备收拾整个地中海地区了。

公元前8世纪—前3世纪间，出现了对世界历史有重大影响的三个文化中心：春秋战国时代的中国、十六大国时代的印度和古典时代的希腊。在这三个文明中，只有中国的文明是一脉相承下来的，其他两个都是在第一批古文明中断之后作为第二批古文明出现的。

到公元前 3 世纪末，中国经过秦的统一与崩溃，汉皇朝开始兴起。中国古文明经过长期连续的发展，已经形成了一个具有稳定性的统一的实体。如果环顾世界，不仅其他第一批古文明早已成为历史陈迹，波斯、印度、希腊等第二批古文明也衰落了。中国文明的兴起在时间上晚于埃及、两河流域和印度河流域的第一批古文明，而中国文明的生命力则是其他古文明无法比拟的。

中国史作为一门国别史，作为一门如此源远流长而又内容丰富的国别史，自然有必要不断地进行深入的专门研究。同时，中国是世界的一部分，是在世界的总环境中发展的，所以，中国史又有结合世界背景考察的必要。这就是说，既要把中国史放在与外部世界的比较中来考察，又要把中国史放在与外部世界的联系中来考察。

当然，要认识到一个国家的历史必须放在与外部世界的比较中来考察，这在客观上必然要有一个长期的发展过程。自人类开始进入文明以来的约五千年中，新航路的开通在 15 世纪末、16 世纪初，至今不足 500 年；如果说世界作为一个有机的经济的和政治的整体的形成，那就是更晚的事了。

古代人注意到从比较中认识自己国家的历史，总是从与邻近的国家或民族比较开始的。然后，随着接触和了解范围的扩大，比较的范围也逐渐扩大。在中国，注意到以他邦的历史来与本邦作比较的情况出现得很早。《尚书·周书》中有若干周人与商人作历史比较的文字。例如《酒诰》记："王曰：封（康叔），我西土棐徂邦君御事小子，尚克用文王教，不腆于酒，故我至于今，克受殷之命。王曰：封，我闻惟曰：在昔殷先哲王迪畏天显，小民经德秉哲，自成汤咸至于帝乙，成王畏相，惟御事厥棐有恭，不敢自暇自逸，矧曰其敢崇饮。"这里不仅有商周两代的纵向的比较，而且有商周两邦之间的横向的比较。春秋战国时期，由于争霸和兼并斗争激化，邦君谋臣在分析天下大势时亦往往对不同的邦的历史比较分析。西周晚期，周王室势力将衰，周宣王之弟郑桓公友曾"问于史伯曰：王室多故，余惧及焉。其何所可以逃死？"史伯回答了一大篇话，这就是《国语·郑语》的基本内容。这篇话既分析了当时形势，也比较了有关诸邦的历史（且不论其观点见解如何）。郑桓公听了这番分析后很高兴，"乃东寄帑与贿，虢、邻受之，十邑皆有寄地"。这样就为春秋时期的郑国安下了立足点。

在古代西方，注意从与外国比较中认识本国历史，也是有很古老的传统的。在希罗多德所著《历史》一书中，不仅有很多篇幅用于追述埃及、巴比伦等东方古国的历史，而且从比较中认识到希腊文化的许多因素是从东方学来的。例如，他知道希腊文字是从腓尼基人那里学来的。又如，他说："（埃及）国王阿玛西斯还规定出一条法律，即每一个埃及人每年要到他的诺姆的首长那里去，报告他的生活情况，而如果他不这样做或是不来证明他在过着忠诚老实的生活，他便要被处以死刑。雅典人梭伦从埃及那里学了这条法律而将之施行于他的国人中间，他们直到今天还遵守这条法律。"当然，希罗多德也说到了希腊与其他国家传统的不同。例如，他曾引用一个被放逐的斯巴达王和波斯皇帝的对话，以寓论于史的方法说明波斯传统重视王的权威，而希腊传统则重视法的权威。以后，希腊、罗马的许多史学家、哲学家在其著作中都有比较的探索。亚里士多德的名著《政治学》一书中充满了对希腊各邦之间以及对希腊与其他国家的比较研究。普卢塔克著《希腊罗马名人传》，更是有意识地在作比较的研究。

西方在罗马帝国灭亡以后，文化衰落，史学不振，直至文艺复兴以前没有多少成就可言。但是，随着西方资本主义的兴起和新航路的开通，尤其是18世纪的启蒙运动，西方学者在其学术活动中开始在更广阔的范围里进行比较的研究。例如，法国的孟德斯鸠所著《论法的精神》（严复旧译称《法意》），不仅是一部表示作者政治思想的巨著，而且在很大程度上也是一部对多国法制作历史比较研究的书。到19世纪，西方学者在这方面更有所进展。例如，毛勒（1790—1872）对于古代公社土地所有制的研究，摩尔根（1818—1881）对古代氏族制度的研究，都是具有重大启发意义的。马克思和恩格斯随时分析研究当代学术研究的新成果，同时亲自作了许多历史的比较研究。我们从马克思的《资本主义生产以前各形态》《摩尔根〈古代社会〉一书摘要》《科瓦列夫斯基〈公社土地占有制，及其解体的原因、进程和结果〉一书摘要》、恩格斯的《家庭、私有制和国家的起源》等书中可以看出，伟大的导师在这方面做了大量的工作。也正是在比较的研究中，马克思主义经典作家为我们阐明了世界历史发展的基本规律，使史学发展成科学。